序

百年老校焕新姿，自觉教育育新人

　　我去过诸翟学校，但一般是匆匆来匆匆去，忙完事情就走了，没有太深的印象。拿到李赟校长的书稿，才更清楚地了解到，这个学校肇始于 1905 年（清光绪三十二年）的"私立使觉小学堂"，历经"国立诸翟小学校"、诸翟中心小学、诸翟中学，1999 年诸翟中学和诸翟中心小学两校合并成为诸翟学校，是名副其实的百年老校。百年老校的发展往往为人关注，一方面由于其深厚的积淀，后人难以超越；另一方面由于校友广布，其一举一动，深受关注。如何处理好传承与发展的关系，激发百年老校的创新活力，是一大难题。

　　我与李校长有过几面之缘。他在纪王学校时，我到纪王学校作过调研，参与过研讨交流活动，但与他交流不算多，对他本人的了解也不算深。但当我看到他发来的书稿时，厚厚的一本，既有深刻的教育洞见，宽广的教育视野，也有扎实的办学实践与锐意进取的创新探索，比较好地解决了百年老校的传承与发展的问题，让人从心底想为他点赞。这在当今提倡教育家精神办学的背景下，显得尤为可贵与难得。

　　百年老校的发展贵在思想的传承、文脉的延续。李校长在对比分析近现代教育家、有影响的中小学校长和一些普通中小学教育管理者们的教育思想和办学经验后，认为三者之间的差别不在于工作条件、内容或分管学校名声的大小，而在于对学校价值导向的把握程度，对学校核心目标的明确程度，尤其是对学校办学理念认知程度和应用程度的差别，也就是校长的眼界、胸怀和境界的差别。有这样的见地实属难得。正是有了这样的见识，他才能准确地把握学校百年发展的脉动,并能清醒地理出线索,注入当代的鲜活元素,让百年老校充满青春气息。

李校长在梳理诸翟学校百年校史的基础上,提炼出"使觉"的办学理念。他从诸翟学校的前身"私立使觉学校"的校名得到启发。何谓"使觉"?他查到《孟子·万章上》引述中国第一位教师伊尹的话:"天之生此民也,使先知觉后知,使先觉觉后觉也。",深深地为先贤的教化理想和家国情怀所感召。

他以先贤思想为基础,再以历史上变迁线索为参照,淬取出蕴含其中的爱国、自觉、使命、担当的精神,融入今天教育改革的精神与要求,彰显社会主义核心价值观,突出爱国主义、高度自觉、使命感和责任担当等。他吸收叶澜先生的"生命·实践"教育学派理论,强调教育是对孩子生命的点燃和唤醒!基本架构出学校的办学理念、教风、学风和校风,基本形成了学校的学生观和教师观。

然而,他远没止步。作为校长,他以教育人的自觉,在不断地思考与探索,努力推进学校的持续蜕变。为了完善"使觉"的内涵,基于学校地处虹桥大商务区及外来人员子女较多的实际,补充了"正礼"理念。使学校的办学理念进一步升华,形成师生正礼、教育使觉的办学理念,知书达礼、健康成长的育人目标,点燃生命、唤醒自觉的校风,自觉发展、追求卓越的教风,自觉修身、自觉求和、自觉实践的学风。

当今,针对学校在践行"使觉"教育理念上的不足,在梳理国内外有关"自觉教育"和"教育自觉"理念的基础上,李校长领悟到:回顾诸翟学校"使觉"文化的形成历史,就是通过对学校历史的理解和对当下教育发展的理解,来构建自己的"使觉"文化。他进而领悟到"使觉"就是"使自觉",就是"知行合一",从而提出,"使觉"教育就是基于"自觉"意义上的教育,即自觉教育,进而提出"使觉"完全可以与"自觉"互换。在此基础上,进一步补充和完善了学校的理念系统。

可以说,诸翟学校百年办学理念的提炼与升华过程是生动而精彩的,这一方面得益于有一位富有远见、开放吸纳且极具教育情怀的校长,另一方面新时代教育变革的大势及新基础教育、强校工程和新优质学校等项目的加持，也为学校办学思想的丰富与升华提供了滋养。

除此之外，学校并没有停留在办学理念的提炼层面，不是为了提炼而提炼，而是真正把这些理念转化成办学实践，用理念引导实践。如学校在"使觉"文化阶段，经历了文化立校、科研兴校、德育固本和变革强校四部曲，在"自觉教育"阶段，尽管还处在探索阶段，但是已经构建了从理念到课程、教学、管理、老师、学生、技术等方面的驱动策略与方法，使理念真正在学校办学中生成发展力。这无疑是值得各位读者借鉴的。

如今，建设教育强国，加快高质量教育体系建设，是教育领域的时代主题，但教育高质量发展需要每一所学校的高质量发展，而如何促进学校高质量发展就成为重要问题。诸翟学校作为一所百年老校，无疑具有样本意义，她较好地呈现了一所百年老校如何处理传承与发展的关系，走上高质量发展之路，为同类型学校提供了有价值的范例。期待了诸翟学校在未来高质量发展之路上作出更多更大的贡献！

上海市教科院普教所
上海市新优质学校研究所

目　　录

下篇:"使觉"理念反思由"使觉"向"自觉"

上 篇

从萌芽到沉淀，
"使觉"理念办学四部曲

第一章 文化立校："使觉"文化构建与实践

第一节 寻觅学校改进之道

2009 年,由华东师范大学终身教授叶澜先生开创的"新基础教育"研究项目在上海市闵行区正式落地已经十年。《2009 年上海市基础教育工作要点》提出"促进义务教育优质均衡发展,加快郊区学校建设""深化课程教学改革,推进素质教育的实施"。2010 年 3 月上海市政府发布《上海市中长期教育改革和发展规划纲要(2010—2020 年)》,《纲要》提出"到 2020 年,率先实现教育现代化,率先基本建成学习型社会,每一个人的发展潜能得到激发,教育发展和人力资源开发水平迈入世界先进行列""(义务教育方面要)让所有孩子获得公平而高质量的教育"。

就是在这样的背景之下,2010 年 9 月,笔者挥别已默默耕耘十余年的上海闵行区纪王学校,带着区教育局党委的信任和嘱托,来到了诸翟学校。

面对彼时还是面积小而陈旧的校舍,忙碌辛勤淳朴有些迷茫的同事,憨厚可爱略显粗野的孩子……顿时感觉责任和新的使命已担在了我的肩上。我拿什么武装他们,使之拥有前所未有的凝聚力、饱满的工作热情和高涨的学习激情,从而推动这所历尽磨难的学校在历史的长河中劈波斩浪奋勇前行呢?

笔者陷入沉思,也由此踏上一段不寻常的问道教育之旅。

在来到诸翟学校的后不久的日子里,笔者重新阅读了蔡元培、陶行知、晏阳初、徐特立等我国近现代教育家的著作,以期能从中觉悟办校真谛。同时,也认真分析了一些当时颇有影响的中小学校长的办学思想和经验,试图理解他们治校之道。另外,笔者还注意观察和分析一些普通中小学教育管理者们的经验和做法,并将他们与前述教育家和名校长的办学思想和经验进行了比较,笔者有了两个基本心得:一是,上述三者之间的差别不在于他们工作的条件、内容或分管学校名声的大小,而在于他们对于学校价值导向的把握程度,对学校核心目标的明确程度,尤其是对学校办学理念认知程度和应用程度的差别,即我们通常所说的一个校长的眼界、胸怀和境界的差别。二是,"以办学理念为纲,统领全局"是他们治校法宝和路径。

那诸翟学校的办学理念是什么? 在哪里?

"众里寻他千百度,那人就在灯火阑珊处",答案就在校史中。

走进诸翟学校的校史陈列馆,那一幅幅生动的图片、那一段段鲜活的文字告诉笔者,学校早在 1905 年就诞生在诸翟这块土地上,其建校之初便取名为"私立使觉学校"。何谓"使觉"?

"使觉"二字源自《孟子·万章上》引述伊尹的话:"天之生此民也,使先知觉后知,使先觉觉后觉也。"其翻译成现代白话文就是"上天生育老百姓,就是要使先知者唤醒后知者,使先觉者唤醒后觉者。"

"唤醒"? 这两个字眼又一次跳入我的眼帘! 我想,作为有文字记载的中国第一位教师伊尹的这句话不仅触动了孟子,还一定深深启发了沈宗懋等创校先贤,使得他们秉承先哲思想,光大先哲理想,在诸翟这块土地上播撒文明,教化乡里。可是,"使觉"一词作为最初校名仅仅是为了弘扬伊尹的思想吗?

笔者在历史的长卷中继续追寻……翻开 19 世纪末 20 世纪初的中国历史。彼时中国正处于外忧内患之中,一大批仁人志士向西方学习先进技术和思想,在国内发起新思想启蒙运动,开办新学,以此达到启迪蒙昧、图存救亡之目的。"私立使觉学校"就是在这样的背景下诞生。"使觉"二字,除了彰显了创校先贤的爱国、使命、责任和使命担当,还是否寄予了这所学校的成为新文化启蒙火种,点燃学生生命之光,使其为民族解放、国家独立和美好生活而奋斗的理想呢?

在历史的追思之中,笔者隐隐约约找到了学校的办学理念,虽然当时尚未有清晰的、全面的概念,但至少找到这个办学理念的关键词——使觉。

第二节　"使觉"理念酝酿与萌芽

2011 年 10 月,经过校委会讨论、审议和在区调研员等专家的指导下,诸翟学校正式确认"使觉"为学校办学理念。理由大致如下:

1."使觉"理念是对学校历史的传承

对校史的探索不应当止于十多年前的九年一贯制诸翟学校的成立之时,而应对学校百年历史和源头的追溯。

据华漕镇非遗文化当代传承人朱墨钧老先生研究和闵行区地方志研究室编撰的《诸翟村地方志》记载,学校于 1906 年由诸翟先贤沈宗懋在"沈氏义塾"的基础上创办,原始名为"私立使觉小学堂"。1921 年,民国政府改学校为公办"国立诸翟小学校"及附属幼稚园。1949 年建国后,上海县人民政府更其名为"诸翟中心小学"。1964 年,诸翟(初级)中学成立。1999 年,闵行区人民政府将诸翟中学和诸翟中心小学两校合并,改制为城郊结合区域的一所普通公办九年一贯制学校,即现在的"上海市闵行区诸翟学校"。

"使觉"理念的提出和提炼,不仅是对学校历史的传承,而且还彰显了学校百年历史的荣光,有利于增强社会和本校师生对学校厚重历史的尊重,有利于增强师生对学校百年历史文化的自信和自豪感。

2."使觉"理念上位是核心价值观

"使觉"出自《孟子·万章》引述伊尹的话。《孟子·万章》中有关伊尹的论述选段如下：

> 汤使人以币聘之，嚣嚣然曰："我何以汤之聘币为哉？我岂若处畎亩之中，由是以乐尧舜之道哉？"汤三使往聘之，既而幡然改曰："与我处畎亩之中，由是以乐尧、舜之道，吾岂若使是君为尧、舜之君哉？吾岂若使是民为尧、舜之民哉？吾岂若于吾身亲见之哉？天之生此民也，使先知觉后知，使先觉觉后觉也。予，天民之先觉者也；予将以斯道觉斯民也。非予觉之，而谁也？"

今译：汤曾让人拿礼物去聘请他，他却平静地说："我要汤的聘礼干吗呢？我何不待在田野里，就这样以尧舜之道自娱呢？"汤又几次派人去聘请他，不久他便完全改变了态度，说："我与其待在田野里，就这样以尧舜之道自娱，又为何不让当今的君主（汤）做尧舜一样的君主呢？又为何不让现在的百姓做尧舜时代一样的百姓呢？我为何不让它（尧舜的盛世）在我这个时代亲眼见到呢？上天生育人民，就是要让先知先觉者来使后知后觉者有所觉悟。我呢，是百姓中的先觉者，我就得拿尧舜之道让这些人民有所觉悟。不由我去唤醒他们，那又有谁呢？"

伊尹原名"伊挚"，是商汤的老师，也是我国第一个见之于甲骨文记载的教师。伊挚助汤建立商王朝立了首功，本可以光荣退休于闲野，他却自觉主动地选择去教化后知后觉，目的在于帮助君子做明君，在于让百姓过得尧舜时代一样好。他还明白这个教育任务艰巨，却以舍我其谁的决心去做，这一切都体现了伊尹"居庙堂之高则忧其国，处江湖之远则忧其君"的爱国情怀，以及高度的自觉行为、使命感和责任担当。

十九世纪末二十世纪初的中国正处于外忧内患之中，一大批仁人志士学习西方列强先进技术和思想，在国内发起新思想启蒙运动，纷纷兴办新式学堂，以此达到启迪蒙昧国民、图存救亡之目的。诸暨先贤沈宗懋就是这批仁人志士中的一员，他创办的"私立使觉小学堂"就是旧中国新式学堂之一。学堂的创办和学堂取名"使觉"，亦彰显了创校先贤的爱国、自觉、使命、担当和美好愿望。

而培养这种爱国情怀、高度自觉、使命感、责任担当品质,正是国家教育所追求的,是基础教育和课程方案所要求的,也是当时包括诸翟学校在内的很多教师所缺乏的。使觉理念上位就是核心价值观,就是爱国主义、高度自觉、使命感和责任担当。使觉理念的提炼和提出,警示学校全体员工要牢牢记住和回归这些核心价值观。

3."使觉"理念下位是基本教育观

"使先知觉后知,使先觉觉后觉也"中"使……觉……"和"予将以斯道觉斯民也。非予觉之,而谁也?"中的"觉"是一个意思,有教育之意。其在以师为本,以传授知识为主的中国传统教育文化中意为"教化""教""传授""使……接受知识""使……醒悟",在近代中国教育中可理解为"启蒙"。

"使觉"用现当代人本教育理论解释就是"点燃""唤醒",它反映了基本的教育功能观、学生观、教师观和师生关系观。

在叶澜老师的"生命·实践"教育学派理论认为,教育是对孩子生命的点燃和唤醒!上海市教育功臣刘京海校长认为"真正的教育不是改造而是唤醒,唤醒孩子心中沉睡的巨人。巨人一旦醒来,潜能尽情释放,一个真正的人从此诞生。"①在此,学生是拥有无限可能的鲜活生命,教师是他的唤醒者、引导人和激发者。

雅斯贝尔斯在《什么是教育》一书中指出:"所谓教育,不过是人对人的主体间灵肉交流活动(尤其是老一代对年轻一代),包括知识内容的传授、生命内涵的领悟、意志行为的规范,并通过文化传递功能,将文化遗产教给年轻一代,使他们自由地生成,并启迪其自由天性。""教育绝非单纯的文化传递。教育之为教育,正是在于他是一种人格心灵的'唤醒',这是教育的核心所在"②。在此,师生是灵魂和

---

① 赵祥麟.外国教育家评传(第三卷)[M].上海:上海教育出版社,2003:56。

② 刘玲.唤醒灵魂的教育——雅斯贝尔斯教育本质观探析[D].苏州:苏州大学,2014。

信息的交换者。

基于"新基础教育"理论,赋予"使觉"理念契合新时代的新意义。对于学生,我们坚信每个孩子本质上都是拥有独特个性和巨大潜能的鲜活生命。学校教育活动应以"学生为本"。作为社会主义核心价值观为指导的"灵魂"工程师,我们教师应该也更有责任唤醒其生命意识,挖掘其生命潜能,提升其生命价值。

4. "使觉"理念的基本构架

特别是为了完善"使觉"理念的内涵,我们还补充了"正礼"理念。"正"即"正心修身"(出自《礼记·大学》)。礼即"克己复礼"(出自《论语·颜渊》)。

补充"正礼"这一理念主要是基于学校的传统及现实需要。首先,我校生源中有大量的外来务工人员子女,在行为文明、礼貌素养方面需要提高,需要继续强化礼仪教育。其次,学校有礼仪教育的传统;第三,学校处于虹桥大商务区,今后国际程度越来越高,上海致力于打造世界科技中心,培养文明的高素质的公民是应有之义。

增列"正礼"表明我校办学强调德智并重,也表明我校办学发展需要规范。同时,"正礼"也是全体师生的道德规范和行为准则,更是一种希冀——希望我们的学生在外表现出一种辨识度高的文明素养和气质——正气浩然,彬彬有礼。市民看了学生,就知道我们学校。学生报了学校名,就自然觉得学生"正而有礼"。

增列"正礼"后,学校办校理念的基本构建初成如下:

办学理念:师生正礼,教育使觉

育人目标:知书达理,健康成长

校　　风:点燃生命,唤醒自觉

教　　风:自觉发展,追求卓越

学　　风:自觉修身,自觉求和,自觉实践

第三节　在新优质学校建设中逐步构建

1."使觉"理念统领新优质学校建设

上海市在 2011 年就启动了新优质学校推进项目。最初是基于两个背景:一方面来源于上海市参加 PISA 测试结果显示,学生在阅读、数学、科学三项测评及总分上均居 65 个参与国家和地区的首位,且均衡程度较高,表明上海基础教育的"托底"工作做得比较成功。另一方面择校冲动、课业负担重、应试教育现象仍然存在。2011 年上海市召开基础教育工作会议。为了贯彻落实上海市基础教育工作会议精神,市教委决定实施"新优质学校推进项目",通过专业力量带领一批校长持续专注地研究一批不挑选生源、没有特殊资源、没有特殊文化积淀的普通学校如何走向优质的轨迹,以"办好每一所家门口的学校"为目标,积极回应社会关切的热点难点。

诸翟学校就是这样一所处于城乡结合部、生源质量欠佳、没有特殊资源、没有特殊文化积淀的非常普通的学校。学校 2013 年开始创建"新优质学校"。如何从普通学校依靠内生力量升格为"新优质学校"? 如何成为一所"家门口的好学校"?

笔者现在回顾和总结当初诸翟学校建设"新优质学校项目"的策略,它就是:以学校文化建设为线,以"使觉—正礼"办校理念为纲,聚焦管理(含文化和德育)、学生、教师、课程和课堂五目,以教学科研"五个更加关注"①为突破口。简而言之就是"不靠生源靠师资、不靠

---

① 2011 年上海市召开基础教育工作会议。会上提出在教育价值上,要突破对功利价值的过度追求,更加关注教育对"人"本身的价值;在教育质量观上要突破以学科知识传授为主的单一质量追求,更加关注以人的全面而多样发展为特征的全面质量;在培养模式上要突破高度统一的标准化培养模式,更加注重需求导向的个性化、多样化培养;在教师专业成长上要突破单纯强调掌握学科知识和教学技能,更加注重教育境界和专业能力的提升;在教育管理上要突破以行政手段为主推动教育发展的方式,更加注重思想领导和专业引领。

政策靠创新、不靠负担靠科学"①。

在各级领导支持下和专家的指导下,在诸翟学校全体师生的努力下,诸翟学校正是自觉或半自觉地运用了这个策略,从2013年开始建设闵行区"新优质学校",到2016年成为区新优质学校集群发展领衔校,乃至到2018年被列入上海市百所公办初中强校工程校,这个策略依然有效。

2."使觉"文化边构建边完善

我们一边构建"使觉"校园文化,一边建设"新优质学校"。以校园文化之线,编织美丽校园。自2014年9开始,学校成功申报闵行区"九年一贯制学校"使觉"文化的实践与研究"课题②。该课题研究和实践跨越三年时间。

在这三年之中,我们以"使觉—正礼""三风"为深层理念,在聚焦并引领学生、教师、课程和课堂发展。我们通过项目建设并基于核心素养,诠释了学生发展目标,丰富了学生的发展观,拓展了教师发展观,构建了四大课程开发思想和反思总结出若干课堂教学思想和策略。其中,学生认知发展观和教师专业发展观概括如下:

教师专业发展观:觉察教育现象;觉悟教育规律;觉醒自身发展。

新"三好"培育目标:新"三好"少年——具有"好奇、好问、好思"的核心素养,全面发展而且"会觉知、敢觉疑、有觉悟"的新少年。

学生认知发展观:觉察,觉知;觉疑,觉思;觉悟,觉醒。即:引导学生觉察、觉知,使之具有敏锐力和信息力,能敏锐地感知世界、获取信息、觉察关系和变化;帮助学生觉疑、觉思,使之具有洞察力和思考力,具备理性的质疑意识和质疑精神;激发学生觉悟、觉醒,增强其生

---

① 中华人民共和国教育部官网 http://www.moe.gov.cn/jyb_xwfb/moe_2082/2023/2023_zl07/202307/t20230710_1068177.html.

② 更多有关"使觉"文化的实践与研究的经验和成果见本书附后《九年一贯制学校"使觉"文化的实践与研究"课题结题报告(节选)》。

命力和竞争力,拥有个性化的思想和价值追求,拥有济人济世的胸怀和敢为人先的信仰。

课程培养目标:一种使命(社会责任感),两种精神(人文精神和科学精神),三种能力实践能力、创造能力、持续发展能力,四种意识(生命意识、民族意识、创新意识、成人意识)。

使觉课程图谱:觉智课程、觉创课程、觉雅课程、觉践课程。

课堂教学思想:有问题、敢质疑、会探究、能生成。

第四节　在强校工程中继续演进与沉淀

2018年7月,为深入落实党的十九大精神和上海市委、市政府关于本市基础教育综合改革的部署,进一步提高初中教育优质均衡发展水平,努力让每个孩子都能享有公平而有质量的初中教育,上海市教委决定实施百所公办初中强校工程(简称"强校工程")。诸翟学校是第一批强校工程实验学校。上海外国语大学闵行外国语中学是诸翟学校的对口支持学校。双方于2019年2月签约合作,正式拉开了诸翟学校的"强校"序幕。

双方共同关注制约学校发展的核心变量,制定了在"使觉"办学理念引领下,促进学校在各个方面转型发展的措施和策略,以达到强管理、强人才、强课程、强资源、强特色和提高社会满意度的目的。在这些措施和策略中,重要的一项就是调整学校的办学理念。

上海外国语大学闵行外国语中学校长吴金瑜先生,也是本次强校工程的指导专家和诸翟学校的名誉校长。吴校长认为,"一所学校的文化既具有随着社会文化的发展、变迁而发展变迁的共性"[①],校园文化是会随也应该随环境和条件变化。

10年前,诸翟学校地处郊区,校园简陋窄小,优秀学生和骨干教

---

① 吴金瑜.基于理解的学校教育[M].上海:上海交通大学出版社,2019:173。

师流失严重,是市民有点瞧不上的"农民工子弟学校"。10 年后,诸翟学校已处于上海市国际化商业和科技圈域区,大而新且现代的校园落成,师生不再流失反而回流,成为"新优质学校"和上海市百所强校工程校。面对国情、市情、校情和学情的变化,诸翟学校办学理念亦应变化。而调整办学理念,正是诸翟学校求新求变、与时俱进的文化自觉的表现。

调整后的使觉办学理念的基础体系如下:

校训:正礼,使觉。
校风:惟新厥德,时乃日新。
教风:审近知远,成己成人。
学风:知而获智,智达高远。

其解释如下:

"惟新厥德,时乃日新",源自伊尹作《咸有一德》,详见《尚书·商书》"今嗣王新服厥命,惟新厥德。终始惟一,时乃日新。"原话意思是:现在嗣王新受天命,要更新自己的品德;始终如一而不间断,这样就能日日更新。现在引申为,学校师生都要加强反躬自省每日的德行修养,不断学习,面向未来,气象更新。

"审近知远,成己成人",源自伊尹"以滋味说汤",详见《吕氏春秋·本味篇》:"故审近所以知远也,成己所以成人也;圣人之道要矣,岂越越多业哉!"原话意思是:所以说审近才能知远啊,成己所以成人啊;圣人之道是最重要的,岂在于做许许多多琐事!现在借用其中的哲言启迪师生,在教与学上,提倡借古察今,鉴往知来,对话当下,连接世界,审视取例身边近处现象,思考总结背后远处道理;成就自己,也同时成就别人。

"知而获智,智达高远",取自央视著名公益广告词,或为主持人概括而成。意思是:学知可以获得智慧,不断学知可使智慧达到高远的境地。表达的是一种学无止境、智慧无边的思想,鼓励人们学习学习再学习,用知识武装头脑,用智慧改造我们的世界。

第五节　"使觉"文化建设的路径和策略

上海市特级校长、中国"理解教育"首创之一的吴金瑜先生认为,校园文化"是由学校成员在教育、学习生活的长期活动与发展演变过程中共同创造的,对外具有个性的精神和物质共同体,如教学管理联系、历史传统、行为规范、人际关系,风俗习惯、教育环境和制度以及由此而表现出来的学校精神。"①校园文化亦是学校在长期办学过程中形成的具有独特个性和特色的文化体系,按构成要素划分,可分为精神文化、物质基础、制度文化和行为文化。按行为认知理论划分,可为表层文化、浅层文化、中层文化和深层文化。其主要内容如下表:

表 1-1　校园文化构成要素

按构成要素划分		按行为—认知理论划分	
精神文化	包括学校的办学理念、价值观念、学术追求、道德规范等,它是校园文化的核心,影响着学校的办学方向和人才培养目标。	深层文化	指学校的办学理念、价值观念等精神文化层面,它是校园文化的灵魂。
物质文化	包括学校的校园环境、建筑风格、设施设备等,它是校园文化的物质基础,反映了学校的办学水平和文化底蕴。	中层文化	指学校的校风(类如教师工作作风和学生行为风貌等)、学风、教风等学术文化和教育文化层面,它是校园文化的核心。
制度文化	包括学校的管理制度、规章制度、行为规范等,它是校园文化的保障,规范着学校的管理和师生的行为。	浅层文化	指学校的规章制度、行为规范等制度文化层面,它是校园文化的规范体系。
行为文化	包括学校的学术活动、文体活动、社会实践等,它是校园文化的体现,反映了学校的办学特色和学生的综合素质。	表层文化	指校园环境、建筑风格等物质文化层面,它是校园文化的外在表现。

---

① 吴金瑜.基于理解的学校教育[M].上海:上海交通大学出版社,2019:166—167。

从上面对校园文化的概念的简单介绍,就可以知道校园文化建设是一个极为复杂的系统的工程,要想说清楚而且是在极短的篇幅里说清楚,笔者在担任校长期间诸翟学校是怎么建设校园文化也是极为困难的。在此,笔者还是举一个学校"正礼"例子,从一个点或面出发来说明校园文化建设路径问题。

在正式讲解这个"正礼"文化建设例子之前,我们必须先要理清一个问题。这个问题就是校园文化建设的本质是什么。以笔者的经验,认为校园文化建设的本质就是从办校理念落到教学行为和学生行为的活动过程。或者说,从精神文化向制度文化、物质文化,最终向行为文化迁移的过程。或者说,理念从深层向中层、浅层和表层传导的过程。比如,使觉理念中的核心价值观"责任担当",它如何经过制度文化、教师文化和物质文化落实到教师"责任担当"和学生"责任担当"素养和行为表现上来。没有落实(传导)或落实(传导)不到位,就必定会产生"知行不一",文化建设受阻或失败。换而言之,就是有好的办学理念并不一定会产生好的办学结果。在现实教学活动中这种"知行不一",好理念没有好结果的例子大量存在,比如许多教师都知道以学生为本的"唤醒"教育理念,但做起来还是以教知识为本;比如,小学生对于"自觉修身"学风似懂非懂,更不知道如何做才算"自觉修身"。

如何做到使觉文化"知行合一"?

学习和参考许多名校如明强小学、平乐中学、七宝中学、位育中学等校园文化建设后,诸翟学校采用如下路径试图完成从理念落实到行为:提炼办学理念——围绕或分解理念,研读教材和备课——围绕理念设计教学方案,或策划教学项目,或开展课题课例研究——调动文化全要素,引导师生开展教学实践——在实践中产生符合理念的行为、新教育思想和新教学方法——通过文字、视频、图片等方式表达、记录、沉淀和保存信息。具体理念落实例子见第三章第三节。

【编者感想】

划过指尖的青葱岁月告诉我们

生命的精彩在于不断地奋斗和探索

自成为教师的那一刻起

我们无时无刻不在教育中感受精彩与价值

在诸翟学校这片乐土

难忘的点点滴滴

镌刻着我们的信念和责任

一堂堂精彩纷呈的美妙课堂

一篇篇凝聚智慧的论文集萃

一场场振奋人心的分享报告

诸翟学校在一次次奋进中茁壮成长

2020 这一年注定不平凡

孕育不凡的使命

前人的耕耘

后人最宝贵的经验

心怀感恩　追梦前行

2021 使觉人我们扬帆起航

　　2020 年 9 月 11 日下午,诸翟学校庆祝第三十六个教师节暨新校园启用仪式在实验楼四楼剧场隆重举行。闵行区教育局和华漕镇相关领导,上闵外校长吴金瑜先生、督导室督学陆燕琴老师、董鸣老师和家庭教育讲师团成员、退休教师代表等嘉宾,以及诸翟学校部分教职员工出席了活动。

　　首先,大家饶有兴致地观看了诸翟学校《不忘初心,勇往直前》专题宣传片。介绍了三年前,在教育局和镇政府的大力资助下,诸翟学校得以在原址再造(边拆边建),以及师生共同克服种种过渡时期的困难,一边进行学校硬件的迭代升级,一边着手上海市"新优质学校"和"强校工程"推动的校园内涵建设等具体情况。过去的一学年里,全校师生齐心协力,与上闵外联合办学,也取得了阶段性成效,教育教学和中考升学方面也取得了可喜的成绩,学校景观和教育空间各方面都得到显著改善和提升。老中青教师代表的诗朗诵《从这里出发》拉开活动的序幕,抒发了全体教师期待的心声与展望:大虹桥,望华漕,相约华漕,相约诸翟,为了华漕的明天,为了孩子们的明天,一起出发!

教育局党委副书记李光华热情洋溢地为教师节庆祝活动暨新校园启用仪式致辞,对诸翟学校近年来的变化表示出极大的惊喜,对办学过程中的艰辛与成效给予了充分肯定,并希望学校继续明确目标,用好资源,办出特色,提升质量,让每一个孩子都健康成长。

在象征打开新校园大门的"金钥匙"交接仪式上,教育局党委副书记李光华、华漕镇社发办主任宋伟民和李校长一同登台,宣告上海市闵行区诸翟学校新校园正式启用,一起"开启"诸翟学校美好的新征程。站在新时代新百年起点,诸翟学校师生将共同创建具有历史根基和文化底蕴的"新优质学校"。李赟校长做了主题为《托举新希望,再造"新优质",走向新征程》的总结,生动讲述了学校三年来"改扩建"工程的过程以及校园落成后的新气象新希望。李校长还代表全体师生对局镇、政府各级领导的关心、支持表示衷心的感谢。

活动中还颁布了闵行区区级奖项、强校质量优秀奖、闵行区骨干系列教师、学习强国、抗疫防疫优秀奖,是他们用默默的坚守成就着自我的成长,是他们用自己的智慧助推着学校的发展。在交流环节,王志琴、陆伟红、赵晶三位教师和家长代表王淏菘的爸爸王剑分别从家校合力、组级合力、教研合力、家长助力等不同的角度阐释了"强校工程"带给学校的新变化。美丽的新校园是我们名片的颜值,学校内涵建设的高质量是我们共同的精神追求。

最后,校合唱团的孩子们带来的表演唱《你笑起来真好看》,让大家几乎沉浸于学校的朝气蓬勃、意气风发的喜悦之中。领导们纷纷与活泼可爱的孩子们合影留念,活动在天真烂漫充满希望的童声合唱中圆满落幕!

——诸翟学校校刊《紫堤撷英》(2020 学年第一学)

以上是一篇报道诸翟学校 2020 年 9 月 11 日教师节的通讯。针对这个教师节,笔者在当日笔记中写道:"这个教师节也可能是笔者人生中最感怀的日子之一,它距离笔者正式服务诸翟学校整整十年。

十年来,这里的一草一木见证了我的快乐和困惑,这里的教职员工目睹了我的服务与成长,从这里进出的孩子寄托了我为他们的自豪和希望……目睹头上青丝生白发,笔者又再次升腾起服务国家、服务人民、服务学校、服务学生的社会责任感和使命感。"

本书截稿之时,距离笔者服务诸翟学校开始的第一天,已有 14 年余。14 年前,笔者与学校同事开始了探寻校园文化之根,踏上了学校改进之路;10 年前,"使觉"文化课题研究和"新优质学校"建设,塑造了诸翟学校的"使觉"文化系统雏形,并推动了学校品质迈上了新优台阶;5 年前,开始了"强校工程"建设,使觉文化得以继续沉淀和演进,并正由优向强迈进。

回首过去,当初与同事探寻办校之源之根的场景幻若昨天。这十几年来,笔者主导与深度参与了学校的文化建设,也深受学校文化的深度影响。作为学校的责任人,笔者以为,现在诸翟学校文化最精粹的部分不在于它有漂亮的校舍场馆之物质文化,不在于 VIS 之表层视觉文化,甚至也不在成套的规范制度之制度文化或浅层文化,而在于业已形成老中青梯队的甘于奉献、勤于钻研、求变求新、团结友爱的教师队伍,在于由市与区领导、专家、家长和社区汇集的且倾心支持的办学资源,在于被唤醒后的文明礼貌和自主求知的孩子,在于由老师、学生和外部专家的协同发力从而使得学校教风、学风、文化生命力得以厚积和发展……

第二章　科研兴校：教师发展与科研

习近平同志强调"强教必先强师，要把加强教师队伍建设作为建设教育强国最重要的基础工作来抓。"①必先"大力培养造就一支师德高尚、业务精湛、结构合理、充满活力的高素质专业化教师队伍。"②而培养高度专业化的教师最关键的路径，在于培养其科研能力(主要表现为课堂教学能力和课题科学研究能力，为简单起见，笔者将两种合并统称为科研能力。因为教师发展与科研是犹如一个硬币的两面，如此密不可分，故在本章不再将两者细分开来阐述)。也就是说，兴校强校的关键路径在于教师发展和科研。

在诸翟学校全体老师的教育实践基础上，笔者试图在本章，定义基于"使觉"理念的教师专业发展观，总结学校近年来从弱到优、从优向强的发展过程中的教师发展与科研经验。

第一节　教师发展的简单模型

人力资源决定一个组织的生命力。教师是学校改革发展最宝贵的人力资源。如何开发利用教师这个核心资源，如何驱动教师专业发展，一直都是学校的工作重点和难点。可以说，一个学校教师的专

---

① 中华人民共和国教育部官网,2023—05—29 通讯.习近平在中共中央政治局第五次集体学习时强调,加快建设教育强国,为中华民族伟大复兴提供有力支撑 http://www.moe.gov.cn/jyb_xwfb/s6052/moe_838/202305/t20230529_1061907.html.

② 同上。

业发展的水平决定了这个学校的教育水准,作为学校的管理者不可不殚精竭虑之。

从教师个体角度来讲,"教师专业发展是指教师作为专业人员,在专业思想、专业知识、专业能力等方面不断发展和完善的过程,即是从新手型教师到专家型教师的过程。"①教师专业发展的内涵主要包括:(1)教师专业发展首先强调教师是潜力无穷、持续发展的个体,具有持续成长和发展的内在动力,他们的专业知识、技能和经验会随着时间和经验的积累而不断提高。(2)教师的专业发展要求把教师视为"专业人员",需要具备专门的知识和技能,能够独立或与他人合作制定教学计划、评估学生的学习进度,并能够根据学生的需求和兴趣进行个性化教学。(3)教师的专业发展要求教师成为学习者、研究者和合作者,需要不断学习新的知识和技能,通过反思和实践来提高自己的教学效果,同时也需要与同行、学生和社区进行合作,以实现共同的目标。(4)教师的专业发展要求教师具有发展的自主性。教师的自主发展强调的是发展教师个体的个性和特长,使个体的潜质充分发挥出来,需要教师对自己的教学进行自我反思和评估,根据自身特点和需求进行自我改进和发展。②

从学校管理的角度上讲,笔者以为,"使觉"意义上的教师专业发展就是:学校调动资源,激发教师内在动力和自觉性,支持教师从新手到专家的持续性活动。诸翟学校兴校的过程也就是学校调动资源,激发教师内在动力和自觉性,支持教师从五个维度实现从新手到专家的持续性活动的过程。

为了讲清上面提及的"从五个维度实现从新手到专家的持续性活动的过程",讲清楚诸翟学校的教师发展和科研经验或范式,笔者在全体老师的教育实践的启发下,总结出了一个简单的教师专业发展与科研模型(见图 2-1)。

---

① 王铁成. 教师专业化发展导论[M]. 华中科技大学出版社. 2016。
② 周文杰,王英豪. 教师职业专业化:教师专业发展的核心视角[J]. 东北师范大学学报(哲学社会科学版),2017(6):189—194。

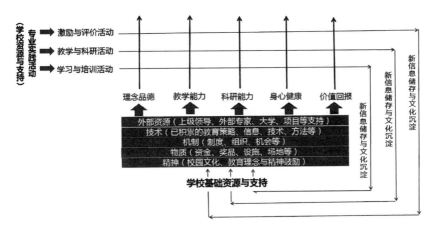

图 2-1 教师专业发展与科研简单模型(学校视角)

下面来对模型进行简单解释:

(1) 教师专业发展五维度。在诸翟学校,教师从以下五个维度来获得发展(见图 2-1 红色字体部分)。它们分别是:理念品德(教育理念和师德)、教学能力、科研能力、身心(身体和心理)健康,以及价值(精神、荣誉与物质等)回报。学校既是教师实现理想抱负的平台,也是获得价值即物质和精神回报的平台。物质与精神回报既是教师专业发展的动力,也是学校支持教师专业发展的手段,无论是从教育理论和实践,都是合理的、存在的。目前有关教师专业发展的理论和文献,很少谈将物质和精神回报纳入其中的,是有些遗憾且值得商榷的。我们主动将物质和精神回报纳入教师专业发展体系,这也算是使觉教育之"自觉"吧。

(2) 学校基础资源与支持。为了激发教师在上述五个维度的发展,学校必须提供基础的资源和支持。这些资源和支持包含以下五个方面:精神资源与支持——校园文化、教育理念与荣誉鼓励等;物质资源与支持——活动资金、老师工资、奖励、奖品、办公室设备、购置书籍文献、提供研究器材等;机制资源与支持——制订制度、成立机构或组织、给予发展机会、争取课题项目等;技术资源与支持——教学和科研的策略、信息、方法和工具;外部资源支持——争取上级机关及领导的支持,争取区域政策支持,联合家庭、社区或联盟成员取得支持,争取课题,延请外部专家支持、与大学等科研院所开展合作,联合跨校培训及科研等。

（3）专业实践活动。其也是并应该作为学校提供的资源和支持,可以分为以下三类:学习与培训活动——就专业发展或科研,举办各种学习活动、培训活动等;教学与教研活动——就专业发展或科研,举办各种教学技术比赛、展示课、公开课、磨课、备课、研讨会等。激励与评价活动——教师评价,举办教师节、颁奖典礼、授（荣誉）牌活动等。上述三类活动贯穿教师五个方面发展的全部过程。

（4）信息存储与文化沉淀。教师五个方面的发展在学校资源和支持下,通过一系列的专业实践活动,产生新的课件、论文、文章、经验、制度、理念等新信息,这些信息通过文字、音频、视频、图片乃至精神、心理等形式作为文化而沉淀下来。这些新的信息和沉淀的文化,又作为新的学校资源和支持投入下一轮专业实践活动,继续推动教师专业的发展。比如,诸翟学校 A 老师在教学能力发展时,被要求参加各类培训活动,开展展示课和课例研究,并上公开课时接受其他老师的观摩和评价。A 老师撰写的培训心得、制作的展示课的课件、撰写的课例与总结,以及其他老师对 A 老师的展示课的评价,都会以信息储存并作为学校文化沉淀下来,为全校老师的发展提供资源和支持。

上述四部分形成闭环,推动教师专业发展和科研螺旋上升。

第二节　学校资源与支持

1. 机制与组织

（1）教师专业发展规划

教师专业成长需要不断地修炼,学校通过营造校本研修文化,建立系统化、常态化的校本研修制度,促使教师在教学中研究,在研究中教学,逐步提高教育教学水平,引领教师从"被动发展"到"专业自觉"。

运营制度构建。学校制定了《"自觉觉人"教师发展方案》《教师专业发展规划表》《诸翟学校校本研修制度》《诸翟学校骨干教师评审制度》等方案和制度。其中,发展规划分学年目标、主要举措、学年小结和部门评价四部分。教师从自身出发,定位自己的学年目标,匹配学校资源和支持,每学年小结和评价一次,以检测自身的专业发展水平。

评价体系构建。职称评定与教师的专业发展息息相关。教师认清自身的学历结构和职称目标,明确评定标准和条件,日积月累,厚积薄发;学校摸清每一个教师向更高级别发展的目标,提供可行性的服务与平台,有序跟踪。

制度建设与多元评价相结合。落实教师绩效工资制度,建立教师自主发展的培养、激励和评价机制。对教师的评价,既要客观地对照各种机制进行评定,也要从完成教育教学任务和培养学生情况等多方面综合考核教师的工作业绩。从教师的工作量、工作态度、工作成效、工作亮点、同行评价、家长评价等多方面深入了解教师,走进教师,从多方面激发教师的工作热情。

(2)教—研—培一体化组织管理

常规教研组织线

学校的教研组以学科和年级为划分依据,同一学科同一年级的任课教师组成一个教研小组,共同开展针对教学内容和教学方式等诸多有关教学实践问题的自我反思、教师之间的同伴互助和教学专业引领活动。学校教研组的成员保证各门学科教师全员覆盖,每一位任课教师都是特定学科教研组的成员。每一个教研组都有一名教学理念先进、教学能力过硬并能主导学科内教研活动的优秀教师或骨干担任教研组长。一般大型教研活动(如教学竞赛、学科展示课等),由所有年级的每一位同一学科任课教师组成的教研组共同开展。日常教研活动,如共同备课教学技能和教学内容研讨以及制订"导学案",由同一年级同一学科的教师组成备课组共同展开。

教师骨干和工作室

教师专业发展主要抓两条线,一条是教学线的骨干(教研组长),

一条是工作室(坊、站)科研线。

诸翟学校实施"教研组长学科教学领导力工程",聚焦教研组长学科教学领导力的开发与提升,通过培训、参观、研讨、研修等各种培养方式,促使学校教研组长实现从"技术能手"到"卓越领导"的转变,并通过工作范围(职责履行、组织管理)、业绩标准(个人的和团队的)、核心能力(专业能力、用人能力和育人能力)、工作方式(从努力到借力,即努力、方法与技巧)等维度来评估他们的工作成效。

工作室(坊、站)是一种校内非行政性的学习型组织。组织内部没有行政上的上下之分,教师以小团队为形式自由并有意识地组合,实现了多元且独特的日常自主研究方式。"工作室"中的成员一般来自同年级同一学科。教师们以"学生发展"为研究内容,以"提升专业发展"为动力,关注每一个学生的发展状态,每一个班的发展轨迹,每一位成员的提升速度。工作室主持人由领导管理团队成员、骨干教师或学科带头人担任,组员由不同层次教师组成,规模一般为3—4人,以"三人行,必有我师"为原则,确立各自的研究主题、创设自己的研究平台、激发小团队及个体发展内需,关注对教育价值的追问与提炼,对日常研究机制的探索与发展。

自2013年开始,学校就成了德育工作坊。在2019年的强校工程中,上海市向明中学数学特级教师张千明的工作站、华漕镇数学"智慧坊"(由教导处主任、高级教师秦兰菊老师领衔开展工作)等先后入驻学校。本校工作室也纷纷成立,如由王志琴老师主理的"家庭教育工作室"。截至2023年年底,诸翟学校已有工作坊(室、站)5个,覆盖了全校150多名教师。

张千明老师的工作站成员(含张老师自己),在课堂教学上,深入课堂,通过听课交流,了解教师们的教育教学状态,肯定优点,提出不足,给出建设性的指导建议,归纳教师的教学特色,为教师专业发展点明方向;在教研上,参与学校教研组、备课组活动,针对研修任务、重点难点进行针对性指导,提升教师的教研水平;在科研上,开设系列讲座、指导论文撰写、课题申报及跟进研究过程,促进教师从经验型向智慧型转变。

　　秦兰菊老师领衔的(数学)智慧坊则聚焦数学学科,制定数学青年教师成长的路线图,每两周一次开展活动,通过开设系列讲座、课堂教学研讨、考试命题研究、教学论文撰写、科研课题研究等方式,助跑数学学科青年教师专业发展和科研。

　　王志琴老师的家庭教育工作室,专注搭建家长—学校—社区合作平台,为家庭教育、学生职业教育提供教师、课程、技术、组织活动等资源支持。

教师发展中心

　　2021 年 9 月,为了避免多头管理,快速响应上级管理和本校教师需求,高效管理教师发展与科研工作,学校设立教师发展中心,并将它归集集团总部教师发展中心(总部设立在上海外国语大学闵行外国语中学教育集团,诸翟学校为其成员)领导。教师发展中心是集团负责分校教师发展与科研的直属管理机构,其主要职责是:开展教师发展研究,指导教师制定职业发展规划,推进教师专业化发展;负责教师发展相关政策的宣传、咨询和落实工作;负责对教师进行教育教学技能培训;负责教师发展综合信息平台建设,负责教师资源信息统计、更新与管理;负责教师教学、专项竞赛和各类教学交流活动的动态管理;负责教学名师、青年骨干教师、名师工作室等管理工作;完成学校和领导交办的其他工作。

　　(3) 日常教—研—培一体化

五个一工程①

　　2013 年 2 月,学校参考上海七宝明强小学等名校经验,向所有教师发出倡议:每人一学期上 1 节展示课、1 节自报课例课,看 1 本好书并写 1 篇应用心得,每学年申报 1 个课题,称为"五个一"工程。

　　展示课是指教师自己准备,然后请专家和同教研组的教师一起观看课并现场评课,结束后进行反思和重建。课例课是指教师自主选择上课日期和内容,自行备课,同学科组所有老师一起听课,然后

---

　　① 顾文秀,王晓. 生命自觉:新型教育者的成长之路——上海闵行区七宝明强小学学校变革史[M]. 福州:福建教育出版社,2014。

进行说课、评课的研讨活动,执教者要谈课的设计,反思自己教学的成功与不足,并针对不足进行重建,听课老师则针对上课和说课进行点评。提出修改意见。撰写案例的要求则是,能针对课堂教学实际进行分析,寻找成功之处,并进行细化研究,要求有理论的支撑。

后经过一段时间的实验性实践,学校将上述倡议变为正式制度,并为之制定了实施程序、管理办法等给予约束和保障。

日常教研会议

每周半天的集体备课、每月就某个主题开展教研会,每年举办嘉年华式的教学节(周)。每学期召开一次教研意见征集会。学期中,按年段召开一次教研反思会。每周固定时间召开年级科研组会议。不定时地开展组级示范课、校级公开课和教师技能大赛。

(4)校本研修与培训

4+1+2+3+2 的职级发展模式

"4"就是根据每个教师的学历经验、能力和资历不同,我校把教师分为三类即职初教师、经验教师和骨干教师。后来在"强校工程"实践中,根据上海闵行外国语学校吴金瑜校长的指导,又调整为四类:职初教师、积累期教师、成熟期教师、研究型教师。

表2-1 诸翟学校教师类型关键描述

教师类型	快成长力	关键词	描　述
职初教师	找准方向	我,学习!	新手;感性阶段
积累期教师	积累经验	我,成长!	熟练;悟性阶段
成熟型教师	个性隽永	我,给予!	成熟;灵性阶段
研究型教师	专精博爱	我,奉献!	专精;有道阶段

"1"即我校为见习教师每人结对一位师傅,要求见习教师每天听一节"随堂课"向师傅学习,每周上一节"练兵课"请师傅指导,每学期上一节"汇报课"向学校展示。

第一个"2"是指,针对积累期教师和成熟期教师而开展的"第二次发展"计划和项目。积累期教师是指工作3年及以上,培养其专注执着的快成长力,着重加强"养",关键词是规范。成熟期教师,着重加强"育",关键词是示范。

"3"指针对研究型教师,则是资源深度开发利用的三条学术发展路径:带徒弟、工作坊主持人、教研项目(课题)负责人。

第二个"2"是指,除传统的为新教师聘请"师傅"外,近年来着重进行了两类骨干队伍的建设:一是教研组长队伍,学校不但通过教研组长例会、教研组专项视导、学期末优秀教研组评选等活动逐步确立起教研组长的管理角色意识,还在各种学科活动中,给予资源帮助树立起教研组长的学术地位,教研组长享有最先得到优质培训资源的机会;二是学校镇级以及镇级以上的骨干教师,在工作中对这些教师减免一些基础性的要求,代之以"骨干课堂、知远讲坛"等辐射性、示范性的要求,鼓励骨干教师发挥出更大的引领作用。

3+2+6 校本研修和培训体系

"3"指代我校开发的四级教师研修课程。其分别针对职初教师、经验积累教师和成熟型教师。研究型教师则是作为教研课题课例或教研组的主持人,对前三类教师进行校内培训。

"2"指代,三类教师都要接受两门课程(校本研修课程和自我研修课程)培训。校本研修课程是学校层面的教师培训课程,而自我研修课程则是,基于自身需求的课程,在学校 FTP 网页上,可以自行下载、观看、学习。

"6"指代,校本研修课程和自我研修课程,均分师德建设、教师达标、校本研修、教师培养、教育科研和评价考核等六个模块的内容。两者合计 36 个培训模块(见表 2-2、表 2-3),比较全面、系统地覆盖了全校老师的学习需求。

表 2-2　校本研修课程

培训内容	"训"课程	"养"课程	"育"课程
A 师德建设	师德校本培训;写出教师成长三年规划,建立自己个性化的"教师个人成长档案袋";	师德校本培训;写出的教师成长三年规划,建立自己个性化的"教师个人成长档案袋";	开发师德校本培训;辅导学科组教师写出自己的教师成长三年规划,建立自己个性化的"教师个人成长档案袋";

（续表）

培训内容	"训"课程	"养"课程	"育"课程
B 教师达标	了解教师达标的一些规章制度；	明确高一级职称的评选制度，日常积累，并积极向高一级职称努力；	明确高一级职称的评选制度，以身示范，给身边年轻教师以引领；
C 校本研修	校本课程的学习与实践；新教师亮相课；新教师汇报课；正礼杯；"循环上课—反思重建式"课例研究；参与"正班风、浓学风"的教室创建工作；学习"学科育人教学"工作；	校本课程的学习、开发与实践；"循环上课—反思重建式"课例研究；正礼杯；积极参与校级及以上公开课；参与"正班风、浓学风"的教室创建工作；积极参与和思考"学科育人"工作；	校本课程的开发和实施；"循环上课—反思重建式"课例研究；使觉杯；积极参与区级及以上的公开课；组织并参与"正班风、浓学风"的教室创建工作；"学科育人"工作的领头羊；
D 教师培养	市区校"十二五"培训；区级见习规范化培训；学校新教师培训（包括师徒结对等）；帮助自身向高一级梯队迈进；	市区校"十二五"培训；区教研训基地培训；各级各类的教研活动；帮助自身向高一级梯队迈进；	市区校"十二五"培训；区骨干基地班培训；骨干教师师徒带教；教研组长例会；帮助自身与同伴向高一级梯队迈进；
E 教育科研	参与使觉论坛系列活动；至少一个小课题研究；多方学习案例、论文的撰写并积极投稿与评比；	参与使觉论坛系列活动；帮助同伴进入课题研究；自己至少一个大课题或小课题；积极参与案例、论文的投稿与评比；	规划和参与使觉论坛的系列活动；参与学术委员会的系列活动；帮助同伴进入课题研究；自己至少一个大课题或小课题；与学校共同完成学校项目或课题的建设；参与《使觉报》编辑；有论文发表或获等第奖；
F 评价考核	完成学年规划，完成教师成长档案袋。学习并一有机会就参加各级各项评选活动。	完成学年规划，完成教师成长档案袋。参加各级各项评选活动。	完成学年规划，完成教师成长档案袋。参加并指导各级各类评选活动。参与学校的部分评价考核。

表 2-3 学校自我研修课程

培训内容	自我研修课程
A 师德建设	A1 制度学习;A2:示范引领;A3:自我实践;
B 教师达标	B1 制度学习;B2:示范引领;B3:自我实践;
C 校本研修	C1 制度学习;C2:示范引领;C3:自我实践;
D 教师培养	D1 制度学习;D2:示范引领;D3:自我实践;
E 教育科研	E1 制度学习;E2:示范引领;E3:自我实践;
F 评价考核	F1 制度学习;F2:示范引领;F3:自我实践;

2. 物质、精神与荣誉支持

物质支持

与其他地方相似,除了常规的基本工资、工龄工资、教龄工资外,上海的中小学设立了特有津贴。这一津贴主要针对在教育教学工作中表现突出的教师,根据其教学成绩、学生评价等因素进行综合评估,然后给予相应的津贴。除此之外,学校对教研成绩优秀的教师进行物质性的奖励。特优津贴和物质奖励,对提高教师的教学科研的积极性和水平具有积极意义。

2020 年 9 月,我们诸翟学校历时三年的"改扩建"工程圆满竣工。学校或旧颜换新装或新建,新校园更加漂亮,更加现代化,崭新的古筝教室、书法教室、阅读空间、图书馆,时间馆、体育馆、食品科学馆等成为师生最喜欢的网红打卡学习园地。前述场馆中的先进的教学工具和设备,亦为学校"由普变优、由优向强"打下了坚实的物质基础。

精神与荣誉

为激励教师发展,2021 年 9 月,上闵外董事会针对诸翟学校成立强校工程"奖教金",根据奖励方案,每年拿出十万元,奖励在强校工程中做出突出贡献的优秀教师,提高教师的荣誉感。同时,学校还修改了初三教学质量奖励方案。

每个学期评出教学优秀觉慧奖、教学进步觉新奖、教学质量觉知奖、教育管理齐礼奖、优秀服务荷重奖、组室管理和衷奖等。知远讲坛系列讲座集结成集;课例研究报告集结成册;教师各级各类文章集结成册;强校工程期间的课题、论文获奖、论文发表数量比工程前增加了 20％。

集体主义与团队精神

学校教师来自全国各地,年龄上有老中青,经验及风格也不尽相同,在教学教研过程中,有问题,大家要探讨;有分歧,大家要商量。备课组、教研组、年级组、九年级学科专班、张千明工作室导师团等,在尊重欣赏、宽容真诚的前提下,互补互助,取长补短,一起前行,有团队的地方就会有智慧的碰撞,如中学英语教研组成员紧密协作,探索出"写作教学的有效途径",总结出"确定主题、集体备课、课例实施、研讨交流、反思重建、总结应用"六步教研流程,形成的课例和微课成果,反向供给组内的老师评鉴、模仿,从而又形成各自的教学理论和教学风格。又比如,在一次"闵行区小学数学中青年教师课堂教学评优活动"中,学校小学数学张静老师的《周期问题》获得了二等奖,数学教研组的研修案例《基于小学数学规律教学的实践研磨》获得了校本研修案例二等奖。在荣誉背后是张静老师的艰辛付出和扎实的功力,更离不开领导支持、骨干教师和部分备课组长的前期介入和全体老师的全程自觉且积极地参与。在这次校本研修中,经历了 12 周的区级公开课、15 周的督导检验课、17 周的教学评优课,全校教师参与人次高达 550 人次之多。

每一个教研组,每一次的教学研讨会,每一个教研项目都变成了一个资源共享、智慧传递、团结协作的平台,不仅增强了管理层面的自主意识和系统策划能力,提升了教研组长、年级组长的工作热情和创新意识,促进了全校教师专业提高和锻造了全体教员的团结协作精神和能力,还于无形之中培养集体主义和团队协作精神。

身心健康支持

身心健康是专业发展的基础,良好的体育锻炼习惯养成有利于教师在专业成长中保持长期健康的状态,亦可以帮助教师保持灵活的思维,充满创新的活力。学校十分重视教师的文娱体育活动,提倡全校师生每周进行体育锻炼。特别强调教师要以身作则,树立终身锻炼的意识,与孩子们一起,坚持锻炼,保持身心健康。

学校认为,体育艺术活动有利于培养教师健康向上的良好精神面貌,有利于营造良好的校园文化氛围。在学校工会、教师发展中心的共同努力下,教师舞蹈团、合唱团、篮球队、乒乓球队、羽毛球队等艺体兴趣小组纷纷成立,定期开展日常训练,定期举行展示活动,积极参加各类比赛,极大地丰富了教师的课余活动,达到师生艺体素养共同提高的目的。

学校还举办教师节、四大节日,元旦晚会、开学典礼等活动,利用寒暑假等节假日组织教师旅游和团建,并支持以教研组、工作室为单位举办非组织团队文体活动,以此增强团队凝聚力、缓解工作压力和职业倦怠。

3. 技术与方法

教研技术

经过十数年的积累和沉淀,显性的成文的课例、案例、课题及其所总结出来主题式、引领式的大策略、模式、方法等有几十条(部分具体内容参阅第四章),具体的科目课例小经验、小技巧多达上千个。还很多是难以用文字、图片和视频表达的,只通过口头形式在师傅徒弟中传播的、隐性技术。

例如,我们总结出了"循环上课—反思重建"教学研究范式(见图2-2)。该范式就是以备课组为研修单位,由教研组长或备课组长牵头,选择课堂教学中存在的一个问题,开展课堂教学改进的课例研究。从第一次反思重建到第二次反思重建,再到第三次反思重建,逐步构建从初效到有效再到高效的"使觉"课例研究范式。

备课组进行常态课,学校教研组进行改进课,集团内进行提高课,以一堂堂课为抓手,进行三个阶段的研讨反思,螺旋上升,使其顺利完成有"前行为阶段"到"新设计阶段",再到"新行为阶段"的转变。

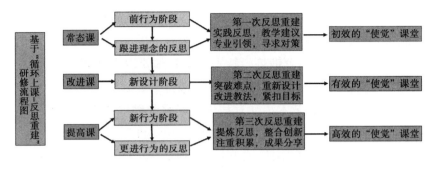

图 2-2 "循环上课—反思重建"课例研究范式

开课之后的评课,以"反思重建"研讨为重点,备课组、教研组根据基于"循环上课—反思重建"研修流程,开展基于课堂改进的校本研修。通过"常态课—改进课—提高课"这样一种"循环上课—反思重建"的课堂教学改进行动研究,扎扎实实打磨一堂课,以期打造"初效—有效—高效"的"使觉"课堂,让学校的常态课成为优质课。

【实践案例】

小学三年级语文备课组
"循环上课—反思重建"式课例研究

问题诊断:课堂不够开放,学生的语言能力欠缺。

主题确定:以"基于文本内容,训练学生表达能力"作为研究主题,以第六册第三单元《起死回生》作为研究课例。(三人进行循环上课)

第一次常态课教学(翟老师):在独立备课的基础上,教学过程流畅,教学方法多样,能有效把握复述这一重点,但在训练学生表达能力上要加大力度和广度。建议:课堂上思维要开放,要给学生足够的时间和空间训练表达,并以多形式递进式地进行复述。

第二次改进课教学(赵老师):关注了学生的语言表达,设计了多处说话练习,让不同层次的学生都有机会参与表达,主动思考,并把教学过程的侧重点安排在复述课文段落这一环节上。尽管学生参与复述的面很广,师生互动的形式也较多,但在复述时大部分学生太拘泥于文本语言,基本是在背诵。建议:教学时要做好复述铺垫并循序渐进地让学生学会用自己的话讲清扁鹊是如何给太子治病的,这样可以更开放些,使学生的表达能力有提升的空间。

第三次提高课教学(朱老师):整堂课教学清晰流畅,落实了阅读课教学中知识与能力训练的有机结合,把"复述扁鹊给太子治病的内容"这一重点通过架设坡度("圈关键词——边做动作边说——看图片提示语独立复述")这一递进式的巧妙设计,突破重点,有效提升了学生的语言表达能力。

思考与收获:备课组是有效的教研单位之一。在同一个备课组,针对同一篇课文,在同一个教案的基础上,大家探讨如何有效提高学生的课堂学习兴趣,有效训练学生的语言表达能力。

信息技术和人工智能

2021年,教育部批准上海为全国首个"教育数字化转型试点区"。两年多以来,上海市持续推进教育数字化转型工作,取得了多方面的突破。诸翟学校亦受益于此,如采用信息技术来提升学校管理及教学科研效能(详细内容见第四章第四节和第五节),利用互联网+多元空间来进行跨学科主题研学(详细内容见第八章),利用信息技术和人工智能改进师生评价。

4.外部资源

教师的专业发展需要外部优质资源深度和持续介入,以快速促进教师的观念转变和行动跟进。学校借助"双名工程"和上闵外集团化办学的优质资源,构建教学研讨共同体。共同体内教师持续地分享和参与各项教研活动,从理念学习、课例课题研讨、实务操作和反思改进,不断地唤醒教师的内在自觉,让教师的专业发展成为内在需求。

在教研共同建设过程中,学校教师中有七人进入"双名工程"学习,十余人进入特级教师张千明工作室、区级名师工作室和镇学科智慧工作坊。每学期与上闵外连续开展初中英语联合教研、初中语文联合教研、初三联合质量分析、上闵外资源班质量调研等活动。每学期都有三至五人开设区级公开课，得到区教研员的悉心指导，并与其他区内区外学校进行技术交流和经验分享。

第三节　专业发展与科研实践活动

1. 学习与培训活动

通过4＋1＋2＋3＋2的职级发展模式，以传帮带培训与传授；通过3＋2＋6校本研修和培训体系系统地学习和培训；通过日常家研培一体机制及其相关的各种会议及活动。具体见上面教—研—培一体化组织管理和日常一体化。

学校将以校本培训与专家引领相结合，提升教师专业素养，提高教师科研能力和教学能力。途径一：由学校教研室引领总课题，结合正在实施的区级大课题《九年一贯制学校课程整体设计下教学有序衔接的实践研究》，以"打造使觉课堂"为目标，从教师到教研组到学校，形成三级制课堂教学改进行动课题研究项目。围绕课堂改进计划书，教师个人以小课题的形式申请立项，教研组、学校层面以大课题的形式申请立项。通过三年的研究与实践，争取在教科研成果上取得大丰收。途径二：借助学校"知远讲坛"、专题网页、《使觉报》、专题讲座、论坛互动、总结交流等形式开展校本培训，促使每一位教师了解自己教学的特色，认识自己教学的不足，明确自己教学改进的方向。途径三：结合学校实际，适时聘请市区教育教学专家、学科研训员进行专题报告、研究指导、专项视导和专业评估，以提高教师的科研能力。

2. 构建研修共同体开展教研活动

学校倡导"人人都是研究者"，每个教师教研活动基本上是围绕构建教师研修共同体活动展开的。

【实践案例】

"使觉"校本研修,助力专业成长
诸翟学校 秦兰菊

我校作为首批"强校工程"实验校,在硬件条件越来越完备的前提下,迫切需要教师的教学水平、学生的学习能力、学校的教学质量同步提升,早日成为老百姓满意的"家门口的好学校",这就要有一支优秀的教师队伍.为了提升教师的专业素养,我校借助华漕镇智慧教师工作坊,开展了基于"使觉"教学理念的校本研修活动。

一、基于"使觉"理念,确定研修目标

1. 依托强效工程,引领教师开展研修活动,打造信息技术环境下学习共同体,开展课堂教学改进的实践研究.建立教师间相互指导机制,满足教师个性化学习需求。

2. 教师在整体把握课程内容的基础上,开展教学设计、课堂教学、信息技术与课堂教学有效融合的实践研究。通过专家引领、主题研修、反思实践、交流研讨,提高教师教育教学水平,提升教师学科专业素养。

3. 通过专家指导教育教学活动,有针对性地开展教学研究,掌握科学的研究方法,并开展案例分析.基于学科研修大主题,设立行动研究小主题,将研究与实践相结合,驱动教师深度学习,形成研修成果,提高教师的科研能力。

二、借助"工作坊"平台,开展研修活动

1. 基于专家引领,开展专题讲座

教师的专业成长离不开专家的指导引领。我们工作坊的专家团队包括诸翟学校校长李赟,上海市向明中学特级教师张千明,以及市、区教研员等。李赟校长作为一校之长,为工作坊的活动提供总体意见和强有力的保障工作。张千明老师作为驻校专家,为我们工作坊的活动出谋划策,指导和参与学校初中数学组日常的课堂教学与教研活动。其他特邀专家提供专题讲座或课堂教学指导,帮助学员们提升教育教学理论与实践水平。

特级教师张千明老师在专题讲座《做一个研究型教师》中指出，积累就是智慧，教师要勤观察，勤反思，勤收集，勤记录，做个有心人。在专题讲座《理解和撰写教学案例》中强调，一个好的案例，在反思中不仅要有个人感悟，更要有一定的理论支撑。

上海市数学特级教师黄家礼老师的专题讲座《理解数学——教好数学的前提》，通过列举教材中的修正处并结合多个优秀课的设计案例深入分析如何理解数学、理解教学。

2. 基于问题解决，开展课例研究

我们的学员都比较年轻，他们有热情，但是缺少经验，在教育教学中会遇到这样或那样的问题，需要及时地点拨指导. 针对这些难点问题，我们邀请市、区专家或教研员进行答疑解惑. 专家依托典型案例（或课例），引领学员们进行分析研讨，找到问题解决的有效方法和路径。同时，我们也鼓励学员们根据自己的教育教学实践，撰写案例，把自己的学习体会转化为教育教学科研成果。

　　诸翟学校李雷、徐花蕊、李冰洁三位老师开设区级公开课。教研员孙静贤老师进行课堂教学指导，孙老师建议全体学员和教研组老师在今后的教学中要更多地关注学生思维能力的培养和数学核心素养的提升。

　　3.基于研修主题，开展联合教研

　　"智慧教师工作坊"成立的初衷是，加强区域内学校间资源紧密整合，扩大优质教育资源的辐射面，助力区域教育水平均衡发展，更好地推动华漕镇教育联盟资源共享。基于此，我们工作坊的研修活动的参与者不仅仅局限于工作坊的几位成员，还会邀请活动所在学校的数学教师或青年教师共同参与，使优质资源的共享最大化，促进区域内青年教师快速成长，从而促进数学教师专业化发展。

　　2021 年 4 月 28 日在华漕学校开展联合教研。姚烨老师执教《线段的大小的比较》，教研员张胤睿老师进行点评与指导，诸翟学校

与华漕学校数学组全体教师共同参与活动。

　　2021年5月20日在纪王学校开展联合教研。纪王学校李扬老师基于电子书包项目执教《角的大小的比较》,冯舒琦老师基于几何画板的有效运用执教《等边三角形》,教研员孙静贤老师进行课堂教学指导,诸翟学校和纪王学校数学组全体教师共同参与活动。

　　4.基于自主研修,开展学习交流

　　为了促使教师积极反思,不断改进,工作坊开展了课堂教学改进案例反思活动,学员们根据理论学习的内容,结合上课实践,撰写案例反思,并在研修活动中交流总结,实现分享经验,共享智慧。

工作坊 2020 学年度的研修主题有两个：一是培养学生数学核心素养，提高教学有效性；二是信息技术助力精准教学。依据研修主题，工作坊主持人秦兰菊老师做了专题讲座《微课的制作》和《关注核心素养，开展案例研究》。

基于研修主题，我们还为学员购买了相关的学习书籍，供学员自主学习使用。制定学习计划，布置学习任务，撰写学习体会，并在工作坊集中活动时交流感悟，互相启迪。

三、收获研修成果，激发学习热情

智慧教师工作坊是开展校本研修的一个有效的平台，为教师提供了更多学习提高的机会. 通过学习成果的分享，学员们开阔了视野，更新了观念，学习到了先进的理论和经验，并将所学真正运用到实际工作当中，学员们在教育教学理念与实践层面都不断提升，促进了教师的快速成长。

在 2020 学年，工作坊有四位学员开设了区级公开课，还有多人次在市、区级教科研和教学技能比赛中获奖。累累硕果更加激发了学员们的学习热情和学习潜能，大家一致表示要以优秀的教师为榜

样,不断地充实鞭策自己,在教书育人的道路上不忘初心、砥砺前行。

3.反馈与评价活动

在上面我们讲述过,我们把每一个教研组,每一次的教学研讨会,每一个教研项目都变成了一个相互学习、资源共享、智慧传递、团结协作的平台;我们还在上面讲述过构建研修共同体开展各种各样的活动,这些平台活动与共同体活动本身就是教师教研的反馈与评价活动。

当然反馈与评价还体现在教师的评价、学生的评价和学校评价上。这些反馈和评价最直接的表现是体现在"学校成果、信息存储和文化沉淀"上(具体见下一节)。

第四节　成果、信息存储与文化沉淀

1.信息储存

教师结合教学实际撰写学习心得、案例、论文,并在各类交流汇报中进行展示。教师通过学校网站、微信公众号、《紫堤撷英》校刊,《使觉课堂》专刊等媒介进行学习和交流。上述信息通过文字、音频、视频、图片乃至精神心理等形式作为文化而沉淀下来。这些新的信息和沉淀的文化,又作为新的学校资源和支持投入下一轮专业实践活动,继续推动教师专业的发展。

2.文化沉淀

大课题和大项目是整体提高教师专业能力和学校整体教学质量的好途径。比如,2014年学校申报的"九年一贯制学校"使觉"文化的实践与研究"区级课题,该项目(课题)历时三年,极大地推动了诸翟学校迈上一个用价值和理论驱动学校发展的新台阶;与"使觉"文化同期进行"新优质学校"建设工程,又将学校提升至一个受家长和上级好评的"家门口的好学校";通过"强校工程"①(由上海外国语大学闵行外国语学校与诸翟学校结对帮扶)建设,学校的校风、教风发生了明显的变化,全校教师主动积极空前提高,办学动力再次被激发,成为一所有较深厚文化底蕴的、正在走向自觉的活力学校。

3. 成果

在上闵外吴金瑜校长、张千明特级教师、张静娴教研员以及市和区主管领导的支持下,学校科研最近三年取得了丰硕成果。

2020 年中考初三毕业生中考成绩明显提高,进入区中等水平;六年级学业水平在区质量检测中进入中等水平。同年,学校在区年度绩效考核中被评为三等奖,还被上海市教育委员会评为"上海市家庭教育示范校"。2021 年荣获上海市绿色学校荣誉称号。

在"双名工程"中,笔者和瞿秋萍、孙敏老师成为第四期"上海市普教系统名校长名师培养工程"和"攻关计划"后备人选;龚春华、刘磊、李洁、陆伟红等教师成为第四期"上海市普教系统名校长名师培养工程""种子计划"后备人选;赵萍老师成为"第三届闵行区中小学德育实践研究基地"学员;王志琴老师成为区第四届名师工作室(德育)核心成员,闵行区第十三期小学骨干班主任培训班优秀学员。

仅 2021 年学年,诸翟学校及教师就取得了以下丰硕成果(部分):

荣誉类

- 荣获"上海市绿色学校"称号;
- 2021 年度闵行区少先队工作优秀校;
- 2021 年度闵行区教师队伍建设优秀校;
- 在 2020—2021 学年度闵行区中小学生"新时代好少年"主题教育活动"红心向党"读书征文交流展示中荣获"优秀组织

① 根据上海市教委《上海市教育委员会关于实施百所公办初中强校工程的意见》和闵行区教育局《闵行区"公办中强校工程"实施方案》等文件精神要求,"强校工程"要根据各个学校的实际,实施"一校一策"的策略,在学校管理、课程教学、教师发展、学生成长、办学特色和社会满意度等方面,促进学校的变革与发展,办老百姓家门口的好学校。

奖";

- 2021年华漕镇第二届学校戏剧嘉年华活动中荣获最佳舞台效果奖;

- 2021年闵行区智慧教育项目优秀学校(二等奖)和优秀教师(一等奖获得者瞿秋萍,三等奖获得者李培红);

- 闵行区第二届初中强校工程"培英奖"初中优秀教师:李雷(数学二等奖)、赵晶(英语二等奖);

- 龚春华老师荣获2021年闵行区教育系统优秀人事干部;

- 在"我的青春我做主"第二届全国中小学生故事会征文活动中,诸翟学校荣获"优秀组织奖"(翟晓琴老师荣获"优秀指导教师"称号);

- 秦兰菊荣获2021年上海市青少年'科技无极限'实践活动"优秀指导教师";

- 丁春华荣获2021年闵行区红读优秀指导教师。

考核类

- 区记功:龚春华、肖书慧、沈斯逸

- 区嘉奖:李敏霞、朱春岚、李菊英、蔡海军、周霞、沈桂珍、黄海、王佳瑜、杨文静张建香、杨雪飞、赵萍、张琳蓓、赵纯、赵春华、尚明明、金晓菲、吴玉离、元利萍、黄颖、褚佳雯、刘旭、张叶梨、李鹏

- 2021年度闵行区教育系统巾帼文明示范岗:二年级组(组长赵萍)

- 2021年上海市优秀自制教具评选活动中,李雷的作品"测角仪"荣获一等奖。

- 秦兰菊在"2021年度闵行区中学民防课堂教学(录像课)"评比活动中《认识防空警报》获得二等奖。

- 秦兰菊撰写的《渗透忧患意识,激发爱国热情,强化使命责任》一文,在区2021年度"中学民防课堂教学案例评比"活动中获得一等奖。

- 龚春华撰写的《统筹兼顾,促教师队伍全员发展——岗位微

调工作纪实》,被评为 2020 学年闵行区教育系统人事工作优
秀案例三等奖。

- 入选"中央电化教育馆'2021 年新媒体新技术教学应用研讨
会暨第十四届全国中小学创新课堂教学实践观摩活动'网络
课例"的我校课例:李雷的《圆与圆的位置关系》,沈斯逸《角
与直角》,郑煜心的《爬天都峰》。

论文发表类

- 用赵春华论文《沪版初中牛津英语语音教学中的问题及反
思》发表于《新课程》2021 年第 33 期。
- 秦兰菊论文《基于数据分析的初中数学深度学习诊断与改
进》,在第四届"长三角基于大数据的区域教育评价变革论
坛"征文评选中荣获一等奖,并发表于《闵行教育》2021 年第
6 期。

课题类

- 秦兰菊老师领衔的闵行区教育科学研究项目《数学课堂教学
实施"低起点、小容量、勤练习、强巩固"教学策略的实践研
究》获得良好。
- 瞿秋萍领衔的 2020—2021 年上海市青年教师(2—5 年)专业
发展实践研究项目《基于"空中课堂"课例资源有效运用的职
初教师专业发展实践与研究》通过评审。
- 其他获奖和通过评审的课堂如下表:

证书编号	课题名称	申请人	学　科	评审结果
MXKT20210373	初中文言文教学之字源文化视角探索	余园园	语　文	三等奖
MXKT20210395	探索藏在美术书里的"博物馆"	杨文静	美　术	三等奖
MXKT20120604	基于"教学建模"思想的九年级数学教学策略的实践研究	李　雷	数　学	三等奖
MXKT20120932	九年级线上分层的作业辅导如何有效实践	李冰洁	数　学	合格

（续表）

证书编号	课题名称	申请人	学　科	评审结果
MXKT20120982	七年级学生数学学科核心素养之运算能力的培养实践	顾　奕	数　学	合格
MXKT20211187	初三数学图形的旋转运动专题复习课教学设计的案例研究	尚明明	数　学	合格
MXKT20211189	《基于音乐生活化的小学高年段音乐课堂教学研究》	唐　超	唱游/音乐	合格
MXKT20211227	"四史"教育提升初中生政治认同意识的实践探索	陈　欣	道德与法治	合格
MXKT20211231	如何提高中高年级的歌唱表现力实践研究	何　敏	唱游/音乐	合格
MXKT20211350	八年级名著《红星照耀中国》整本书阅读教学的有效对策初探	程志芳	语　文	合格

课题立项类

● 2021年闵行区教育科学研究项目立项

序号	课题名称	申请人	学科	项目分类
291	"双减"背景下红领巾"五小"活动与学校课后延时服务融合实践研究	丁春华	德育	一般课题
292	单元视角下促进学生思维的初中英语写作任务设计研究	孙　敏	外语	一般课题
293	基于核心素养的六年级语文"整本书阅读"指导策略研究	龚春华	语文	一般课题
294	职初教师信息化教学能力提升校本培训实践与研究	瞿秋萍	其他	一般课题

● 闵行区第13届教学小组课题立项汇总表

序号	课题名称	申请人	立项编号	学科	学　段
933	基于"教形结合"提升低年段小学生问题解决能力的策略研究	陈佳依	MXKT20217030	数学	九年一贯制

（续表）

序号	课题名称	申请人	立项编号	学科	学　段
940	初中"法则"概念教学中培养学生教学抽象素养的实践研究	孙　瑞	MXKT20217042	数学	九年一贯制
955	"数学小银行"让低年级学生在评价中体验学习的快乐	张　静	MXKT20217078	数学	九年一贯制
961	以项目化学习引领初三化学复习课的教学实践研究	李　洁	MXKT20217089	化学	九年一贯制
966	提升农村小学高年级学生课外阅读素养的实践研究	李培红	MXKT20217100	语文	九年一贯制
978	小学四年级数学算法思维拓展的策略研究	孙佩佩	MXKT20217121	数学	九年一贯制
979	"双减"背景下小学数学作业设计的实践研究	潘丽峰	MXKT20217123	数学	九年一贯制
987	有效利用空中课堂资源改进小学语文课堂教学的研究	董荷芸	MXKT20217136	语文	九年一贯制
988	核心能力导向下艺术教学单元活动群的设计与实施	杨　丽	MXKT20217138	美术	九年一贯制
997	奥尔夫音乐教学法在小学中低年级打击乐器课堂中的实践与研究	曹　茹	MXKT20217162	唱游/音乐	九年一贯制
1007	思维导图在初中记叙文阅读教学中的应用研究	杨英吉	MXKT20217180	语文	九年一贯制

第三章　德育固本：价值领导与德育

"把德育工作摆在素质教育的首要位置,全面加强学校德育体系建设""将学校文化建设作为学校德育工作的重要方面,重视学校文化潜移默化的教育功能,把文化育人作为办学治校的重要内容与途径。"①这是我国《义务教育学校校长专业标准》明确提出的要求和标准。诸翟学校"使觉"文化建设的首要问题和根本就是"立德树人","立德",既立教师之德,又立学生之德;"树人",既树教师之人,又树学生之人。

第一节　价值领导与德育践行

我国《义务教育学校校长专业标准》开篇就提出"以德为先。坚持社会主义办学方向,贯彻党和国家的教育方针政策,将社会主义核心价值体系融入学校教育全过程"。② 可以说,价值领导位于校长专业定位的首要位置。

学校发展实质上是一个基于学校核心价值的逻辑展开过程。诸翟学校的价值领导过程就是,将基于我国核心价值观的"使觉"理念(上位价值观如爱国、自觉、使命、担当,下位教育思想如为人师表、关爱、尊重、信任等)贯彻和落实到学校管理、教研教学、教师发展和学

---

① 中华人民共和国教育部官网. http://www. moe. gov. cn/srcsite/A10/s7151/201302/t20130216_147899. html.

② 同上。

生成长之中。而诸翟学校师生德育(思想品德培育)过程与"使觉"理念(价值)领导与践行过程相随,相互交织,密不可分,甚至可以说德育过程就是价值领导过程。

价值领导路径和结构有多种,如王忠英认为,价值领导由"价值识别—价值引导—价值辩护—价值整合—价值实践"五个环节构成;李政涛认为,价值领导由"价值理解—价值运用—价值转化—价值创造"四个环节组成;王水发提出"引导—整合—规范认同—奉行"五环节说;崔增洋提出的"提炼—转化—引领—提升"四环节说等。① 笔者以为上述价值领导路径均可以作为德育路径参考。

诸翟学校名誉校长吴金瑜认为,"德育不仅仅是道德符号的灌输,更重要的是真实美德的体验。""基于理解的德育模式注重让师生有目的地用自己的眼睛去发现社会生活中承载的当代美德的社会现象,并努力使自己进入这种现象,将自己作为这种现象的一部分,去体会、记录(用各类媒体)与反思这类现象,然后在课堂内以某种方式重现这类现象,引发师生深入讨论反思并内化为自己的优秀道德品质、外显为自己的美德行为。基于理解的德育过程的基本过程是:发现美德现象—进入美德现象—记录美德现象—重现美德现象—反思美德现象—形成课程—形成德行。"②目前诸翟学校的德育路径正朝着吴校长规划的方向发展。

以下是一些诸翟学校在价值领导过程中的德育实践。

第二节 教师德育

1.党建引领师德建设

"为谁培养人、培养什么人、怎样培养人"是教育的三个根本问题。如果"为谁培养人"是面向党、国家和人民,"培养什么人"面向的

---

① 刘艳茹.我国中小学校长价值领导研究新进展[J].中小学管理.2018,01。
② 吴金瑜.基于理解的学校教育[M].上海:上海交通大学出版社,2019:127—128。

是受教育者,那么"怎样培养人"就是面向学校和社会,其既包括"用什么方法来培养",也包括"谁来培养",即教育者。在教育者中,又主要是学校里的教师(含校领导)。

我国是中国共产党领导的社会主义国家,这就决定了我们的教育必须把培养德智体美劳全面发展的社会主义建设者和接班人作为培养目标,培养一代又一代拥护中国共产党领导和我国社会主义制度、立志为中国特色社会主义事业奋斗终生的有用人才,这是我国教育的政治属性。

在这个政治属性下"谁来培养"? 毋庸置疑,那就是党建引领教师来培养。教师自身增强思想政治素质,突出教育政治属性,牢记"为党育人、为国育才"的初心使命,才能保证教育高质量发展,才能落实立德树人根本任务。

诸翟学校非常重视党建在教师队伍建设,尤其是德育培养方面的作用,高质量的教师队伍是落实立德树人根本任务的重要保证。笔者以"使觉"理念中的教师专业发展观(觉察教育现象、觉悟教育规律、觉醒自身发展)的实践路径,即"觉知——觉醒——觉悟"来总结学校的党建引领教师队伍的德育实践。

(1) 觉知——学习和坚持思想引领

以校党组会议、教职工大会、教研活动等为契机,开展习近平新时代中国特色社会主义思想系统化、常态化学习,尤其要加强习近平总书记的、国家的、上海的关于教育的重要论述与政策的学习,使教师"觉知"宏观教育理论和方向。我校党委组织全体教师收看"中国共产党成立 100 周年庆祝大会",并坚持每年都举办党的生日庆祝活动,每年邀请市委党校教授、红军老战士进校园开展讲习、培训活动,组织教师和学生参加党史学习教育主题活动,组织教师参观中共一大会址、中共二大会址、上海历史博物馆等,引导教师觉知党的政治立场和理想信念。另外,定期开展各种培训、论坛、沙龙和读书活动,推动党建工作和教育教学深度融合。

(2) 觉察——考察和坚持核心价值导向

我校党委引导全体师生践行社会主义核心价值观,并将之融入学校管理的全过程。学习《中华人民共和国教师法》《新时代教师职业行为十项准则》等文件以加强警示教育；坚持把师德师风作为评价教师队伍素质的第一标准，按照党的精神、上海市有关教育价值导向以及学校目标等，制定和完整多元教师师德评价制度和坚决实行"一票否决制"，将其作为教师年度考核、职称晋升、评优评先的重要依据，全面引导广大教师时刻做到自察、自警，坚守师德底线，不越红线。设立党员示范岗，签订党员承诺书，推动党建工作和教育教学深度融合；实施"双培养"工程，优先用优秀党员和优秀教师的双重身份引领教师队伍建设。

（3）觉悟——知行合一榜样引导

师德建设上自觉不只是停留在理论觉知上，态度意识上的觉察，更要觉悟。觉悟就是带着高标准去做，去实践，做到知行合一，还要做出榜样。

我校党委构建了教职工荣誉体系，评选先进，树立典型，发挥榜样引领作用；开展"感动中国年度人物""全国十大劳模"等先进事迹介绍，引领教师学先进、当先进；推进领导班子成员下沉支部，带头上党课，与教师进行常态化谈心交流，以干部行动影响教职工；每年组织开展"优秀共产党员"评比，在校园里展示优秀党员事迹；组织开展"爱党、爱国、爱校"演讲比赛，组织"升国旗、唱国歌"主题活动和"使觉"活动比赛等，引领广大教师把教书育人与爱党爱国联系起来。

2. 正礼育"师"

自 2011 年 10 月开始探索建构基于校本实际的"使觉"教育理念系统，后来为了完善"使觉"教育的内涵，我们还补充了"正礼"的理念。我们通过分解"正礼—使觉"理念，提出了学校教师专业发展观，即专业发展四个层次要求。它们分别是：正礼层次——针对新教师，要求掌握教育教学的基本规范；使自己"觉"——要求教师掌握教学规律及艺术；使学生"觉"——要求教师知识技能传授能够有效；使同行及社会"觉"——要求教师形成教学风格和思想，并与同行共享。

为了让这"正礼—使觉"理念体系深入人心和内化成行动,我们通过撰写系列阐述"使觉"理念的文章、请专家做"使觉"教育理念的专场报告、制定基于"使觉"教育的学校发展规划、开设"使觉"论坛等方式,逐步让全校师生知道、理解"使觉"教育的内涵。并以学校校刊《使觉报》为载体,通过校长对办学理念的解读,专家和教师投稿校刊"活力射""软实力""行动派"等栏目,将理论融合在师生的日常校园生活中,融合在师生日常行为习惯中。

落实学校"文化育人""立德树人"要求,组织师生参加丰富多彩的校园文化生活,营造内容丰富多彩、格调健康向上的校园文化氛围,促进教师和学生身心共同健康成长,如三月份组织开展"四节"活动(读书节、艺术节、体育节、科技节),五月份举办"艺术舞台"活动,六月份开展"快乐节日"活动。

3. 德育工作坊

2012 年初,诸翟学校成立德育工作坊并组建了以顾婵凤老师为主的工作坊团队,确定了工作坊与德育办的关系,制定了工作坊的工作目标(见表 3-1)、计划、内容、分工等。

表 3-1　德育工作坊工作目标

标领域	指标体系	备　注
教育理想与信念 (德育观念与态度的变革)	了解自身已有的好的教育理念;掌握新形势下德育工作的实施思路	通过专家引领、教育行为矫正等途径,督促培养对象师养成教育理想与信念
德育知识与技能 (德育专业知识充实与德育专业技能提升;文化养素与德育分支领域专门知识提升;运用新科技于德育工作中的能力)	掌握以学生为主体的德育策略,能够自觉地研究学生、研究工作,建设优秀的班集体	培养对象学习与研究、专家临床诊断,布置任务单、课题研究等途径,增进教师的德育知识、提高德育技能

（续表）

标领域	指标体系	备 注
终生学习与发展 （从事德育研究的能力）	喜读书（每学年能完成读书2册） 爱反思（写班主任工作日记） 会研究（写课题报告与德育论文） 善实践（改进或尝试德育工作方式并能记录）	通过理论学习十实践反思结合的方式，使培养对象成为主动、自觉的学习者

通过建设德育工作坊来创新德育队伍建设与管理的模式，使德育工作坊成为我校班主任专业成长的平台。我们把德育工作坊定位为"创建温馨班级的实践平台、学校德育问题的会诊中心、德育名师成长的孵化基地"。按照"师德的表率、育人的模范、管理的专家"标准，通过两年左右的专项引领和个人自我发展的强化培养，教师在政治思想与职业道德、专业知识与学术水平、德育管理工作能力与德育科研工作能力等方面快速、大幅提高，实现了跨越式发展。

4. 多元活动塑造职业信念

学校的发展之路取决于教师团队教育境界的提升，我校将具有百年积淀的"使觉"文化作为学校内涵发展的灵魂，组织开展多元活动提升教师的专业境界和重塑职业信念。

多媒介传播塑造。通过区级重点课题《"使觉"文化的实践研究》"知·远"（知而获智，志达高远）讲坛、编写《"使觉"小读本》连环画等，来凝聚学校的共同价值观和精神追求，唤醒教师的教育理想。通过"使觉"文化大厅、网站、宣传栏、走廊和办公室视觉设计和宣传等，来营造浓浓的教育氛围，唤醒教师的教育情怀。确定新的校训、校风、教风、学风、学校标识、编辑校刊《使觉报》和《紫堤撷英》、改变表彰形式等，调动教师的内在发展动力，唤醒教师的职业信念。

读书征文。学校进行《先生》读书征文活动，各年级组在阅读《先生》这本书的基础上，围绕《先生》一书所聚焦的国家教育史上十位教育家的故事，推荐一位教师分别讲述《先生》一书中一位大师的故事，在故事中诠释大师们的教育精神和教育思想。

沈铭老师在他的《先生之风，心高水长——读《先生》一书有感》中写道：花了两周的业余时间，细细地读完了《先生》一书。说真的，心中时时充满了一种崇敬悲凉感——先生的背影离我们渐行渐远，然而他们的人格力量却永留世间。正如陈丹青先生所说的，先生们是一种灭绝了的动物，因为当代似乎再也无人能达到他们那样的境界了。从先生们的身上，看到的是博爱悲悯，人性理性，这就像一面镜子一样比照着世间的丑恶。正是这种博爱悲悯的情怀以及对事业的义无反顾的决心和勇猛精进的精神感染着一代代的青年才俊。这样的活动，让我们从陶行知、蔡元培、胡适等一代先生的事迹中，感受到大师们的教育思想，激励着我们不断奋进。

其他多元主题活动。开展"感动中国十大人物"的主题教育，师生观看感人事迹、撰写观后感、演讲比赛等形式，逐步树立正确的世界观、人生观和价值观；改变学校期末工作总结的形式，将校长对全体教职员工所做的工作总结，以数字故事短片的形式进行全方位展现学校的整体工作轨迹……，最后以感动人物颁奖的形式进行表彰，设置拍摄 VCR、撰写颁奖词、现场提问、互动交流等环节，以新颖的形式营造积极向上的文化氛围；举办内容丰富多彩、格调健康向上的校园文化活动，促进教师和学生身心共同健康成长，如三月份组织开展校园读书节、艺术节、体育节、科技节等"四节"活动，五月份"艺术舞台"展风采；六月份"快乐的节日"等文体活动。

第三节　学生德育

学校始终将德育工作贯穿于学校教育的全过程。落实《中小学德育工作指南》，深入贯彻实施《上海市学生民族精神教育指导纲要》和《上海市中小学生生命教育指导纲要》，把培育和践行社会主义核心价值观，弘扬中华优秀传统文化、革命文化、社会主义先进文化融入学校教育的全过程。大力开展"温馨教室"建设，促进学生身心健康发展；积极探索实践教学和学生参加志愿者服务、公益劳动等社会实践工作的有效机制,积极开展各种富有趣味性的课内外文化、体育、科普活动,培养劳动观念,提升学生的创新精神、实践能力和社会责任感,促进学生全面发展。

以下是学校部分学生德育实践活动:

1. 正礼育"生"

诸翟学校采用如下路径试图完成从理念落实到行为:提炼办学理念——围绕或分解理念,研读教材和备课——围绕理念设计教学方案,或策划教学项目,或开展课题课例研究——调动文化全要素,引导师生开展教学实践——在实践中产生符合理念的行为、新教育思想和新教学方法——通过文字、视频、图片等方式表达、记录、沉淀和保存信息。以下以"正礼"理念的实施方法与路径案例。

表 3-2　"正礼"理念的实施方法与路径

路　径	策略、技术和方法
提炼办学理念	核心理念:正礼;学风:自觉修身。 教育思想:孩子可以唤醒。以孩子为中心。孩子有自我管理的能力。孩子快乐,老师快乐。孩子成长,老师成功。
围绕或分解理念,研读教材和备课	**主要研读材料:**教育部颁发的《小学生行为守则》;学校自编的教材如《小故事,大"道"礼》《使觉小读本》等。 **分解理念(部分):**(1) 低年级(一、二年级):重视养成教育。进行一日常规训练,培养懂文明礼貌,帮助其养成良好的学习习惯、卫生习惯、礼仪习惯,具有初步的生活自理能力与自我管理能力。中年级(三、四年级):着重对集体生活中的行为准则进行讲解和引导,树立集体观念,培养学生良好的合作能力。(2) 培养和讲清什么是关心他人,有同情心、乐于助人、不说谎话、知错就改、勤俭节约。再比如,讲解"知错就改"时,引导孩子知晓这个行为也是一种有负责担当"男子汉"行为。
围绕理念设计教学方案,或策划教学项目,或展开课题课例研究	(1) 学校每周五中午统一安排礼仪教学。 (2) 策划讲正礼故事、看礼仪示范片、读使觉小读本、做礼仪操、比正礼规范、评礼仪之星等活动。

（续表）

路　径	策略、技术和方法
调动文化全要素,引导师生开展教与学实践	(1) 制定正礼教育"一点三线"管理机制。一点为学校德育领导小组,三线分别为:分管领导——年级组长——班主任——学生,负责日常行为规范、校纪校规的贯彻落实和训练;教导处——教研组长——任课老师——学生,抓课堂主渠道德育的实践与渗透,落实行为规范教育;大队部红领巾值勤岗——学生,负责每日学生行为规范的监督、考评。(2) 各班成立了以花命名的礼仪中队,如蔷薇中队、玉兰中队等,并在每周进行礼仪评比。(3) 搭建学校、家庭、社区和企业机构协作平台,为学生提供正礼学习、体验和研学资源。
在实践中产生符合理念的行为、新教育思想和新教学方法	(1) 与使觉站站通项目链接起来。建立学校礼仪银行,发放了礼仪存折,让学生体验自控能力与金钱使用,在体验的过程中隐含了对学生生存能力的隐性培养。只要提供恰当规则,小学一年级的孩子都自主管理。(2) 老老师带新老师,老生带新生的传帮带文化的策略和方法。(3) 新的教育思想:孩子快乐,老师成长。孩子成长,老师成功。孩子成功,老师自豪。
通过文字、视频、图片等方式表达、记录、传播和保存信息,沉淀文化	师生撰写课例、感想或文章,搭建公众号,建立家长群,拍摄视频,办黑板报、办宣传栏,编制教材和导学手册,等等。

2. 使觉站站通

中小学生的评价本身就是价值导向的,这是因为评价系统和评价标准本质上都是基于特定的价值观和教育目标来设计的。评价不仅仅是对学生学业成绩或技能水平的测量,它还反映了教育者和社会对于学生应有的知识、能力、态度和行为的期望。

德育评价亦如此。如成功的定义,评价系统通过奖励特定的成就来定义什么是"成功",这直接表达了对于什么是有价值的、值得追求的行为和结果的看法。这可以体现在给予学业成绩优异的学生奖励,或者对于参与社区服务和团队活动表现突出的学生的表扬。再如行为引导,评价可以引导学生的行为和学习动机,学生往往会根据评价标准来调整自己的学习策略和行为。如果评价体系强调竞争和个人成就,可能会激励学生更加努力学习;如果评价体系强调合作和集体参与,学生可能会更加重视团队工作和社交技能。

与其他学校一样,诸翟学校也有比较系统的学生德育课程和评价体系。以班级德育"一班一品"建设为支点,按年段创设有年龄特点的序列主题活动,以生涯启蒙教育作为切入点,以课程作为载体,采取"课堂、课程、课题"的"三课联动"行动策略。在这些评价体系和德育课程中,"使觉站站通"项目受到了各界的好评。

"使觉站站通"系统模拟"银行货币存储"和"市场货币流通"的方式,引导学生体验社会、激发求知欲、挖掘自身价值,在校园内形成"一卡在手""站站直通"的封闭式交互系统此系统其实质为根据学校"使觉"的办学理念,针对本校学生的身心特点和成长规律,基于"自觉成人"学生发展成长体系而形成"使觉"课堂、学生"觉"字发展、校园特色文化多位一体的育人平台。对"学生发展成长体系"中的"觉"字培养目标进行细化和量化,通过"银行储值——一卡流通—定期结算"的形式,形成使觉直通车的"站点"交互,以此促进学生全面发展、健康成长。

"使觉站站通"寓意:秉承"使觉"理念,乘上"使觉直通车",手持"站站通"成长卡,进入各"站点",实践体验学习技能、学会做人,收获成功与喜悦。

以下是"站站通"管理和作业方法:

一、一卡通管理

1. 八个"存储"站点

(1)学习站:对于学业成绩有进步或者一直保持优异成绩的学生,由教导处或年级组提出,给予存入 1 至 10 个"使觉币"。(一学期存入两次,站点设在教导处)

(2) 文明站:根据"觉"字培养目标要求,每月有 5 个"使觉币"存入。(此项为基础存储,每月月底按规定时间存入,站点设在德育办)

(3) 阅览站:在图书借阅或红读、征文活动中有突出表现的学生,给予存入 1 至 5 个"使觉币"。(日常存入,站点设在图书室)

(4) 健身站:在体育竞赛、体育活动中有突出表现的学生,给予

存入 1 至 5 个"使觉币"。(一学期存入两次,站点设在体育组)

(5) 娱乐站:在音乐、美术竞赛或活动中有突出表现的学生,给予存入 1 至 5 个"使觉币"。(一学期存入两次,站点设在艺术组)

(6) 科技站:在科技创新比赛活动中有突出表现的学生,给予存入 1 至 5 个"使觉币"。(一学期存入两次,站点设在科技组)

(7) 实践站:在红领巾志愿者活动、寒暑假快乐小队活动、社区活动、学生社会实践活动中有突出表现的学生,给予存入 1 至 5 个"使觉币"。(日常存入,站点设在大队部)

(8) 荣誉站:为评选优秀学生和集体提供参考依据,被评为各类优秀的学生和集体,给予存入 1 至 5 个"使觉币"。(日常存入,站点设在德育办)

以上见图 3-1:

图 3-1　使觉站站通示意图

2. 四个兑换站

(1) 贷款站(贷款申请):学生根据自己的学习和品行情况,对相差 5 分之内的学业成绩进行"使觉币"贷款,贷款者应事先提出书面申请,由"站站通"总站批准后,给予发放贷款(即可使用 5 个"使觉币"兑换 1 分学业分),最高可贷 25 个"使觉币"如若"使觉币"有剩余,也可直接进行兑换。(学生可根据情况自行申请)

（2）生活站（荣誉兑换）：学生可持"成长卡"申请体验校园内的各类学习生活，例如：荣誉升旗手、值日干部、值周工作、校园采访、活动组织管理、社团活动、开办个人画展等，展现自己的个性才能。（学生可根据情况自行申请）

（3）旅行站（"使觉"之旅）：根据学生的成长需求提供外出参观、学习、实践的机会，设立五类快乐旅行：知识之旅（在大型图书馆、优秀院校等地进行考察学习）、实践之旅（参加各类社会实践或公益活动等）、艺术之旅（观赏戏剧、话剧、音乐剧、艺术盛会等）、科技之旅（参加科普讲座和活动、参观科技场馆等）、运动之旅（观赏体育赛事、参加全民健身活动等）。（学生可根据情况自行申请）

（4）超市站（积分消费）：为学生提供可以消费"使觉币"的渠道，例如学习用品的消费等。超市物品有两大类：一类是学习用品，另一类是学生自己的字画作品或手工艺品。（每两个月消费一次，站点设在"使觉小超市"）

二、管理结构与职责

职　位		分工与主要职责
总站长		校长、书记
副站长		副校长、副书记
常务执行副站长		德育主任（充值，结算，流通，"贷款站""荣誉站""生活站"的结算统计）
常务干事	大队辅导员	培训，汇总，"文明站""超市站""旅行站"的结算统计
	德育干事	培训，"服务站"的"使觉币"结算统计
	教导主任	"学习站""健身站"和"阅览站"的"使觉币"结算统计
	艺术总指导	"娱乐站"的"使觉币"结算统计
	体育教研组长	负责"健身站"的"使觉币"结算统计
	科技总指导	负责"科技站"的"使觉币"结算统计
项目推进试点		德育工作坊
技术顾问		信息办（负责"站站通"交互系统的日常维护）
"使觉站站通"站长		总站长：大队长。分站点：大队委
"使觉银行"分行长		中队长
"使觉银行"顾问		中队辅导员

三、"使觉银行"储值管理

"银行储值"以"使觉银行""使觉币"储值的形式，注重对学生的过程性评价，充分体现对学生成长过程的关注，评价贯穿在学生的成长过程中，从分散到集中，从现象到本质，从主观到客观进行评价过程。"使觉银行"储值具体体现在收集学生学习、生活情况的数据和资料，根据一定的标准对其发展状况进行描述和判断，根据学生的基础和实际情况，给予反馈。

"使觉币"储值来源一：每月常规项目存储即"觉"字培养目标检测细化指标，每月 5 项，计 5 个"使觉币"。其中第 1、2、3 项为"思想自觉"评价内容，第 4 项为"学习自觉"评价内容，第 5 项为"行为自觉"评价内容。

"使觉币"存储来源二："站站通"各存储站点。

四、"定期结算"方式

1."使觉银行"MSG 后台存储每月月底开放一次，过期系统将关闭，由各分行及时做好存储输入，比例：5 个"使觉币"（20％）、3 或 4 个"使觉币"（60％）、1 或 2 个"使觉币"（20％），个别五项指标均未达标的学生，可不进行存储。（见"使觉币储值来源一"）

2."使觉银行"总行在月初对分行的"使觉币"存储进行审核，并对附加项目进行第二次存储，并计算"存储总额"。（见"使觉币储值来源二"，由各站点提供数据）

3."站站通"总站在月初对所有"站站通"成长卡进行"使觉币"充值和结算。

3. 大道至简：真挚的爱

蒙台梭利说过，教育就是激发生命，充实生命，协助孩子们用自己的力量生存下去，并帮助他们发展这种精神。学校将理想信念教育、爱国主义教育、公民道德教育、基本素质教育贯穿始终，点燃学生理想信念的火花，点亮一生的光辉，使每个"花苞"都能灿烂绽放。

在呵护学生成长的路上,我们运用了多种教育策略,例如氛围营造、情绪强化、正面教育、聊天关心、导师指导等策略。在特定教育情境中,以适应学生认知需求为前提,利用适当的教育契机,关注学生的现实需要和未来发展,注重开发和挖掘他们自身的禀赋和潜能,培养学生自尊、自信、自爱、自立、自强意识,达成德育目标。

无论何种策略和方法,也无论多少策略和方法,都可以大道至简地归结为四个字:真挚的爱。

(1) 美,从探索开始(氛围营造策略)

探索环境"美"。新校舍建成之初,通过引导学生关注校园生活,探索新事物,发挥以景育人的特殊作用。学校开展以伊尹雕像、倭井、斐波那契时钟、奥运五环建筑和空间等开展探究学习,从学生的视角,理解校园的育人含义,用真善美来激发他们潜在的求知欲和内驱力。

探索活动"美"。以中国传统节日教育为主题,提升学生家国情怀,营造主题活动氛围,增强他们对优秀传统文化的认同感和自豪感。充分利用校园红领巾广播、班会课,通过播放视频、课堂讲解、讨论,不仅使学生知道春节、元宵节、清明节、端午节等传统节日,还从教师讲解、生生交流中体验到传统节日的深层内涵。积极调动学生亲身参与中国传统节日的庆祝,动手制作传统节日美食,比如元宵、月饼、粽子等,使他们能体验到节日的趣味性和文化性。鼓励学生通过课外阅读、与长辈交谈等各种方式收集与传统节日有关的美丽传说和代表人物,并分享给其他同学们,进而激发学生的好奇心、想象力、创造力,增长知识见识,提升发现问题和解决问题能力,增强综合素质。

探索班级"美"。班级是学生学习生活的"摇篮",健康向上的氛围影响着每个人。"云端班级"开启了新式班级管理模式。从"居家学习要有仪式感"到"让居家学习丰富起来",在班会课上有细致的行为规范指导,也有学生居家学习生活的反馈,更有励志视频德育渗透,规范学生学习行为,培养自觉学习习惯。开展居家抗疫"劳动小达人"活动,积极参与家务劳动,锻炼劳动技能,提升劳动素养。寻找"学习合伙人",让在家上课变得不孤单。每个学习小组都有具体负责统计和督促本组成员的日常作业完成情况,在学习小组群内每天共同学习,并交流学习经验,这样就形成良好的班级学习氛围。

(2) 爱,灌溉成长之路(情绪强化策略)

学生是一颗颗特别的、独一无二的"种子",每颗"种子"破土的时间不一样,不要看到别人家茁壮成长而自己家那颗还没动静就着急上火,用期待与信任陪他长途跋涉、沐浴阳光风雨,就是最美的风景。

有个特殊的小男孩——小秦,他的随性、调皮格外引人注意,他小时候天真可爱,聪明好问,是个人见人夸的孩子,但不幸的是在他读幼儿园的时候爸爸因为心脏病去世了,家庭的变故,使得外公外婆对孩子尤为宠爱。上小学后,孩子内心愈加敏感,得不到满足就会闹腾。对于这个孩子,学校和教师给予了更多的关注关爱,促使他拥有更多的信心和力量。其实孩子也懂得别人的爱护和回馈,能主动靠近伙伴和师长。关爱与信任,这是激发他的向上力的关键。

另有个叫小周的孩子,在六、七年级时,活泼开朗、待人友善,无论是学习还是劳动都表现得非常积极主动,成绩稳居中上游。然而,经过疫情的两次网课后,他表现出了情绪低落,经常不能按时完成作业,这让老师十分担忧且迷惑。家长反映,小周在家沉迷网络游戏,不出门、不交流。在家访中了解到,孩子父母年初刚离异,父亲长年在外地工作,无暇顾及他,他只能在虚拟的游戏中逃避现实。因此班主任根据小周的实际情况对症下药,制定了切实可行的方案,争取父母的关心,同时不断鼓励他、帮助他学会独立和自我管理,树立起信心,重新找到奋斗目标。得知小周有体育特长,鼓励他参加运动会,取得实心球比赛第一名,他在其中找回了快乐和自信,眼里又闪现出亮光。

爱就像一把钥匙,它可以在学生心中打开通往智慧的门。爱是可以浸没学生心灵,散开所有雾气,照亮每个角落并融化所有冰块的阳光。通过有效的情绪强化教育策略,给予学生充分信任,用爱与耐心灌溉孩子的成长之路。

(3) 让"我"变成"我们"(正面教育策略)

在品德发展过程中,一个正常的人,生来就具有上进欲望。正面教育切合学生的天性,能从根本上激发学生上进的动力,有效促使学生形成自我约束、自我监督、自我调节的意识、习惯和能力，促进自我教育能力的生长。

【教育案例】

2022 年的冬天格外寒冷，防疫形势严峻万分，居家学习再次开启，教学工作全面转移线上。某日，接到小亦同学妈妈的电话："老师，我和孩子的爸爸都是医务工作者，实在没时间照顾孩子。家里只有奶奶管孩子，她年纪大了，管不住小亦。太头疼了！"寻思片刻后，班主任立刻联系了小亦的奶奶。经过一番教育与规劝，小亦的情况虽有所好转，但其他的问题又接踵而来。班级里和他有着相同处境的孩子可能还不止一个！这次的居家学习不知还会持续多久？这些孩子该怎么办？空间阻隔并不会束缚心与心的交流，必须与孩子们建立积极、正面、持续且有趣的连接，用信息网络打造趣味的学习环境，以激发孩子们内心渴求知识的热情。

于是，一番"策划"开始了。首先班主任联系家委会成员一起调查居家学习有困难的学生人数，确定"特别"关注名单。而后，在"腾讯会议"上开展以"寻找新的云同桌"为主题的"云班会"。就这样，大家很快找到了自己心仪的云同桌，班主任根据大家的选择制作了一张班级云座位表。之后的居家学习中，明显感到学生们的积极性提高了。特别是"小亦"，以前他总是好几天不交作业或者作业质量不佳，但自从找到了云同桌后，不仅能每天按时交作业而且正确率也提高了。不久，再次接到了小亦妈妈的电话。"老师，奶奶说我们家小亦最近在家都能自觉完成作业了是吗？""是的，他最近进步很大！作业都能及时上交而且正确率还很高呢！"

看来这个办法还真有效！可是好景不长，没过多久，又接到了家长的电话。

"老师，你可要管一管！我发现我们家孩子最近一直看 pad，后来才发现他在和同学一起打游戏！"

经过调查，发现这样的情况不是个例。之前，孩子们的云同桌都是"一对一"结对的，监督的作用并不显著，时间一长往往就松散了。

于是调整"战略"，把"一对一"和"一对多"相结合，扩大监督范围并加入评价机制。

"小石、小年、小田、小肖你们一直是学习上自觉且成绩优异的孩子，现在就由你们来担任学习小队的队长。"在队长的带领下，队员们每天早晨按时进入微信群，打开视频，相约云端，开展20分钟的晨读活动；每周制作一张读书卡拍照上传在群内，开展"好书分享会"；根据老师的要求互相检查新课预习任务；同桌互默、互评完成每次的默写作业。"云小队"的设立，让学生们从网课"独学"变成"同学"，从"同学"进而转变为"小队"，集体学习的氛围正在重新形成。

都说"生活需要仪式感"，学习也不例外！在"寻找新的云同桌"活动的基础上，每周举办一次隆重的线上颁奖典礼，评选出1位"最佳云队长"、5位"最佳云队员"、1个"最佳云小队"。同学们找到了新的同桌，开始了新的云上学习，大家通过小组互动交流，让自己云上学习不孤单，隔屏不隔爱，更能感受到集体的温暖。

寻找云同桌，让"我"变成"我们"，为学生获得真正的前进动力。正面教育发挥了重要作用，让孩子成为自信向上的人。

（4）"两朵云"的对话（聊天关心策略）

雅斯贝尔斯在《什么是教育》一书中指出："教育就是一棵树摇动一棵树，一朵云推动一朵云，一个灵魂唤醒另一个灵魂"。每个人都渴望得到别人的关注的关爱，多陪伴常沟通，能让人感觉到幸福，是教育成功的一把金钥匙。

以下一篇来自小妍同学的随笔（笔者有删减）：

遇见一个温暖的人，就像是黑夜里的一座灯塔，使迷失方向的航船找到停靠的港湾；又像是一颗璀璨的星辰，闪烁着动人的光辉会引领你前行……

刚刚入学的我带着懵懵懂懂的稚气，来到了一个新环境，也让我遇到了一位对我极尽影响的人——程老师。时间线来到最近，在一次事件处理中，我并未因为成长而削减掉了身上的戾气，而是做出了十分对不起老师的事情。

时隔两天,程老师找到我,与我进行了一次谈话。记得那是正午,阳光透过玻璃,零零碎碎地洒落在了吧台处桌子边的地面上,我的情绪却逐渐紧绷起来。虽然我心中也觉得做了错事的是我,甚至有些内疚,但是我表现出的却是十分桀骜不驯。你能把我怎么样?大不了骂我一顿。我用近乎挑衅的眼神看着老师。

"你这几天在学校感觉还好吗?"程老师和风细雨,从我在学校和家里的情况谈起。我所担心的、设想的疾风暴雨并未到来。老师没有为我的错误行为感到生气,而是语重心长地与我闲聊了起来。她告诉我她曾经带过的一个叛逆的学生,在老师引导下,考上了中本贯通的学校,老师让我谈谈我的想法。

老师问起了我在家里的学习、生活情况。我本来紧张、害怕、愧疚交织的不好的情绪慢慢消散了下去,发自内心地为自己的行为感到了难受的情绪占了上风。老师的苦口婆心,循循善诱,帮助我把我自己那封闭的心扉慢慢打开了,发自内心对我自己幼稚的行为进行反思。程老师说:"老师都是发自内心想自己的学生能好好成长"。

老师推心置腹和我谈心,那份关切的眼神分明在期待着什么。我一开始还有着的那份不甘渐渐散去,我明白老师对我的期望,她是真正发自内心期待我,期待她的学生逐渐懂事。

正是那次的谈话让我重新拾起了一份面对成长的决心,或是有所改变,又或是暂无,带着那份期待,叛逆的我逐渐走向正轨,如一叶小舟朝着美好的远方驶去。一棵小小的树苗,若是没有一位园丁的精心修饰,会野蛮生长,甚至扎破人的手指;而相反,若是有一位园丁能用心给她施肥,栽剪的话,她就会变成一盆美丽的盆栽。待到风景正好时,暖阳沐浴,清风吹拂,携着那刻在内心的名字一起,向着诗和远方………

谢谢你,老师!

这是发生在班主任程老师与小妍同学之间的真实的故事。六年级家访时,小妍的奶奶告诉程老师,在小妍读二年级的时候,他的爸爸、妈妈离婚,小妍就独自跟着爷爷奶奶生活。她爸爸、妈妈各自后组家庭,每个月爸爸会过来看她一次,妈妈一直不和小妍联系。

家访之后程老师对这个孩子更加关注了,尽可能多和小妍聊聊天,问她是否愿意做小组长,小妍尽可能躲开老师,自然小组长也不愿意做的。别的孩子课间说说笑笑,她的课间除了上厕所,其余时间习惯一个人坐在座位上,和她聊天问一句答一句,脸上难得有笑容。小妍爸爸因为平时对孩子照顾得很少,有些纵容她,给她买了手机,网课时间,手机不离手,有时还带到学校。程老师跟她爸爸沟通,他说:"老师,我们说了她也不听,在家脾气大得很。"

她不愿意敞开自己的心扉,经常违反纪律。因为她随笔写得比较好,程老师借助随笔跟她展开了对话。渐渐地,她也愿意说说心里话了。用真情赢得真情,她用笔记录了自己的心路历程。

期末,程老师给小妍的评语:

妍姿艳质,令人歆羡。如果我们班的每位同学都是夜空的繁星,那么你就是其中最璀璨的一颗。你写的字就像一个个可爱的音符。你深邃的思想,老练又不失纯真的文笔,常常给老师带来惊喜。本学期与你的那次长谈,你铭记在心,你说要努力前行,令我感动。

志当存高远,老师欣赏你的才华与能力,愿你才华能进一步升华。让我们共同珍惜一起走过的朝朝暮暮,留一份期待,滋润我们重逢的欣喜。加油,某妍! 寒假勤锻炼,多阅读!

后来,小妍又给程老师回了一封信:

亲爱的程老师:

您好!

这个学期已经告一段落,读了您给我写的那一段评语,我深有感触,便想用回信的方式将自己的心情告诉您。

回想在初中的段段记忆,在读了您的评语后,便像回马灯一般历历在目,感谢程老师对我一直的栽培,您说我的文笔老练而不失纯真,其实并不然,是在每次写随笔中锻炼出的,而这肯定离不开您的用心。在与您的一次一次的交流后,我也有了许多的改变,希望在漫漫长路中我能够更加努力不负您的期望!

在三个学期的历练中,无论怎样缓步,我还是改变了许多。看了您的评语后,我更加确信了自己的信念,"路漫漫其修远兮",这份信念不仅是为了自己的成绩的提升,更是不负韶华,不负青春,不负您的期望。

庆幸在初中遇到您,程老师。也希望在未来的时光中,能与您一同度过,希望能与您携手,共创美好的未来!

祝您身体健康,桃李满天下

你的学生:某妍

也许开学后小妍或者其他孩子还会有叛逆,还会有任性的时候,但是我们愿意始终秉承这样的理念,做一片感染、激励、动摇学生的"云"。

(5) 良师益友,心手相牵(导师指导策略)

著名教育家陶行知先生曾经说过:真的教育是心心相印的活动,唯独从心里发出来的,才可能达到内心深处。"好雨知时节,当春乃发生。随风潜入夜,润物细无声。"不入田野,就闻不到泥土的芳香,不深入每一个学生的心灵,就听不到真实的声音。导师们各展所长,从"心"出发,用爱浇灌花朵。关注孩子们身心健康,经常与孩子们交流学习生活上的困惑,通过"问看查听"的方式来了解孩子各方面的状况,给予相应的指导。

换位思考法。女孩小韩,性格内向,平时不善言辞,与同学交往中稍有不顺就喜欢哭鼻子。渐渐地,同学们知道了她的脾气都不喜欢与她来往了,她在同学的眼里成了被"遗忘"的"角落"。小韩同学也越发沉默寡言,轻易不与他人交往,甘愿做一个"独行侠"。发现这一情况后,导师与家长及时进行了沟通,建议家长平时多关注孩子身心,与孩子多沟通,带孩子多参与社区活动,与同龄伙伴交往。导师与她也进行了多次谈心,从而了解到她的自卑心理。帮她分析了同学们不愿与她一起玩耍的原因,引导她用换位思考法,暂时将自卑的消极心理搁在一边,用宽容平和的心态对待同学之间的矛盾。班级是个大集体,与同学发生矛盾在所难免,应该正面事实,换位思考分析寻找原因,有错则改。鼓励她课间与同学多交流,体育课、活动课时间,多与同学们一起参与集体活动。对于她的点滴进步及时表扬,她特别关心班级荣誉,导师就给她布置了新任务——红领巾监督员,每天监督检查同学们佩戴红领巾,出借红领巾的任务。经过多次贴心地鼓励,真诚地表扬,她渐渐找回了自信。虽然与同学偶尔仍会有小矛盾,但她不会动不动就哭了,再也不是那个碰不得的"刺毛虫"。

榜样教育法。常言道:榜样的力量是无穷的。小李同学一个默默无闻的男孩子,老家在安徽。新生入学前,导师通过家访了解到小李父母在金丰小区购买的房产出租了,全家住在纪王鹭山村的出租屋内。父亲是单位里的一名普通工人,母亲在当地承包了一块土地种植蔬菜。几年来,因为路远,小李同学每天上学、放学都是风里来雨里去,家长接送非常辛苦,但孩子早上上学从未迟到过,到校后总是主动打扫教室,因此,小李同学成了劳动教育的榜样。他学习比较自觉,但成绩平平。家长为了孩子将来能参加本市的中高考,自学成人本科。这是一个难得的教育契机,让父母榜样的力量来感动他、鼓舞他、激励他,刻苦努力更上一层楼。通过教育引导,他慢慢地有了改变,课上积极举手发言了,学习成绩也日渐提升。

精神胜利法。它是一种安慰自己,以使自己内心得以平衡,精神得以慰藉的方法。小王同学在三年级时因便血住院治疗,多家医院就诊一直查不出病因,他因血小板低不能剧烈运动,爱好运动的他缺席了学校的体育节。每天早上,当同学们在操场跑道上晨跑,他常常会用羡慕的眼光看着他们。导师想到了用精神胜利法来鼓励他战胜疾病的信心。某天学校午餐时间,导师跟他一同进餐,给他讲述了一个故事:日本有一小男孩,叫乙木,天生残废,但他并不自卑,而是勇敢面对生活,笑对人生,最终考入日本著名大学——早稻田大学。故事讲完后,委婉地对他说:"其实,摆在乙木的面前有两种命运:要么意志消沉,做个生活的弱者;要么战胜自卑,做个生活的强者。乙木很聪明,选择了后者。聪明的你,会选择哪一种命运呢?我们做不了太阳,就做星辰,在自己的星座上发热发光;做不了大树,就做小草,以自己的绿色装点希望；做不了伟大，就做实在的自我，平凡并不自卑，关键的是必须做最好的自己。不必总是羡慕别人，也欣赏一下自己吧！生病不可怕，我们要有战胜疾病的勇气！养好身体，加强锻炼，将来还有中学、高中、大学的运动会等着我们！"看着他灿烂的笑脸，导师在心里默默祝愿他能早日恢复健康！

第四节　家校共育

苏霍姆林斯基曾说："没有家庭教育的学校教育和没有学校教育的家庭教育，都不可能完成培养人这样一个极其细微的任务。"学校与家庭教育合作，组成学校——家庭教育共同体已成为世界教育发展潮流。

近几年，随着城市化进程步伐的加快和农民工子女人数的增加，上海郊区常住人口和入学适龄儿童呈逐步增长之势，郊区人口与教育事业规模在全市的占比已超过城区。上海的"保城强郊"模式走向，家校合作也是城乡教育一体化发展中不可回避的课题。

我校是一所九年一贯制公立学校，学校以"正礼—使觉"文化理念，唤醒师生生命的自觉成长，学校业已形成"文化育人，课程强校"的办学思路，家庭教育是学校整体工作中的重要一环。学校成立了由校长直接负责的家庭教育领导小组和学校家庭教育工作室，每学期制定实施家校合作的目标、任务和具体措施等，各岗位职责明确，形成了全员育人、全程育人、全方位育人的德育工作格局。学校致力于构建家委会、家长学校、家校社合作平台，通过特色品牌项目，提升家校合作的影响力和辐射，并2019年荣获上海市家庭教育示范学校殊荣。

1. 打造家校共育特色品牌

构建"相约星期六父母成长营"（"一校一品"的特色德育品牌项目），举办家庭教育沙龙，针对家庭教育中的热点问题、困惑，定期组织家长进行专题学习讨论。同时依托"家长沙龙,快乐家庭学习苑,家长微型课程"三大主要载体,精心建设"五堂"课——智慧父母大讲堂、家校共育大课堂、家教知识大学堂、美德大展堂、文明新风大颂堂。

2. 创新家庭教育指导模式

线上线下结合。通过引进"家长慕课"平台的 APP 学习软件,实现从面对面交流到新媒体"网络家长沙龙",到"线上线下"互动型家长沙龙。同时,"父母成长营"不断融入内容与形式的创新:家长沙龙先后开发新栏目《诸翟学校父母心学院讲坛》、电影微课和"诸翟少年说"亲子互动栏目等,切实解决家长的需求和困惑,提供家长沟通和倾诉的平台,架起家校沟通友谊之桥,开辟现代家校共育新途径。

以家长为本的家校共同体。家长沙龙活动重在激发家长主动学习和交流的意识,让家长成为主持人、评论者、记录者,从而达到家长自治的目的。家长沙龙组织形式从"菜单式沙龙"到"家庭同盟""假日小组"等常态化活动,内容由专题研讨向实践活动延伸,地点由校内向校外拓展,组织由教师牵头向家长轮流策划交接,互动由小班化向小组化、个别化渗透,话题也更鲜活、更具时效性和针对性。"父母成长营"家长沙龙打破传统,聚焦家庭共同体,构建了具有本土化特色的家长沙龙活动模式。通过将"沙龙"这一形式引入家长工作组建了校级"爸爸沙龙""妈妈沙龙""亲子沙龙""父母沙龙""祖辈沙龙""周末沙龙"等,内容丰富、形式多样,有效调动了家长参与家校合作工作的积极性、主动性,助力家长提升家庭教育指导能力。

融入生涯理念的现代家校合作。生涯教育是关乎人一生的发展,也是家长最为关注的热点之一。学校的生涯教育自始至终贯穿于学校教育之中,在充分论证德育、生涯教育、心理教育三者关系基础上,系统建构生涯教育课程体系《爱自然生命力》。生涯活动课程分为四个模块:"认识学校篇""认识职业篇""成长规划篇""持久动力篇",内容上既有生涯教育大系统,又兼顾理想目标教育、责任教育、学法指导、心理指导、升学指导等子系统;形式上既有传统课程(核心课程)、又有实践活动(辅助课程)、自主管理(自修课程)、学科渗透(浸润课程)等,力求建构突出实践的生涯教育校本课程体系。

3. 开展德育与生涯教育融合活动

学校搭建平台和开发资源,设计并开展小学 1—5 年级学生的亲子活动,建立亲子生涯发展基地,组织多样的德育与生涯教育融合活动。

如通过重阳节、端午节、建军节、母亲节、世界水资源日、联合国世界社会工作日、世界地球日等节日活动,组织开展如"相约 30 年""毕业典礼""长大了我就成了你(初中部)""我的中华骄傲(小学部)"等系列活动,对学生进行爱国主义教育、生命教育、安全教育、传统文化教育和社会主义核心价值观教育。

又如在每年为期一个月的四大节日(读书节、艺术节、科技节、体育节)中再策划"生涯节""生涯周",策划"职业 Cosplay 秀""萌动小兵走军营""明日精英演讲赛"职业体验实践活动,对学生进行生涯教育。

在上述活动中,还邀请家长参与学校活动,以便觉察孩子的才能特长、性格特点等,从而更好地指导孩子职业发展。

第四章 变革强校：管理、课程与教学

　　使命与自觉是诸翟学校"使觉"校园文化的核心价值。新优质学校建设过程本身就是强调内涵式、主动求变求好的发展的过程。求变求好，由普通向优质再追求卓越，真正变成社会所需的"家门口的好学校"，是我们的追求。"为党育人，为国育才"是我们的历史使命。在我们主动求变和履行使命的历程中，学校变革之"变"大致表现在以下几个方面（尽管有的方面没有彻底转变，但一直在改进）：

　　学校管理上，由成绩驱动转向任务驱动，再转向价值和文化驱动；从外生政策压力驱动转向内生式自主求变。

　　学生培育上，从传授知识和技能转向培养关键能力和核心素养；从灌输知识到全面发展和个性发展；由学校主导培养转向学校、家庭和社会共育的趋势；从中国公民的培养转向具有国际视野的中国公民培养。

　　教师发展上，由崇尚教学技术转向崇尚教育专家，再转向崇尚教育家；由单人单组科研转向校内共同体发展，再转向集团内、校际间和区域内共建共同教研联合体发展。教师角色已由知识传播者转向引导者、支持者和领导者多角色扮演；专业学习上从阶段性职业技能培训转向终生学习。

　　校本课程规划和设计上，以考纲为本转向以素质为本；从课程单调单薄转向多元多维。

　　课堂教学上，从以教师为本转向学生为本；从规模化、标准化转向多元化和个性化；从学习、模仿他人经验到创生自己的模式和方法。

以下是诸翟学校变革部分实践和经验。

第一节　"使觉"文化与时俱进

十几年前,随着经济高速增长和国外自由思潮的影响,包括上海在内的全国各地出现了重利益和轻价值的风气。这个风气也影响到了教育界。彼时,上海私立中小学和教学培训机构纷纷成立,业已成名的公办学校也在扩大规模,它们要么凭借经济实力,要么凭借丰厚的教育资源,加入到激烈的师源和生源争夺战中来。同时,家长普遍患上子女教育忧虑症,担心孩子不能升入一个输在起跑线上,从小学开始就让孩子卷入只看分数和排名的恶性竞争。学校与学校,家庭与家庭,孩子与孩子之间的恶性竞争,既迅速加剧了普通中小学骨干教师的流失,也给普通中小学校的教师身心施加了莫大的压力,甚至使得部分教师精神迷惘和道德责任感丧失。

上海市教委及时地、高瞻远瞩地出台了《上海市中长期教育改革和发展规划纲要(2010—2020 年)》和《2013 年上海教育发展报告:价值引领发展》,提出率先转变教育发展模式,把"为了每一个学生的终身发展"这一核心理念作为上海教育发展的价值取向,摒弃与这种价值取向相违背特别是以功利驱动发展的各种行为……加快由"注重资源利益追求"向"注重文化精神重塑"转变。这个价值导向是要全面培养学生的核心素养的导向,也是对学校领导和教师的"爱国、自觉,使命和责任担当"的价值观导向。

正是在这个背景之下,在创建区"新优质学校"项目过程中,在局领导和项目组专家的指导下,经过反复论证和精心推敲,诸翟学校提出了"使觉—正礼"的办学理念和"三风"——"点燃生命,唤醒自觉"的校风,"自觉发展,追求卓越"的教风和"自觉修身,自觉求和,自觉实践"的学风。

围绕"使觉文化是什么"构建了引导文化的理念目标系统,包括办学理念、文化价值观表达、学校发展愿景、办学目标、育人目标、教师发展目标等。围绕"使觉文化靠什么"构建了支撑文化的资源支持系统,包括课程、环境、制度等。围绕"使觉文化做什么"构建了落实文化的行为实践系统,包括课堂学习、校内活动、家庭生活、社会实践等若干领域的行为要求等。主要通过若干行为标准导向和评价激励方法的细化和建构,把诸翟师生践行使觉理念落实、落细、落小。

在上述使觉理念引领和系列的文化建设活动的推动下,学校管理趋向规范化和人性化,课程趋向特色实效化,师资队伍趋于整体进步,学生趋于全面成长,校园文化趋于和谐,办学质量稳步提高,较好地实现了"家门口的好学校"的目标。

2018 年 7 月,市教委《上海市教育委员会关于实施百所公办初中强校工程的意见》和闵行区教育局《闵行区"公办初中强校工程"实施方案》等文件精神要求,"强校工程"要根据各个学校的实际,实施"一校一策"的策略,在学校管理、课程教学、教师发展、学生成长、办学特色和社会满意度等方面,促进学校的变革与发展,办老百姓家门口的好学校。

诸翟学校成为上海市首批"强校工程"实验学校。"强校工程"为学校新发展带来了新的契机和新的动力,围绕"使觉文化做什么"构建落实文化的行为实践系统,不但在教育教学上落实"使觉"文化,而且在校园环境文化建设中也在思考如何与"使觉"办学理念相结合,在设计学校功能布局,班级环境、走廊环境和校园环境时,始终将"使觉"办学理念作为校园育人空间建设的核心思想来实施。并与新时代中国特色社会主义教育思想相结合,与学校教育教学工作有机融合,实现学校的校园空间环境育人和校园文化活动水平明显提升,促进学校的内涵发展。

为纪念"使觉"的提出者伊尹,学校树立了伊尹汉白玉雕像,建立了"伊尹"广场,在教学楼墙面上装饰了"使觉"的出处和渊源的内容。依据学校围绕"使觉"办学理念修订校训和"三风",并将学校的综合楼、教学楼、实验楼等分别命名为"使觉楼""惟新楼""思贤楼""健行楼""景行楼"等。同时,在走廊和墙壁上,根据学生的不同年龄阶段布置了相适应的"使觉"文化墙内容,每个年级的展示栏的布置都有与"使觉"办学理念相结合的内容。

学校的图书馆、理化实验室、音乐室、美术室、书法室、劳技室和资源教室等专用教室,以及教学资源、器材、场地和设施等都发生了显著改善。全新的设备和仪器,为培育德、智、体、美、劳全面发展的学生,提供了坚实的使觉制度文化基础。

经过十几年的发展,随着互联网、大数据和人工智能的发展和百年未有之大变局的时代来临,处于世界科技和基础教育领先地位的上海,对新时代的教育目标、对师生的要求也发生了改变。于是乎,诸翟学校的"三风"也随之而变——校风调整为"惟新厥德,时乃日新",教风调整为"审近知远,成人成己",学风调整为"知而获智,智达高远"(具体解释见本书第一章)。

"强校工程"实施以来,学校借助"双名工程"和上闵外集团化办学的优质资源,在创建"新优质学校"的基础上,结合学校"使觉"的办学理念,积极推进"使觉"文化建设养育德智体美劳全面发展的时代新人,较好地落实了"强校工程"三年规划,并根据2020年市中期评估报告提出的要求,对规划落实中存在的问题进行了调整和变革,目标达成度较高,为学校由优向强打下了坚实的基础,2021年8月,诸翟学校通过"强校工程"评审,成为上海市百所公办初中强校工程校。

第二节   学校管理持续改进

坦然接受"挑刺",虚心接受"赋能"。上闵外吴金瑜校长、韩炎虹副教授、特级教师章立言和特级教师张千明等名校长名师,深入教研室和课堂,介入管理和教学,擢疼管理上的"痛",挑出教学中的"刺",对已经形成一定惯性和惰性的学校现有管理团队和教师来说,一开始是心理上的雷击和专业上的电击,但最终大家都抗住了这种冲击,心悦诚服地接受他们的指导，以至于最后形成了你追我赶的教学变革和科研风气。

狠抓党建党风。学校注重班子建设，坚持党的领导，党支部通过党的建设活动，把大家拧成一股绳，心往一块想，劲往一处使。每周的党支部碰头会、行政例会从具体的"事"出发，落实到"人"，执行到"点"。参观中共一大会址、中共二大会址、上海历史博物馆等，让大家走得再远，也不能忘记来时的路和初心。

管理扁平化和培育非行政组织。通过重心下移，较好地处理学校工作"分"与"合"的关系，管理团队的理念发生转变，从关注教师"做了什么"到关注他们"怎么做"，再到思考如何让他们"自觉地做"。学校根据实际情况，培育非行政性组织——中学数学智慧教师工作坊、家庭教育工作室、德育工作坊、张千明名师工作室等，让非行政性组织成为学校组织的一个组成部分、一个有益补充，让教师成为组织中的主人，为学校发展注入了活力。

行政团队上前线。行政团队深入年级组，每个年级组由三个行政干部负责，一个负责总体协调工作，一个侧重教学，一个侧重学生行为规范。学校印制《强校工程管理手册》，实时记录强校过程中的问题与解决方法。同时，在每年 5 月进行"强校工程"阶段性的案例评选，将优秀的经验总结成册，使之起到资源库、经验库和动力辐射源作用。

调整评价机制，激励教师发展。在上闵外专家的指导下，学校对教育教学评价制度进行了修改，评价指标细化到每一个年级和每一个学科，设计了初始 K 值和增值，改变了学校原来较为粗放的评价制度，使评价制度更加合理、科学和具有可操作性。上闵外董事会针对诸翟学校成立强校工程"奖教金"，根据奖励方案，每年拿出十万元，奖励在强校工程中做出突出贡献的优秀教师，提高教师的荣誉感。与此同时，还修改了初三教学质量奖励方案，大大地激发了教师工作的积极性。

推行微笑工程。微笑管理理论主张通过微笑来建立积极的沟通方式，促进管理者与师生之间的互动和合作。应用微笑管理可以营造一个友好、开放和包容的氛围,增强师生的归属感和幸福感。

在学校管理过程中,当教师在工作中出现问题时,教师本人已经非常无助和懊恼,管理者不能一味地指责和批评。而应该帮他查找出现问题的原因,和他一起针对出现的问题制定相应的措施,进行改进和改正,帮他走出心里的阴霾。和他一起微笑地面对未来,达到改进的目的,使他有信心去做好教育教学工作。教师在取得成绩或进步时,不论教师取得的是大成绩还是小进步,管理者一定要及时给予微笑的表扬和鼓励,真诚地表达学校对教师的谢意,感谢教师对学校的贡献,使教师感受到学校的关注和赞许,更加积极地去做好教育教学工作。坚持用微笑去营造和谐融洽的工作氛围,消除彼此间的隔阂和陌生感,为了一个共同的育人目标,相互团结和支持,去完成不同的相关的任务和项目。微笑能使教师感受到学校的关怀、信任和尊重,使教师在完成任务的过程中,能够体现自身的价值所在,非常乐意地做好学校交给的教育教学工作。

第三节　以科研促进教师专业发展

构建教研共同体。学校借助"双名工程"和上闵外集团化办学的优质资源,构建教学研讨的共同体,从理念的学习、共同研讨、实务操作和反思改进,不断地唤醒教师的内在自觉,让教师的专业发展成为内在需求。学校教师有七人进入"双名工程"学习,十余人进入特级教师张千明工作室、区级名师工作室和镇学科智慧工作坊。每学期与上闵外连续开展初中英语联合教研. 初中语文联合教研、初三联合质量分析、上闵外资源班质量调研等活动。每学期都有三到五人开设区级公开课,得到区教研员的悉心指导,并与其他学校教师交流智慧和分享经验。

修订科研评价方案。在上闵外专家的指导下,重新修订了学校的评价标准和奖励方案。对教师的工作注重科学评价和及时激励,在制定科学评价制度的基础上,激励教师加大工作投入,提高教育教学和科研水平。

　　开展系列学习和教研活动。学校组织推进教师"共写反思随笔"计划和青年教师"青椒读书打卡"行动,以及校园教研沙龙"知远讲坛"活动,有力促进了中青年教师的专业发展。老师们参与各类区级以上的教育教学和课题科研评比活动的热情也显著提高,在各级各类教育教学评比竞赛中也取得了较好成绩。与强校之前比较,不论是质量还是数量上,都取得较大进步。定期开展"使觉"课例研讨和校园"知远讲坛"等活动。这些活动已成为学校内涵发展的集中展示窗口、助力教师课例研究和专业发展的核心平台、教师专业进修的校园"充电站"和教师思想实践交流的校园"思享会"。

　　大力支持开展课题研究。因为缺乏自信心,许多教师害怕或不愿意开区级公开课、写论文和课题研究,学校里获科研和区级公开课奖项的教师较少。通过"强校工程"的"双名工程"和上海外国语大学闵行外国语中学专家团队策略和指导科研项目,聘请专家专题指导撰写论文等支持,教师在各项比赛和教育教学活动中获奖明显增加,教师的自信心明显提升。在专家资源的支持和引领下,以科研促进教师发展取得了显著效果。全校教师论文、案例获得区级及以上奖励 12 项,大小课题在市与区成功立项 33 项、获奖课题 18 个,发表文章的篇数 80 多篇。这些成绩带教师带来了自信,自信又促进了自觉,教师科研和专业发展驶入了快车道。

第四节　重构和融合课程

　　学校认真贯彻落实国家"五育并举"的教育方针,但国家课程的校本化实施,高质量执行还有待提升。"使觉"课程体系初步成型,但课程实验项目研究和学校特色培育还有待进一步深化。

　　(1) 学校课程结构的重构与融合

　　在原来构建的觉智、觉雅、觉创和觉践四个体系课程的基础上,针对存在的问题和改进建议,我们又再对学校课程重新进行了结构改造与融合形成学校课程融合框架(见下图4-1)。基于学科课程标准,以学科课程标准层级化分解为支撑,以国家课程教材为基本依托,形成具有学校特色的学科课程结构,培养全面发展的人。

图4-1 使觉课程图谱

(2) 国家课程校本化实施与研究

学校根据上海市课程计划总体要求,严格按照课程标准,开足开好基础型课程,规范实施基础型课程。同时将篮球课、羽毛球课、武术课、游泳课、《堆绣》课程和《时间文化》课程融入课表,重组体育活动课、美术课和探究课的教学内容,促进学科特色建设。

在国家课程校本化实施研究中,特别将语文课程进行了结构化再造。学科老师通过对语文课程标准进行分解,形成可操作、可量化的具体的教与学目标。在此基础上,学校以主题单元作为学习材料构成要素,将每个单元作为一个学习阶段安排,重新组织材料,架构课程。教学内容的选择以语文课本为主体,综合选取其他课外阅读中的文本,由此形成了校本化的语文课程《思赏行》。学校语文课程以单元为基本结构,每个单元由教师课堂教学分析(具有主题示范性)、学生合作学习(具有课堂操作性)和学生实践活动(具有实践性)构成。同时,语文校本化课程也与其他学科进行了跨学科融合,建立了"大语文"学习架构,实现深耕母语文化的综合培养,帮助学生达成融"美学鉴赏—思维能力—品德素质—家国情怀—文化认同—阅读习惯"于一体的整体成长目标。

(3) 创新学校特色培育课程

面对校情和学情转型的挑战,在上闵外专家组的指导下,对课程设置进行了调整,着力构筑适合学生发展的课程图谱。架构了让课程唤醒每一个学生的生命自觉的"使觉"课程体系,并形成了校长室—教导处、政教处—年级组、教研组—班主任—任课老师五位一体的管理网络。

2020 年,学校新校舍全面启用。在深化"使觉教育"研究中,学校课程盘活各种资源,探索出了一个利用多元学习空间进行大主题、大活动、多任务(学习共同体)教研教学的特色课程,笔者称之为"'两场两馆一卡通'的大主题大活动课程"。

伊尹广场——中国传统文化和现代科技大主题的教学研空间;乐心小农场——探索人与自然的大主题教学研平台;时间科技馆——人文与科学之时间轴大主题教学研空间,时钟馆将时间与自然科学、人文科学、工程技术、文化艺术四个维度相结合,依托混合式教学平台,在校内建立了 PBL 项目学习课程展示中心。食品安全科普馆——从田地到餐桌,食品大主题多任务群教学研空间;使觉一卡通——集学生评价、自我认知、财商与规则教育为一体的教研学平台。

有关详细的校本特色课程建设参见本书第十一章。

第五节　持续聚焦课堂教学变革

作为以"使觉"之自觉、责任和使命为立校理念,课堂教学变革一直在路上。就课堂教学探索路径而言,自笔者来诸翟中学的 2010 年始,如果说前 4 年是"觉知探索期",中间 3 年是"觉醒使觉期",那么自 2018 年始便是进入了向自觉迈进的"觉悟期初期"。

觉知探索就是学习模仿先进的模式、技术和方法。觉醒使觉就是学会根据学情、师情和生情有选择的他人的技术和方法,总结出自己的特色方法和模式,觉悟就是自觉地导入外部资源和调用学校内部资源,追求生成和发展符合国家教育价值导向的三级课程体系的教学模式和方法。

总结十三年来的学校课堂教学变革历程,其核心有五:

首先,是核心价值理念变革。从以知识传递价值导向转向激发学生生命潜能和培养核心素质。诚如叶澜老师所说"习惯于牵着学生走,不善于放开让他们独立走,这就是学生无法主动发展、无法拥有生命自觉的根子所在。"要让学生有生命自觉,关键在于教师自身是否有学生立场。只有心中真正有学生,才能自觉地研读教学文本,从中发现育人价值,才会开放设计、动态生成、活化课堂。学生课上缺乏主动性,关键是教师没有把生命发展的主动权还给他们。好课应当是学生的生命自觉得到充分激发的课。①

其次,课堂教学思路转变。(1)老师,学生、知识本身是课堂教学活动的塑造者,而教学环境空间也是课堂活动的塑造者的理念。(2)课堂教育平等的价值导向,教学方法多元,以照顾不同学习基础尤其是落后学生的权利。

第三,建立新的教学质量观。应用"绿色指标"、增值评价理论指导教学变革。

第四,信息化及人工智能支持课堂教学变革。教育信息化的核心是信息技术与教育教学的深度融合。学校采用昆士兰大学教授D. Radcliffe 提出的 PST 模型教学法(Pedagogy)—空间(Space)—技术(Technology)框架,培养学生的核心素养,适应社会对人才的要求。信息化及人工智能支持课堂教学变革主要体现在:(1)打造多维数字学习空间,如每个教室里都安装了欧帝互动电子黑板,老师通过触控实现传统教学黑板和智能电子黑板之间的无缝切换,建设 AI

---

① 顾文秀,王晓. 生命自觉:新型教育者的成长之路——上海市闵行区七宝明强小学学校变革史[M].福州:福建教育出版社,2014,11:129。

赋能的未来教室。同时,我们也关注公共空间的学习和创建,STEM教室、创客空间、学生信息采集区等,都提供必备的软硬条件,提供多维学习空间。(2)给予多方技术支持,如在支持教师进行动态的交互,提供多软件的信息支持,促进教学活动的多样性。(3)改进多样教学方式,提高学生学习提高效率。比如,在进行语文课《赤壁之战》时,学生通过看微视频一目了然,突破了本节课的重难点。在进行数学课《图形的运动(三)旋转》时,利用电子黑板旋转图形,让学生操作的过程中体会了图形旋转的美丽等。

第五,构建自己的教学系统方法。根据上述三方面的理念、思想和理论,(1)坚持以核心素养培养为价值导向,以学生为本,注重多种教学方法的运用,如探究式教学(鼓励学生自主探究和发现问题,提高学生的学习积极性和创新能力)、互动式教学(加强师生互动和生生互动,营造良好的课堂氛围和合作学习环境)、拓展式教学(注重学生的综合素质评价和拓展活动,促进学生全面发展和个性发展)。(2)学习、借鉴先进的模式、技术和方法,探索总结出一系列属于自己的策略、模式和方法。

诸翟学校课堂教学模式、策略与方法举例

"使觉课堂"理念和目标

教师通过预留时空,把"提问"的胆量还给学生;创设情景,把"质疑"的权利还给学生;互动生成,把"探究"的情趣留给学生;解决问题,把"创生"的能力交给学生;多元评价,把"觉动"的意识育给学生。"使觉"课堂具有主动性、生动性、生成性的特征。主动是学习状态,"主动"会激发潜能、生成能力。生动性,是追求课堂的情感价值,突出"学乐"和"乐学"。生成性,课堂鼓励不同见解,让思维激荡思维,让方法启迪方法。

教学方式:有问题、敢质疑、会探究、能生成

在新校区未建设前,学生多来自来上海打工族家庭,家庭教育普遍欠佳,学生在课堂上的普遍表现为胆怯,不敢提问,很难将课堂教

学做得生动活泼。为此,在学校"使觉"办学理念的引领下,整合课改要求,结合学校实际,构建新型学科课堂,着力学生课堂学习行为的改善,着力课堂教学结构、流程和策略的改进,关注课堂实效,提出"有问题、敢质疑、会探究、能生成"的课堂教与学方式。

有问题就是教师预估问题,鼓励和引导学生提出更多提问;敢质疑就是教师作为陪审员,学生敢大胆质疑老师的决策和解决问题的方式;会探究,就是教师与学习合作,进行自主探究合作完成项目;能生成就是师生互动,教师整合资源和引导学生,将习得知识和技能强化和内化,形成自己的知识、观点和价值观。

课例研究模式:两反思三实践四维度

诸翟学校的课堂教学改进最大的特点在于以教师研修(课例研究)项目为驱动。我们提出"人人都是研究者"主张,近三年学校开展的市、区、校三级课题课例研究项目120多项,为学校教学质量整体提升和课堂教学大幅改进提供丰沛的养分和充沛的能量。

在众多的课例研究中,诸翟学校总结出"两反思三实践四维度"的课例研究模式。

三实践两反思,也称"循环上课—反思重建",就是以备课组为研修单位,由教研组或备课组长牵头,选择一个课题作为研究改进的课例,先进行第一次的"常态课"教学,然后组织同备课组教师进行第一次反思重建;在这个基础上进行第二次的"改进课"教学,然后再组织同备课组教师进行第二次反思重建;接下来进一步在这个基础上进行第三次的"提高课"教学,最后再组织同备课组教师进行第三次反思重建,并形成一份"提高课"后又经过"反思重建"的、相对优质的教学设计,完成一份整个一轮行动研究的"循环上课—反思重建"案例。循环上课—反思重建式研修方式,不仅可以改进一个人,更可以提高一类人,促动一群人;"循环上课—反思重建"式研修方式,不仅是备课组、教研组的研究之路,更是学校所有教师的进修之路。

四个维度是指课例研究与校本培训从四个层面出发:维度一"练就教师新基本功"、维度二"增强教学长吸引力"、维度三"把控多维教学方法"、维度四"打造和谐师生关系"，基于课堂真实问题，基于学生学习实情，加以提炼和概括。

课堂结构设计

我们把学校教育教学环节大致分为课前、课中、课后三个主要阶段，然后细化实施每个环节对应的具体结构和步骤（见表 4-1）：

课前环节

老师编写预习提纲指导学生预习——指导

学生自学落实要求发现上交问题——自学

老师整理问题结合目标撰写学案——备课

课中环节

老师导入新课检查预习落实基础——激趣

学生分组探究互动解决课前问题——组织

老师组织引导点拨完成教学目标——引导

课后环节

老师多元评价课外延伸形成体系——促成

学生借助书籍网络合作撰写成果——实践

师生互动交流研究过程形成能力——共享

表 4-1　"使觉"课堂教学结构

步　骤	教师教学行为	学生学习行为	问题呈现形式	教与学要点
课前问题准备	预估学生问题	解决简单问题	目标性问题	了解学情，增删重述学生问题
	梳理教材问题			
	设计引导问题	提交质疑问题		
课中问题导学	创设激趣情景	质疑、自主学习、合作探究，解决新问题	知识性问题	落实知识与能力目标
	引导定向质疑			
	组织互动	应用所学	探究性问题	落实过程与方法目标
	引导追问	解决问题		
	知识总结	总结所得	发散性问题	落实情感态度价值观目标
	情感深化	抒发所感		

（续表）

步　骤	教师教学行为	学生学习行为	问题呈现形式	教与学要点
课后问题延伸	课堂延伸	对课堂生成的新问题课外探究	引申性问题	触发灵感，举一反三
	探究指导		反思性问题	
特　征	有问题、敢质疑、会探究、能生成		以问题为主线组织课堂教学	学法指导，培养问题意识，提升学生问题解决能力

课堂教学教师改进的策略

一要骨干引领，激励先觉者。二要同伴互助，唤醒后觉者。三要行为跟进，推醒不觉者。对观念保守、不愿践行"使觉"课堂的教师，采用"磨一阵""扶一把""逼一程"的方式，提升他们对"使觉"课堂的认识。

"闻、说、亲"课堂教学模式

基于理解教育的三类知识分类及其教学模式，吴金瑜校长提出"基于理解的教学模型"。该模型有三层构成：教师或学生的演绎为底层，师生、生生、生与事物的对话互动为核心层，教师指导下的学生自主学习为顶端。其示意如下图：

图 4-2　课堂教学金字塔模型

后来，吴校长又将之结合墨家思想（《墨辩》之言：传授之，闻也；方不障，说也；身观焉，亲也。），提出"闻、说、亲"课堂教学理论模型。

具体来说：知识一是直接来自前辈的知识（闻），二是来自学伴之间的辩论与自己的推理反思（说），三是来自自己的亲身经历、经验（亲）。[①]学生所学新知识分为三类：第一类是感官识记性知识，学生获得的知识的方法是识记，即"闻也"；第二类是意义理解性知识，学生获取知识的方法是读、练、讲、议、做，即"说也"；第三类是过程体验性知识，学生获得知识方法是以做为主"亲也"。闻、说、亲三类知识分别对应课堂教学金字塔模型的底部、中部和顶部的教学方式。

目前，诸翟学校正在使用吴校长的"闻、说、亲"课堂教学理论指导课堂教学革新，取得了明显的效果。

教学指导策略：低起点、小容量、勤练习、强巩固

基于学校的"使觉"办学理念下学生认知学习规律（发展观），针对学生基础薄弱的学情现状提出的，所以"低起点、小容量、勤练习、强巩固"的教学应坚持以生为本、以学定教。在实践中应遵循主体性原则、实践性原则、循序渐进原则、及时反馈原则。

"1：2：1"课堂教学和时间分配范式

为了更好地落实"低起点、小容量、勤练习、强巩固"课堂教学策略，我们制定了与之配套的"1：2：1"课堂教学范式，从量化的角度来确定一节课的时间分配。把一节课40分钟按照"1：2：1"作为时间量化标准，即把一堂课的教学分解为10分钟＋20分钟＋10分钟。前面10分钟主要进行前测练习，确定学生的学习起点，为学习新知识做好铺垫。中间的20分钟主要进行新课学习，教师要做到精讲精练，把握重点，重视学生的感悟与体验，为学生提供交流与展示的机会。后面的10分钟主要进行课堂检测与反馈小结，通过反馈训练，教师要迅速判断出80％以上学生是否达标，对达标率低于80％的反馈训练所呈现的问题，教师要立即予以纠正，并通过回家作业实现进一步的巩固与练习。

---

① 吴金瑜.基于理解的学校教育[M].上海：上海交通大学出版社，2019.74—95。

第六节　强化班级现场管理

带领日本丰田公司走出困境的大野耐一在他的《现场管理》一书中指出:走进现场,发现问题、解决问题,做到彻底的现场主义,你就是真正地处理事务。现场管理的五要素是:整理、整顿、清洁、清扫、素养。大野耐一强调,明知这样去做会更好,就必须坚持去做,这就是"改善之魂"。

虽然现场管理针对的是企业管理,但是对于学校的管理仍然有借鉴意义,要了解学生教师的真实的想法,以及他们在学校的精神状态,进入教育教学的现场就是唯一的方法。无论是课堂教学和教研活动的现场,还是德育活动和实践活动的现场,都是发现问题的第一场所,也是随时解决问题的地方,更是发现师生优点和经验的地方。

九年级的教学是学校工作的重中之重,学校组建了初三毕业班学科专班,坚持第一现场开展工作,提高管理的效能。以下是初三毕业班专班管理方案的要点,不论是学生习惯养成的教育工作,还是提高教学质量的教学工作,都强调了第一现场和责任到人,时时刻刻关注到具体的人和事,在现场发现问题,在现场解决问题,注重细节管理,极大地提高了管理效率和质量。

九年级班级现场管理举例

本届九年级六个班,现有学生 205 人,人数虽不算多,但整体学习能力参差不齐,学困生较多。本届九年级参与教学的科任老师为20 人,绝大部分都是中青年教师,其中有 4 名教师是首次担任九年级毕业班教学任务。我们在对以往九年级教学工作认真总结的基础上将优化管理策略,团结和依靠全体教师,规范教学常规管理,完善目标管理方案,提高教育教学质量。校长室督促各条线深入到初三教学第一线,高效、优质地完成各项工作。

以活动激发学生内驱力(家长会、军训、班会、百日誓师大会等)。

以评价提升质量目标力（展板宣传、质量分析、目标界定等）。认真总结近年来九年级毕业班教学的经验教训，研究新学年考试方向的动向，优化教学策略。以技术提高教学反馈力（问卷星、闵智作业等）。加强对毕业班教学方法、策略的研究，并协调好各学科之间的关系，组织学科对新中考调整比较大学科考点、难点、教学、复习策略的研究。

以研修落实教师执行力（校际研讨、专家指导、备课组合作、教研组跟进、专题研讨等）。教导处要指导、督促毕业班老师制定切实可行的复习计划，定期召开初三毕业班教学研讨会，强化对备课、上课、作业、辅导、考试教学常规指导与管理，落实复习各环节有序推进。成立学科专班，进行落实跟进。

以辅导跟进学生掌握力（延时服务、点对点、一对一跟进等）。坚持分层指导，关注师生考试焦虑心理的疏导，提高课堂教学效率。以关怀激增师生奉献力（节日祝福、平时关爱、需求保障）。

以行政和教研组长、骨干教师组成初三毕业班工作专班，坚持两周一次进入课堂，两周一次单元备课跟进，一月一次质量调研分析。学校不定期邀请区研训员和兄弟学校优秀教师等各方面的专家到学校进行调研和指导，指导我校九年级各学科工作的实施。

第七节　创新家庭教育指导模式

教育的力量源自心灵，教育的起点始于家庭。我们聚焦家庭教育改革发展中的热点和难点问题，秉持"共筑意识、家园意识、实践意识、生态意识"的建构理念，以"父母成长营"家长沙龙为载体，以"平等、互助"为基本理念的学习共同体的组织方式。构建家校社三位一体的育人机制，通过合作协商、互动等途径提升整体育人环境和质量。

为此，我们从凝聚学校外围的家教力量入手，主动聚焦家庭教育中的难点问题，力图和家长们一起达成共识，积极创设家庭教育课程和项目,回应家长对美好教育的期待。"父母成长营"依托"家长沙龙、快乐家庭学习苑、家长微型课程"三大主要平台载体,精心打造智慧父母大讲堂、家校共育大课堂、家教知识大学堂、美德大展堂、文明新风大颂堂等"五堂"建设。

2018"强校工程"实施以来,共举办了30次家长沙龙,18次家庭教育讲师团培训,累计30000多人次参加家长沙龙,收到家长心得体会共计500多份,举办家长为导(讲)师的家长讲坛60余次。家校共育在区2020年绩效考核中被评为优势指标,远远高于区平均水平。

不仅如此,诸翟学校搭建平台和开发资源,设计并开展小学1—5年级学生的亲子活动,建立亲子生涯发展基地,组织多样的德育与生涯教育融合活动融入生涯理念的现代家校合作。诸翟学校的"家长成长营"成为上海市"一校一品"德育教育的品牌项目,学校亦在2020年被上海市教委评为"家庭教育示范校"。

有关具体的诸翟学校家校社三方共育内容,请参阅本书第三章和第十一章。

附录:《九年一贯制学校"使觉"文化的 实践与研究》结题报告摘要

"使觉"出自《孟子·万章上》"天之生此民也,使先知觉后知,使先觉觉后觉"。以今之"以学生为本"教育理论解释,其意为"激发""唤醒""鼓舞"即如德国教育家第斯多惠所言"教育艺术的本质不在于传授本领,而在于激发、唤醒和鼓舞"。本课题研究力图探索九年一贯制学校"使觉"文化建设的目标、内容、规律、策略等。

我们以"使觉"作为校园文化中的核心理念,其原因有三:一是其传承了学校百年历史,二是蕴含爱国、自觉、使命和责任担当核心价值观,三是它蕴含了"以学生为本"理念下的教育观、师生关系观、教师观和学生观。于学生而言,其也有三重且递进的含义:一是使学生觉察、觉知,具有敏锐力和信息力,可以敏锐地感知世界、获取信息、觉察关系和变化;二是使学生觉疑、觉思,具有洞察力和思考力,具有理性的质疑意识和质疑精神;三是使学生觉悟、觉醒,具有生命力和竞争力，可以拥有个性化的思想和价值追求，拥有济人济世的胸怀和敢为人先的信仰。

在使觉文化的引领下，我校进一步明确了学校的培养"一二三四"目标：即让学生有自己的个性特长，有理想追求，能主动地发展，具有"一种使命"（社会责任感）、"两种精神"（人文精神、科学精神）、"三种能力"（实践能力、创造能力、持续发展能力）、"四种意识"（生命意识、民族意识、创新意识、成人意识），成为基础厚实、人格健全、自主发展的学生。

学校对"使觉"文化主要从四个方面实践：即不断优化课程建设、课堂革新、教师发展和学生成长。致力于用"使觉"理念引领师生的行动，从精神文化、制度文化、物质文化和行为文化等层面，推进"使觉"文化建设。

首先，初步建构了"使觉"课程图谱，形成了觉智、觉创、觉雅、觉践四大类课程。让每一个学生都有自己可选择的适合自己的课程，都有一个发挥个性特长的空间。学校以一种使命，两种精神，三种能力为学校课程的整体架构，结合学校"培养具有使觉精神和使命感的当代学生"的育人目标，在学校原有课程建设的基础上，通过优化重组，构建了多样化的课程实施为学生在校期间的学习提供了有价值和有意义的学习经历，促进了学生的全面发展。

第二，深入促进了课堂教学变革，形成"有问题、敢质疑、会探究、能生成"的课堂范式。"使觉"课堂初步呈现了从"解决问题"到"问题解决"的改变，促进了课堂教学的转型，每周都有校外专聘的专家指导课堂教学实践，很多青年教师在课堂教学的改进行动中取得长足进步。

第三，全面优化了学生成长体系，通过"站站通"机制引导学生全面发展。从思想自觉、学习自觉和行为自觉三个层面进行建设，使之成为引领学生能动发展的纲要。进行了以"自觉修身，自觉求知"为主要内容的学生发展研究实践。以"礼仪课程"作为基础修养课程，以"正班风，浓学风"作为教育常规落实，以"使觉站站通"作为教育活动抓手，我校"自觉成人"的学生成长体系不断走向成熟。

第四，架构教师专业发展系统，使教师觉察教育现象、觉悟教育规律、觉醒自身发展。我校以"自觉觉人"作为教师专业发展目标，着力培养一支具有"使觉"使命感的当代教师，促进教师对教育现象的觉察，对自身发展的觉醒，对教育规律的觉悟。用校本研修的外驱力加上自我研修的内驱力，双重浸润教师的"自觉觉人"。

一、研究背景与意义

(一) 研究背景

上海市基础教育工作会议提出的"五个转型"：在教育价值取向上，要从过度追求现实功利，转向促进学生全面发展；在教育质量评价上，要从过度注重学科知识成绩，转向全面而多样的综合评价；在学生培养模式上，要从标准化、同质化教育，转向注重需求导向的个性化培养；在教师专业发展上，要从强调掌握学科知识和教学技能，转向注重专业素养和教育境界；在教育管理方式上，要从单纯依靠行政命令，转向更加强调思想和专业引领。

近年来，闵行区政府、区教育局提出了以"五个现代化"为标志、以"三新"(新基础、新课程、新技术)、"三化"(优质化、信息化、国际化)、"三个项目"("多元 共生 融合"——区域推进基础教育国际化的路径与策略研究项目、闵行区中小学生数字化学习平台建设项目、闵行区基础教育质量绿色指标评价系统项目)为工作策略的闵行基础教育现代化的发展方略。

1. 国内外研究现状及发展趋势(略)

2. 本校"使觉"文化的历史渊源

本校的历史可以追溯到 20 世纪初，在内忧外患的 1906 年(清光绪三十二年)，诸翟先贤沈宗懋为唤醒民众造福桑梓正式创办"私立使觉小学堂"。在风起云涌的"五四"新文化运动之后，1921 年由民国政府转为公办的"国立诸翟小学校"及附属幼稚园，1949 年建国后由上海县人民政府更名为"诸翟中心小学"校址几经迁徙。1964 年诸翟中学正式创办，为一所初级中学。1999 年闵行区人民政府将诸翟中学和诸翟中心小学两校合并成为九年一贯制学校，是处于城郊结合部的一所普通公办学校。

"使觉"是学校百年办学历史中积淀下的宝贵的核心价值观。"使觉"一词,既蕴含着先哲朴实厚重的思想内涵,也担当过历史赋予的责任,更是当代教育本质的题中之意。

3. 本校教师与生源情况

学校位于城市化高速推进的新虹桥区域,学生生源较为复杂,农民工子女和动拆迁学生占到一半以上,对于高速的城市化进程,学生和家长在心理上还有些困扰不能尽快适应。学校的校舍和办公条件与周围环境相比又反差较大,改扩建工程拖延至今才刚刚开始动工,造成教师流失也较多,校情基础比较薄弱。

教师层面：城郊教师队伍整体趋于年轻且学历层次较高,工作责任心强,而且谦虚好学、乐于奉献、积极肯干、吃苦耐劳、兢兢业业、积极向上,愿意在专家的指导引领下,对自己的教育教学进行实践反思,不断提升自己的专业发展水平。初步形成了一支团结合作、心态开放、积极进取的教师队伍。但是教师在课堂上的开放意识、师生的互动、生成资源的捕捉等方面比较欠缺,学生主动学习的状态不令人满意,课堂教学实效性还需要提高。骨干教师基数不够大,教育教学中比较有"亮点"的教师还不多,各学科尚缺少具有引领能力的学科带头人。

学生层面：我校参与中国教育追踪调查数据显示,城郊学生在身心健康方面状况良好,体重指数、负面情绪比例都低于全国平均水平;在日常学习生活方面主课程的学习较为轻松,但需要投入一定的时间,学生的兴趣爱好比较广泛。基于学校实际情况,在学生"品行修养""学习求知""个性发展"等方面进行了校内自查。"品行修养"方面:学生之间存在着一定的差距,占学校60%以上比例的外来务工人员的部分子女缺乏科学有效的人生观价值观的引导,受不良习惯的影响较大;"学习求知"方面:部分学生学习目的不明确,家庭教育缺乏科学引导,学习上长期存在着畏难情绪;"个性发展"方面:学生乐于参与各项实践活动,但是无法根据自身特长参与社团。

（二）研究意义（略）

二、文献综述（略）

三、研究思路与方法（略）

四、项目创新

（一）形成了"使觉"知行合一

我国传统教育十分强调"知""行""心"，并以此拓展出"礼、乐、射、书"等教育内容。孔子说："成己，仁也；成物，知也。"这里的"知"，用现在的话来说就是"改造主观世界的同时，也要改造客观世界"。成己成物意涵知行合一。

"使觉"出自《孟子·万章》引述伊尹的话："天之生此民也，使先知觉后知，使先觉觉后觉也。予，天民之先觉者也，予将以斯道觉斯民也。非我觉之而谁也？"这里的"觉"字，就是已有"从迷误中醒悟""觉悟"的意思。伊尹原名"伊挚"，是商汤的老师，也是我国第一个见之于甲骨文记载的教师。伊挚助汤建立商王朝立了首功，并作为高级知识分子的先知先觉，本可以光荣退休于闲野，他却自觉主动地选择去教化后知后觉，目的在于帮助君子做明君，在于让百姓过得尧舜时代一样好。他还可能明白这个教育任务艰巨，却以舍我其谁的决心去做，这一切都体现了伊尹"居庙堂之高则忧其国，处江湖之远则忧其君"的爱国情怀，以及高度的自觉行为、使命感和责任担当，也体现了他"知行合一"完人品格。

1. 基于"使觉"文化的教师发展三层面

在当代教育中，"使觉"蕴涵着浓烈的生命意识，关照独特的生命主体。教育的第一特性就是生命性，教育面对的是活生生的生命，其神圣职责就是发展生命潜能、提升生命价值，这既是教育的终极目标，也是教育的现实追求。

我们教师的"使觉"，是学生"使觉"的重要前提。为了先使教师"觉"，我们从价值、专业、文化三个层面进行推进。首先是价值自觉的路线图：认识"使觉"—感悟"使觉"—践行"使觉"。然后是专业自觉的路线图：实施课程—研究课程—引领课程。在专业自觉的内涵中，包含着我们教师主体对自身发展的觉醒，对教育现象的觉察,对教育规律的觉悟等等。最后是文化自觉的路线图:认同"使觉"文化——内化"使觉"文化——形成"使觉"文化的行为方式和习惯意识。

在"使觉"理念的引领下,首先让老师们一起阅读一本追寻教育大师的书——《先生》,经常一起大会小会上交流感悟,一起阐述共同的理想图景,逐步凝聚共识,组建起一支支高效的执行团队。制定了认同"使觉"文化的内容形式,确定了与"使觉"文化紧密结合的校训、校风、教风和学风,设计了新的学校标识,通过学校的校园网、《使觉报》、学期表彰总结大会等形式,使老师们逐步增添一种使命感和责任感,自觉将学校的发展与自己所要获取的专业发展之间建立联系,从而达到"自觉觉人",同时使学生经过九年的学习,达到"自觉成人"。

2. 基于使觉文化的学生发展的三阶段

我们教师首先就应该形成一个信念:坚信孩子根本就是一个拥有独特个性和巨大潜能的、鲜活的生命,只是在某一个时期,他(或他的一部分)暂时还在沉睡着,在等待着你去用爱心和智慧唤醒他,而这正是我们教育者的责任。化而使之觉,是一种智慧,也是一种艺术。对孩子的唤醒,常常是在不经意地回答孩子的问题过程中;对孩子的唤醒,还常常蕴含在教师人格和行为的魅力中。我们诸翟学校的教师要效仿苏格拉底的父亲,不仅"唤醒"了那头小石狮子,使它栩栩如生,更要在回答孩子的问题过程中使孩子觉醒。

因此,建构"自觉成人"的学生发展体系,要从思想自觉、学习自觉和行为自觉三个阶段推进,使之成为引领学生能动发展的纲要。首先使学生在生存发展中具有敏锐力和信息力,可以敏锐地感知世界、获取信息、觉察关系和变化,此"觉"为觉察、觉知之意。然后使学生在生存发展中具有洞察力和思考力,具有理性的质疑意识和质疑精神,此"觉"为觉疑、觉思之意。最后使学生在生存发展中具有行动力、生命力和竞争力,拥有个性化的思想和价值追求,逐步拥有济人济世的胸怀和敢为人先的信仰,此"觉"为觉悟、觉醒之意。综合起来就是,要逐步让学生在思想上不断觉察、觉知、学习上不断觉疑、觉思和行为上不断觉悟、觉醒。

在学校创建"新优质学校"的过程中,项目组专家对于我们遇到的瓶颈问题,多次进行会诊,提出解决方案,在他们的指导下我们的规划四易其稿,最后确立用"使觉"文化统领学校的全面工作,凝聚学校共同的价值观和精神追求,引领师生能动发展。提出了"自觉觉人"的教师专业发展要求,打造一支"价值自觉、专业自觉、文化自觉"的教师队伍。建构了"自觉成人"的学生发展体系,从思想自觉、学习自觉和行为自觉三个阶段推进,使之成为引领学生能动发展的纲要。

(二) 学校内涵发展的得以拓新

学校文化建设是学校高质量发展的命脉,学校文化是学校发展的灵魂,对学校内涵发展起到引领作用。我校将具有鲜明地域特征的"使觉"文化作为学校内涵发展的"灵魂",激发师生的能动发展,使之成为学校的核心竞争力。

1. 办学追求与机制引导

在学校"使觉"办学理念指引下,学校进行了以"自觉修身,自觉求知"为主要内容的学生发展研究实践,并对创建"新优质学校"下的学生发展工作进行了全面梳理。

为了达成学生"觉"字培养目标,学校把"正礼课程"作为基础修养课程,把"正班风,浓学风"作为教育常规落实,把"使觉站站通"中的"礼仪银行"作为主要激励手段和教育活动抓手。经过实践和调整,"使觉站站通"运用机制已成为我校"学生发展成长"评价体系的主要架构。

在积极性方面,学生因"使觉"站站通项目的新奇刺激更有动力了;在学业成绩方面,创新的评价系统让学生感觉到了自己的点滴进步,更加自信了;在思想方面,学生的思想品德、意志品质、心理品质获得较好的发展。在学习方面,优等生对学习建立了更高层次的要求,中等生增强了自信能力,后进生也看到了身上的闪光之处,厌学情绪减少。在行为方面,学生的行为习惯、自主管理、自主活动的能力明显增强。

教育应该从改变评价开始,"使觉"站站通实施让我们看到了创新的实效。用一体化、货币化的教育激励机制来评价、衡量不同的学生;从不同的视角、不同的层面去看待每一个学生,促进其优势智力领域的优秀品质向其他智力领域迁移。

2.制度细化与环境建设

学校以教师发展为"主体",构建"自觉觉人"的研训体系,通过校本研修与专家引领相结合,提升教育科研。以学生发展为"本质",建构"自觉成人"的学生发展体系。通过制度建设与多元评价相结合,落实评价考核。

德育办针对学生编写《"使觉"小读本》,并以连环画形式印制成口袋书。教导处将"使觉"文化渗透到课堂教学与课程建设中。学校申报《九年一贯制学校"使觉"文化的实践与研究》区级重点课题,用"使觉"文化统领学校的全面工作,凝聚学校共同的价值观和精神追求,引领师生能动发展。

学校还充分利用有限的校园现有条件,努力拓展陈旧教学楼的环境教育空间。在"使觉"文化大厅,从多角度多形式(如用书法)传播"使觉"理念和阐述对"使觉"的理解。在学校网站、宣传栏、楼层走廊、办公室里,也无不渗透"使觉"的理念。这些空间营造,不仅让校园有了浓浓的具有地域特色的文化氛围,还达到环境育人的目的。

无论是编制图书,还是课题研究,还是空间表达,目的都在于在潜移默化中赋能学生独立的人格、独立的精神,激励学生不断反思、不断超越,从而让"使觉"理念成为促进学校内涵发展共识的"灵魂"推手。

五、基于"使觉"文化的课程开发与实施

课程是丰富学生经历的蓝本,是呈现学校特色的画板,是引导教师因材施教的利器,是学生成长的路线图。我校依据"使觉"办学理念,努力优化课程结构,着力构筑激发学生潜能的课程图谱。

(一)"使觉"课程的图谱

1.课程的理念

"使觉"课程的理念聚焦于使命感。架构了"让课程唤醒每一个学生的生命自觉"——"使觉"课程体系,提炼出了课程的核心理念:具有一种使命(社会责任感);培育两种精神(人文精神和科学精神);

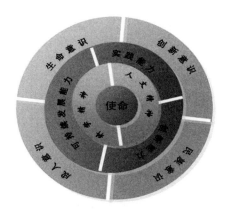

培养三种能力（实践能力 创新能力 可持续发展能力）；确立四种意识（生命意识 创新意识 民族意识 成人意识）。

2.课程的目标

学校坚持"培养具有使觉精神和使命感的当代学生"的育人目标，塑造自觉修身、自觉求知、自觉实践，具有"使觉"文化印记的学生。我们所指的"使觉"，有三个方面的含义：一是使学生在生存发展中具有敏锐力和信息力，可以敏锐地感知世界、获取信息、觉察关系和变化；二是使学生在生存发展中具有洞察力和思考力，具有理性的质疑意识和质疑精神；三是使学生在生存发展中具有生命力和竞争力，可以拥有个性化的思想和价值追求，可以拥有济人济世的胸怀和敢为人先的信仰。

深化课程改革，进一步做实基础型课程，做强拓展型课程和探究型课程，做亮特色课程，完善基础型、拓展型和探究型课程的合理开发和有效实施。根据学校的实际情况，结合社区资源、师资力量和学生特点，开发校本教材，建立完善的校本课程管理、评价和激励机制，形成学校的特色课程。

3.课程的结构

（略）

（二）"使觉"课程的实施

根据上海市课程改革的总体要求，制订学校课时计划，严格按照课时要求进行语文、数学、英语、物理、化学、音乐、美术、体育、自然、劳技等的必修课程的教学实施。

1.课程实施的策略方案

依据学校"人文精神、科学精神"的两大课程培养目标，将网球课、游泳课、舞向未来课程、《诸翟 我的家乡》乡土课程、《堆绣》课程和《STEM创新实验》课程融入课表，重组体育活动课、音乐课、美术课和探究课的教学内容,促进学科特色建设。使课程注重于学生的人格培养,创新精神和实践能力的培育。

选修课程开设,应注重自主申报与校级定位相结合、校内与校外相结合的原则。根据学校的教育内容,由学校牵头组织课程开发;根据学校的教育目标,选择、引进课程;对教师申报的课程进行评估,对符合学校教育目标的课程支持教师开发;广泛开发社会资源,发挥个别社会人士、学生家长的专业优势辅助学校选修课程的开发与实施。

探索适合选修课程的课程学习方式,从学生层面探索运用研讨式、辩论式、自主探究式、网络在线学习等适合学生自主学习和个性发展的学习方式,探索实施"基于主题学习的协作探究"和"基于创新能力培养的自主探究"的学习方式。

学校把"正礼课程"作为基础修养课程,把"正班风,浓学风"作为教育常规落实,磨砺学生心灵。通过"觉"字正礼课程,"觉"字社团课程和"觉"字实践课程等德育课程,赏识学生心灵。艺术节、体育节、科技节和读书节等校园活动,丰富学生心灵。

2. 课程实施的案例举隅

为渗透"使觉"教育理念,初中《思想品德》课的校本化实施,以认识自我、我与他人和集体、我与国家和社会为主线,对道德、心理健康、法律和国情等多方面的学习内容进行有机整合,与初中生的社会生活、学校生活和家庭生活紧密联系,对学生在这些领域中的体验、认识和遇到的问题所进行的梳理、加工和提炼大量素材,为使学生成为有理想、有道德、有文化、有纪律的合格公民奠定基础,引导"学生在情境中感悟公民意识、在实践中培养公民意识"。

"使觉"教育的主要目标,就是学生的问题意识及问题解决能力的培养。思品课堂教学以问题为导向,通过教师课前问题准备、课中问题导学、课后问题延伸,促进知识有效迁移和高效建构,唤醒学生能动的学习意识。在"使觉"理念指导下的课程教学过程中,张建香等学科老师多组织仿真的情境或引用真实的情境,开展模拟活动,使学生置身其中,通过主动思考、民主讨论、合作探究,让学生去体验和感悟公民的责任。

通过"疑问、探讨、练习、生成"的教学活动,学生获得了观察生活、质疑生活、获取生活技能的能力,课堂氛围活跃,学生乐学。思品课积极"面向丰富多彩的社会生活,开发和利用学生已有的生活经验,选取学生关注的问题,围绕学生在生活实际中存在的问题,创设相关的教学问题情境帮助学生理解和掌握社会生活的要求和规范,提高社会适应能力"。

《科学》《物理》《化学》都是一门自然学科课程,也更是一门注重实验的动手动脑课程,应让学生多参与有目的的观察、实验、表达、评估、合作和交流等多种活动,学生只有经历一系列的质疑、判断、比较、选择,以及相应的分析、综合、概括等思维过程和认知过程,才能真正理解和巩固知识技能,发现新知识、提出新问题和解决新问题,并从中体验和感受情感态度,形成价值观。实验探究的经历会让学生学习物理知识与技能,领悟科学思想,训练科学思维,培养科学精神。

在"使觉"课程开发实施的理念下,我们学校理科老师的教学,也开始更注意人文关怀,注重师生与生生间的情感交流和人际合作,注重学生在求知中的主动参与和积极探究,引导并鼓励学生自主体验和享受成功的乐趣;关注学生对于观察到的现象,实验所揭示的科学事实产生的惊奇,充分激发学生的好奇心与求知心理,引发学生思考,引导学生发现问题,促使他们去寻求答案,在这活动过程中,学生潜移默化地却又切切实实地感受着科学探究苦乐的过程与方法。老师们开始主动围绕"STS栏目""科学人文""指路牌""观察与描述""交流与合作""学生实验""你知道吗?"等栏目,对教学内容进行优化整合,发挥这些特色栏目落实"过程与方法"与"情感价值观"目标的积极作用。

(三)"使觉"课程的评价(略)

六、"使觉"课堂的变革与转型

(略)

七、"使觉"教育理念下的学生成长

(一)唤醒生命,健康全面成长

1. 使觉站站通项目

(项目介绍及其运行机制略)

　　"使觉站站通"的核心是对学生进行一体化教育激励。在实施过程中引发学生心理变化和行为改变，从而达到对学生某种行为的自觉养成，达到自觉成人的素养培养的目的。

　　学校创立的"使觉"站站通机制，从更加全面、客观、多元的角度评价学生，为教育评价方式开辟了全新的道路。"使觉"站站通为我们教师提供了一套操作性强、实效性好的评价体系。基于尊重学生的差异，发展学生的个性，全面客观评价学生，充分调动了学生的积极性和主动性。这种重视评价激励的探索与成功样例，为文化机制杠杆激活基于城郊学情的办学方式提供了操作借鉴。

　　2. "德育工作坊"的研究指导

　　近两年来，我校借助"名师专家团"的指导和"德育工作坊"的辐射，为促进学生全面成长提供了强有力的支撑。"工作坊"是创建温馨班级的实践平台、学校德育问题的会诊中心、德育名师成长的孵化基地。工作坊在专业发展平台和德育骨干引领方面，共享成功的经验、提高理论水平；在创新的工作方法和策略方面，为温馨班级的建设提供有效指导和示范；通过专题研讨、调查实践等形式，进行科研课题的开发研究，增强了教育管理实效。

　　3. 人文与科技素养培养并重

　　近两年来，学校在拓展型、探究型课程实施中，共开设59门自主拓课，23门社团课程，全校学生参与率达100%。针对课程的核心理念，对于学生的使命教育，重点依托《领袖素养》培训课程。而人文精神的培育则以《诸翟，我的家乡》乡土特色课程为龙头，整合其他人文课程内容，向学生讲授家乡的人文历史、风土人情、地理风貌等，唤醒学生对家乡的热爱之情，将"两纲"教育落在实处，增强学生的人文素养。科学精神的培养，则借助百辉教育的专家力量，依托《STEM课程》和创新实验室，整合科技类拓展型课程和科技类社团活动，开展科技创新教育，《STEM课程》的《雨量器》《舰船模型》等已经在小学部开始实施，拉开了打造我校的"使觉创新梦工厂"的序幕。

　　课程都有课程目标、实施计划，授课教师校内或者校外的专业培训、专家的跟踪指导，学校课程管理成员对课程的管理与信息反馈。

4."觉"字课程的框架和实施

"自觉成人"学生发展德育体系的建立是德育科学化的有效转型,形成了学生"觉"字分年段目标内容、评价指标,在此体系的基础上而形成的德育课程,主要包括三个类型的德育课程。

"觉"字正礼课程。分年级形成了有序衔接的课程体系,采用的教材既有教育部编写的礼仪丛书,又有我校自编的教材《小故事,大"道"礼》和《使觉小读本》。主要包括:学正礼知识、讲正礼故事、看礼仪示范片、读使觉小读本、做礼仪操、算礼仪银行、比正礼规范、评礼仪之星等等。学校每周五中午统一安排有针对性地进行教学。

"觉"字社团课程。分设觉绣社、觉健社、觉鸣社、觉慧社、觉文社五大兴趣类分社团课程;觉心屋、觉净屋两个健康类分社团课程,觉愿团、觉助团两个社会服务类社团课程,涵盖艺术、体育、科技、卫生、文学阅读、社会服务等各方面。逐步形成了不少"使觉"精品社团,精品社团中的学生也成了素质高、能力强的社团骨干。

"觉"字实践课程。本着立足于实践的课程特性,学校有计划地部署学生实践课程,各年级有固定的实践基地,实践前的知识采集、问题设计,实践中的过程记录、有问有答,实践后的成果展示、总结报告,使实践课程成为资源丰富、形式多样的学生喜爱的课程之一。

(二) 学生转变与成长的典型案例

教师手记片段之一:他很来劲,行动迅速,我也给予了人力、物力、财力各方面很大的支持。小 Z 用镜头和独特的视角,诠释了他自己对学校的理解。在近百张的作品中,他用了很多透视的原理来拍摄,体现着校园的美丽;他还拍了许多同学们活动的瞬间,教师们辛劳的身影。他很用心地在拍摄,很用心地在感受校园生活。

镜头一:一个"小保安"。门房间的保安师傅们共同"带教"一位特殊的小保安——Z同学。他一有空,就坐在门卫室里,开关门,负责进出学校人员的询问,晨检和放学时,和师傅们一起站在校门口欢送同学们,俨然成了一个名副其实的"小保安"。

镜头二:一个"小后勤"。后勤组的凌老师、沈老师在工作的时候有了一个小跟班,走到哪里,帮忙拎工具箱的有他,一起修剪花圃、种植花果的有他。某天，他真拿了几条黄瓜放在我办公桌上，自豪地跟我说："喏，这是我在小花园种的黄瓜，尝尝看。"呵呵，还真难得这么美味新鲜的绿色瓜果！

镜头三：一个"小画家"。某天发现他在绘画方面有着浓厚的兴趣，于是我鼓励他成立自己的画室，陶冶性情，并找到艺术教研组长一起帮助他。没想到他还真下了不少工夫，学期末，他办了面向全校开放的个人画展。当我和学校的师生一起参观他的画展时，他自豪极了，那时我见过的最开心的笑颜。

镜头四：一个小"摄影师"。画家尝试过了，不能没有事情干呀，我又建议他：初三临别校园，拍下校园的一草一木作为纪念，是很有意义的一件事情，分几个系列，开个摄影展。

教师手记片段之二：老师们都在展览签到本上留言："挖掘潜能，展现自我""自然风格，再接再厉""有所为，有所不为""有个性、有创意、有追求""良好的开端是成功的一半"，我们都由衷地为孩子的变化感到高兴。

教师手记片段之三：这么多重角色的他，就是跳出了课堂的小Z，活脱脱像变了一个人似的。镜头里不管是什么角色，都能受到同学、老师的刮目相看，这难道不是他的另一种能力与进步吗？

教师手记片段之四：我很庆幸，没有只要结果不计较过程的简单粗暴，没有苦口婆心地纠缠他、纠缠家长、纠缠老师，没有一定要让他待在有抵触心理、有厌烦情绪的课堂，没有因为有大片森林而放弃一棵幼苗。今天他的转变，是因为我们让他找到了属于他的舞台，发现了属于他自己的目标，重新觉醒了他的自我的价值，而这些，不仅仅只发生于课堂上。

教师手记片段之五：忽然想起陶行知先生，他的"生活即教育"理论，无论是过去，还是现在，都在印证着他的先知先觉，他用他的行为和理论影响着世世代代的教育，而今天我所能做的，是用我校的"使觉"教育影响我校的莘莘学子。

镜头五：一群"小辩手"。数学课堂上，几个同学正为衡量不规则圆柱的体积激烈发问，都在想方设法证明自己的好办法。

　　教师手记片段之六：有一位同学名叫小兵，他从六年级入学时学习成绩就是年级倒数几名，因此他很缺乏自信，而且很敏感，容易冲动，与同学发生冲突，动不动就拳头相向。我从七年级接手这个班级，因为我和他住在同一个小区，所以我经常悄悄观察他，我发现他的体育成绩很棒，他自己也酷爱运动，平时下课、体育课甚至放假也在小区里看到他活跃的身影，简直就是一匹小"烈马"。我就暗下决心，我要把这匹小"烈马"培养成"骏马"。

　　小兵不负我期望，在七年级第一学期的运动会上，他的运动天赋得到释放，在他的带领下我班取得了一个又一个好成绩。因此，小军在同学们的心目中的威望提升了，以前的他因为学习差、爱打架，同学们都对他敬而远之。正巧，我班原来的体育委员犯了点小错误，而且体育成绩很不理想，体育老师有意更换体育委员，我有心让小兵试试。刚开始，他有点不自信，后来体育老师和我说，自从体育委员换成了他，我们班体育课秩序井然，听到这，让我特别欣慰。

　　发掘了小兵的特长，帮助他建立了自信，我开始对他的学习提要求了，学习可以一日差，但不可以日日差，可以不拿第一，但是不可以放弃。根据他的基础，降低难度和要求，他也欣然接受，说到做到，虽然成绩提升较慢，但他已经变得自信了，平和了，开心了。

　　校长教育手记："使觉"的内容很广泛，"使觉"的形式很多样，"使觉"的载体很多种，而唯有教师有一双"使觉"的慧眼，有一颗"使觉"的心灵，有一种"使觉"的行为，无论多崎岖的教育之路上都能花开不败。

八、基于"使觉"文化的教师专业发展

　　苏霍姆林斯基说过："真正的教育是自我教育。"真正的教师培养是一种自我培养，真正的教师成长是一种自我成长。我校在"使觉"办学理念的引领下，提出"自觉觉人"的教师专业发展要求，打造一支"价值自觉、专业自觉、文化自觉"的教师队伍。在"新优质学校"创建之路上，我们不断实践与探索，以期"使"教师的主动发展"觉"学生的能动追求。

　　（略）

九、初步取得的成效

在学校整体发展方面,学校始终从文化立校的根本出发,不断强化文化意义的辐射和引领,不断聚焦学校"使觉"文化的建构与完善。越来越清晰的办学理念共识与办学品质追求,已成为唤醒和凝聚学校教育力量的内在精神血脉。

(一) 使觉文化促进了学生身心成长

1."使觉站站通"使得学校减负增效

"使觉站站通"不但没有加重教师的负担,而且提供了一套操作性强的激励新方式,教师都非常喜欢用。"使觉银行"基于尊重学生,发展学生,评价学生,充分调动了学生的学习积极性和主动性。整个过程是互动的过程,愉悦的过程,学生也非常喜欢。"使觉银行"不但操作性强,而且各学科协同激励。所有学科的评价都是平等的,消除了部分学生的学科歧视心理。

推行"使觉"站站通机制后,我校教师将激励的教育理念、方法融合到具体的学科教学之中,在传授知识的基础上,培养学生自我激励、自觉成长的意识与能力,取得了良好的效果。知识的传授一般都是由易到难、循序渐进、螺旋上升的。教师可以在课堂教学中,由易到难、循序渐进地设定激励目标,刺激引导学生不断前进。因为激励是建立在尊重学生、理解学生基础上的,所以课堂教学氛围空前融洽,学生学习积极性高涨,激励着我校学生学业的不断进步。

2.学生学习心理变化的典型案例举隅

"使觉"就是要教师在教书育人的过程中,用自己的先知觉后知,用自己的先觉觉后觉。通俗点讲,就是用自己的先知先觉去唤醒学生,唤醒学生沉睡的自尊心,唤醒学生懵懂的进取心,唤醒学生深埋的荣誉感,唤醒学生隐藏的成就感。

面对一些物质生活极其丰厚、精神世界却一片荒芜的孩子,简单的说教,只能是一厢情愿的美好愿望而已,使他们觉醒的方式需要以真诚和爱心为前提。如何感化学生,如何使学生真正觉醒,老师们发现有如下几种典型情况。

（1）宽容"使觉"而变

俗话说"仁者无敌"，其实质就是宽容善待别人。孔子云："过也，人皆见之；更也，人皆仰之。"圣人之言无疑是对宽容最生动直接的诠释。"人非圣贤孰能无过？"尤其是十几岁的中学生，处于自我觉醒阶段，对人对事刚开始有了一些自己浅显而又自以为是的认识，犯错更是在所难免。面对学生的错误，老师们怒发冲冠者有之，责备呵斥者有之，横眉冷对者亦有之。不可否认，这些的确也是教育学生中必不可少的措施和手段，其目的只有一个——让学生认识错误，避免其重犯。

大多数孩子往往好了伤疤忘了痛，过不久又会旧病复发。究其原因，其实还是因为孩子并没有从内心认识到错误，也就没有改正并不再重犯的决心，简言之，即老师的发怒、呵斥或冷处理这些措施都没有促使学生自己心灵的觉醒，自然也就达不到预期的效果。

班中同学任某某生活在缺少母爱的单亲家庭中，跟忙于生意的爸爸也是聚少离多，年事已高的爷爷除了能照顾其生活，学习和教育根本束手无策，他一直是老师们班级管理和教育教学中一大麻烦。在尝试了无数个方法都毫无成效之后，身心俱疲的林玲老师产生了想要放弃的想法。于是，那一天，听说他又一次在课堂上捣乱弄得课堂几乎难以为继，她已经没有了发火的力气，也没了教育他的兴趣，只是敷衍着说："老师知道，其实你并不想扰乱课堂，也不想被老师批评，对吗？你也许只是想要老师和同学注意到你，对不对？"接着自说自话"我相信一定是这样的！谁喜欢被老师天天批评啊？那么好吧，这次，老师原谅你。希望你一天比一天进步。回去吧！"没想到那位学生一时间惊愕地抬起头，却没挪步。迟疑很久，他才转身离开了老师办公室。这之后，老师们惊喜地发现，他犯错的频率真的明显减少了，都觉得他不再那么扰乱课堂秩序了。

"宽容也是教育。"爱因斯坦曾经这样说过。那么，也许正是宽容，才让这个顽冥不化的少年一夜之间有所觉醒进而有所改进的吧！宽容，是一种温柔的力量，它可以软化心灵；宽容，也是一种信任，它可以激发内驱力。

（2）对话"使觉"而变

德国哲学家莱布尼茨认为，世界上没有两片完全相同的树叶。那么当然也没有完全相同的人。所以，宽容并不一定能使每个孩子都觉醒。对待有的学生，聊天，或许也是一种行之有效的方法。

小郑，上课蔫头耷脑，课后生龙活虎；作业要么马虎的难以辨认，要么一字不写，各门学科都是大红灯笼高高挂。告知家长，然并卵；加量罚抄，然并卵；师徒捆绑，然并卵。真是让老师们伤透了脑筋。对他，老师们也感到深深地无奈。

那天放学后，老师把他叫到办公室，给他一颗棒棒糖，具有"历史意义"的聊天拉开了帷幕。"我们随便聊聊吧，别紧张！"为了消除他的戒备心和紧张感，老师还故意把棒棒糖咂的"叭叭"作响，继续引诱："此时，我不是老师，只是你的朋友，比你大一些的朋友。我们一起咂着棒棒糖，肩并肩坐着，没有距离，没有约束。多好的朋友啊！"聊天内容从家庭成员到班级同学，从好朋友到任课老师，从爱好到期待……涉及生活、学习、喜好等方方面面。在聊天中，老师理解了他的一些力不能及的痛苦和混沌度日的空虚，而他，也了解了老师的一番良苦用心。此后的一段时间，虽然他的作业仍然经常少写或不写，虽然他的成绩进步还没那么快，但至少他不会跟老师情绪抵触，也没再在课堂上睡着。

"聊天使觉"，通过朋友式的聊天，走进学生的心灵，拉近师生的距离，使其产生类似于朋友间的互相关心和互相捧场的义气，久而久之，帮其摆脱因为成绩不好而产生的自卑，形成自信阳光的健康心态和性格。

（3）激励"使觉"而变

我国著名导演张艺谋说过，"人的潜力是无限的，一个人就像橡皮筋一样，需要不断地拉，在这个过程中挑战自己的极限，不断扩展自己的能力。"那么，对于十几岁的中学生，他们的潜力更加不可估量。我们教师的任务，就是尽可能地激发学生的潜力，让他们成为最棒的自己。

这里所说的激励，指的是"激发和鼓励。"既要激发他们的求知欲和进取心,又要通过鼓励让他们持续地挖掘潜力,不断进步。

英语老师督促背诵、检查背诵情况,是教学工作的重要一环,也是艰难的一环。一个人,如何能最大限度地督促八十多个学生不懈怠英语的背默呢?老师想到了"敲章"这一招来调动他们的积极性,然后通过集章数进行奖励来鼓励他们持续不断地努力。一年时间下来,取得了较好的效果。

尤其值得一提的是,一个对英语学习毫无兴趣、基础几乎为零的陈同学,一个十二三岁的少年,本该朝气蓬勃,却老气横秋;本该快乐无忧,却愁眉苦脸。一看他那凄风苦雨的表情,就知道他生活得有多郁闷痛苦。难怪好多同学都笑称他"小呆呆。"林老师改变了他!

"如果你能每天背5个单词,老师奖励你一个章,攒齐5个章,老师奖励一颗巧克力,攒齐10个章,奖励一盒饼干,并打电话向你爸爸妈妈报喜,表扬你进步,好不好?"在"利诱"面前,他似乎有点动心,但又有点没自信。林老师趁热打铁激励他,"你能做到的! 不信今天我们就试一试吧!"他微微点头,表示同意。

结果完全在老师预料之中——他做到了。老师也兑现了承诺,给了他应有的奖励。特别是给他爸妈打电话,更让他开心不已,凄风苦雨的脸上终于展露了一些阳光般的笑意。

(4) 竞争"使觉"而变

我们生活在一个充满竞争的时代。如果说"不要让孩子输在起跑线上"这句话说得有点太危言耸听,那么"竞争,是一切卓越才智的源泉"则毫不夸张。英国哲学家罗素曾说过,"竞争一直是,甚至从人类起源起就是对大部分激烈活动的刺激"。由此可见,竞争,几乎无处不在,无时不在。

所以,培养孩子的竞争意识,也是为人师者的一项极其重要的任务。而实际上,孩子的竞争意识是与生俱来的,老师要做的,只是利用孩子天生的竞争心理去唤醒他们的积极性和创造力。而这,也正是老师们日常教学和管理中最常用的方法——竞争"使觉"。

课堂上——"比一比,看男生表现好还是女生表现好?"词语一出,原本乱哄哄的班级立马鸦雀无声,一个个正襟危坐。效果远胜于扯着嗓子、拍着桌子的强调;值日工作中——本月值日工作做得最好的小组每人赠送一支笔。那么,接下来我只要做出公正评价就可以了;英语默写——明天看一看南面同学得分高,还是北部同学得分高呢? 胜出的一方可减少作业量……

其实,竞争,无需在乎以何种形式进行,只需在乎大家是否全力以赴的那种状态。竞争,追求的也并不是谁胜谁负的结果,而是全体尽力而为的过程;有了这种状态和过程,相信,每个人都可以做最好的自己,获得最佳的学习效果的!

竞争,就是要努力提高自己的实力;竞争,就是要拿出自己最好的状态;竞争,就是要有坚持到底的恒心和必胜的信心。竞争,就是促使学生早一点、快一点觉醒的一剂强心针!

教无定法,贵在得法。"使觉"的方法肯定远远不止这么几种,有待于以后的管理和教学工作中继续摸索。但万变不离其宗,所有的方法,必然少不了真诚和爱心。只要有真诚和爱心,相信,再顽劣的孩子、再不羁的少年,都会有所感知、有所感动进而有所改变的!

(二) 促进了学生学业进步

我们曾邀请上海沪江进修学院学业质量检测研究中心对我校课堂进行初态调研,4 位教师进行了 3 天全方位的听课 19 节,按照学科来分:语文 6 节,数学 7 节,英语 4 节,地理 1 节,美术 1 节。按照年级来分:一年级 1 节,二年级 1 节,三年级 1 节,四年级 1 节,五年级 3 节,六年级 1 节,七年级 3 节,八年级 5 节,九年级 3 节。

调研结果:语文学科:读、说、写等环节比较齐全,"读"的特色明显,听的环节比较弱;对课文的解析比较精细,并善于用于学生的互动来推进教学,缺乏整体上的教学;不少老师关注到了语文的生活性,关注"演"在教学中的作用(比如"不行");教学模式可以丰富些:读一读、说一说、找一找、练一练、写一写、议一议、演一演、想一想;课堂的关键逻辑要点"破"。

数学学科:讲一讲、练一练的教学模式运用熟练;能够进行比较富有创造的活动设计;演绎法比较突出,可以多增加一些数学思维的教学理念;对学生的解题训练可以采用提纲法或者是模块化思路进行直观化引导,提升思考的效率;对学生的错误理解要深挖到底;对核心概念的理解可以引入跨学科的视野,比如从语义和本义上进行更加严谨的探究。

英语学科:讲练结合,能够结合现实进行语言训练;能够根据内容的不同,改变课堂交往的空间模式;鼓励学生发言,但发言都比较短,可以鼓励学生说长句;一些老师课堂把控力强,能够时刻关注到学生的精气神;语言的背后是文化与生活,可以更多地拓展这方面的引导。

其他学科:地理课上,对教材的缺乏深度加工,缺乏能让学生产生问题的氛围;美术课上,强调思路和过程,不急于展示成果,能够很好地引导学生的注意力;但是有成果,一定是一堂动手课的内在需求;当学生被释放和激发后,可以研究如何在互动和活动中更好地掌控课堂节奏这个问题。

(三)促进了教风向好和教师发展

课题开展两年来,我校通过创建"新优质学校",通过文化渗透、制度建设、课程浸润、课堂实施、教师发展和学生成长等途径来展开"使觉"文化的实践与研究。尤其在"使觉"文化体系重建上,"使觉"理念与师生梯队共进的顶层设计正在不断完善。

一是学校物态文化重建——环境育人,景景关情。建设"使觉"文化大厅,从各个角度阐述对"使觉"的理解,并以传统书法的形式展示出来,学校文化标识、网站、宣传栏、楼层走廊、办公室布置等,无不渗透"使觉"的理念,营造出了浓浓的具有地域特色的文化氛围,达到环境育人的目的。在潜移默化中赋予学生独立的人格、独立的精神,激励学生不断反思、不断超越,造就有较高科学素养和人文精神的人才。

二是学校制度文化重建——制度细化,人文关怀。以课程建设和课堂教学为"要旨",全面设计"使觉"课程体系,通过循环上课与反思重建相结合,加强课堂教学。以教师发展为"主体",构建"自觉觉人"的研训体系,通过校本研修与专家引领相结合,提升教育科研。以学生发展为"中心",建构"自觉成人"的学生发展体系。通过制度建设与多元评价相结合,落实评价考核。

三是学校课堂文化重建——**观念更新,行为转变**。"使觉"课堂的实践是教师更新观念的过程,也是教师将先进的教育理念付之于教学行为的过程,观念转变是撬动课堂转型的支点。"使觉"课堂是能动探究和质疑创新的课堂,是传统的"解决问题"的课堂转变到能够发现问题、提出问题、探究问题课堂。我们聚焦在课堂教学的转型变革上,关注学生学习方式的改善,课堂教学结构、流程和策略的改进,为学生自主选择、差异发展提供广阔的空间。经过两年来的研究与课堂实践,已初步构建了由解决问题到问题解决的"使觉"课堂教学模式。

四是学校精神文化重建——**精神追求,能动发展**。"使觉"文化渗透着丰富的人文知识,能使师生在润物细无声中整合自己的思想与价值观。工会组织教师撰写对"使觉"文化认识的体会文章,评比并集结成集。科研室组织教师在"知·远"(知而获智,志达高远)讲坛交流《先生》读后的感悟体会。德育办组织人员针对学生编写《"使觉"小读本》,并以连环画形式印制成口袋书。学校课题用"使觉"文化统领学校的全面工作,凝聚学校共同的价值观和精神追求,引领师生能动发展。

五是学生文化建设——**体系指引,自觉发展**。学校构建了"自觉成人"的学生成长发展体系,我们认为要以学生发展为"本质",以学生的健康成长为"要",以学生的创新培育为"主",以学生的终身可持续发展为"本"。从思想自觉、学习自觉和行为自觉三个层面进行建设,使之成为引领学生能动发展的纲要。

六是教师文化建设——**制定规划,指导跟进**。为了促进教师主动发展,我校制定了《教师专业发展规划表》,教师从自身角度出发,定位自己的学年目标,跟进一定的主要举措,进行学年的小结对照,达到自身的专业发展。学校各级各类荣誉先进的评选,各级各类科研论文的指导,各级各类表彰能量的传播,无声地指导跟进,促进了教师的专业成长。

十、提高了学校科研水平

在学校这项重点课题的实践和研究中,不少阶段成果也在不断

显现出来,在此略作列举如下:

2016年6月下旬,闵行区新优质学校共同体智慧传递暨"新优质学校创建"项目成果汇报活动,在七宝实验中学隆重举行。我校校长应邀出席并作《教者觉人,回归本源》的主题发言。正如校长指出,通过"新优质学校"的创建,我们学校的教育回归到了教育的本源:真正关注人的发展。学校"使觉"文化建设的不断完善,让学校的教育过程更加丰富了,师生关系更加和谐了。学生的多样化学习需求得到了充分满足,学校教育为学生终身发展和一生幸福奠定了基础。

在几次闵行区"闵教杯"征文中,瞿秋萍老师《研修与成长:提升教师课程执行力》获得二等奖,王志琴老师《互联网背景下小学英语单元主题作业的创新设计与应用》获得二等奖;《使觉文化的实践与研究情报综述》获得三等奖,徐伟老师的《初中物理教学中"相异构想"矫正的实践研究》情报综述获得三等奖。

在闵行区教学小课题研究中,第五届小课题,3个获等第奖,14个获得合格通过;第六届小课题,6个获得等第奖,9个获得合格通过;第七届小课题,5个获得等第奖中,二等奖达到4个,5个获得合格通过。

在课题调查研究方面,也不断有收获:

(1) 基本状况的调查研究,形成文稿《学校校本培训满意度调查问卷反馈》,《课题研究家长问卷调查分析》《课题研究教师问卷调查分析》《课题研究学生问卷调查分析》。

(2) 理论和文献研究,基于本课题,进行了《使觉文化的实践与研究情报综述》。另有金珊珊、徐伟、吴华、谢华来、秦兰菊、曹林等一大批老师发表多篇与课题相关的文章在《闵行教育》和《上海课程教学研究》等杂志上。

(3) 案例研究,2015年4月进行"使觉"课堂征文活动;2015年10月进行使觉杯论文评比活动。2014年《"使觉"课堂征文集锦》《2015年"使觉杯"论文集锦》。

(4) 专辑专刊,已印制《教者觉人》专辑、《知远》2016年第一期专刊。

下 篇

"使觉"理念反思
由"使觉"向"自觉"

导　言

　　自 2011 年 9 月诸翟学校将"使觉"作为办学理念，"自觉"就作为其核心价值观之一被用作引导教师"自觉发展，追求卓越"，引导学生"自觉修身，自觉求和，自觉实践。"笔者希望以此"使觉"理念办学，达到一个美好的愿景：教师充满激情，主动自觉地探究培育学生之道；学生朝气蓬勃，主动积极地汲取知识，快乐且全面成长；包括自己在内的管理层主动积极学习和实践学校管理之术，自觉并有效地担负起学校运营责任；校园和谐文明，管理、教学和科研等一切井然有序……

　　然而，"使觉"理念的践行中遭遇了不少问题：管理层也并不总是那么自觉作为，教师也并不总是那么自觉教学，学生也不是那么自觉学习，学校管理也并不是呈现一片"自觉"之井然有序。甚至很多教师对"使觉""自觉"等概念一知半解，在应用"使觉"理念教学和科研时，存在为"交差"而勉为其难、生搬硬套的现象；多数学生年龄太小，不懂也不会什么"自觉修身""自觉实践"……

　　造成上述问题的原因可能有很多，作为"使觉"理念的主要提出者和推行者，笔者在此诚心检讨和反思。笔者以为其中的主要原因有三：一是没有真正地、透彻地弄清楚什么是"使觉"，什么是"自觉"，什么是"教育自觉"；二是，"使觉"理念办学的路径和方法可能存在一些问题；三是，"使觉"与"自觉"概念碎片化和没有完整的体系。针对上述三个反思之处，在接下来的章节中，笔者试图通过学习相关文献，参考他人经验，考察同行实践，来寻找解决问题之道，并进一步反思、总结、丰富有关"使觉"和"自觉"的概念、理论及其运用策略。

    学术有限,学海无涯,以下笔者反思和所述免不了有缺陷,但只要有利于师生发展,即便贻笑大方,也愿意试之。

第五章 教育自觉与"使觉"理念反思

要论及和反思诸翟学校的"使觉"理念办学历程,就必然会涉及什么是"自觉",什么是"教育自觉"或者"自觉意义上的教育(即自觉教育)"。笔者及同仁在践行"使觉"办学理念时,遇到了不少问题和阻力,究其原因有很多,其中一个重要原因在于解释和建构"使觉"理论的深度和广度不够。本章试图从文献研究概念开始,汲取他人知识和经验,去反思过往得失,试以此丰富相关办学理论和方法,以期供同事和同行参考。

第一节 自觉的内涵

《说文解字》解释"觉"曰:"悟也。从见,学省声",含有明白、醒悟的意思。

《新华字典》对"觉"的解释:(1)人或动物的器官受刺激后对事物的感受辨别;(2)醒悟。

《现代汉语词典》把"自觉"解释为三种意思:(1)自己感觉到、自己意识到;(2)自己有所认识而觉悟;(3)自己有所认识而主动去做。[①]

《辞海》中"自觉"的释义有两种:(1)自己有所觉察;(2)人们正确认识并掌握一定客观规律时有计划的、有预见性的活动。[②]

---

① 现代汉语词典[M].北京:商务印书馆,2001:1518。

② 辞海—词条搜索.[EB/OL]. ttps://www. cihai. com. cn/search/words? q=%E8%87%AA%E8%A7%89.

在英文语境中,"自觉"一词可被译作"conscious"。在牛津词典中,"conscious"一词来自拉丁语"conscius"(knowing,aware),被译为"知道,意识到"。随着时代变迁,"conscious"逐渐延伸出了"knowing or perceiving within oneself, sensible inwardly, aware"(自己内在认识或感知,内在知觉,觉知)等相关的含义。①

从哲学角度分析"自觉",其主要有三层意义:(1)指人类有区别于动物本能的自觉意识,即"有意识"。这是人类最普通的和最基本的自觉形式,它构成了人类自觉的最低层次,可以称之为"自觉一般"。(2)是在社会运动中把"个人意图和目的"视为自觉来使用,即指"个体自觉",这种自觉表现了个体活动所具有的较为明确的目的性。(3)即自由,这是马克思对人类自觉的最高向往。到了人们自觉地改造自己和改造世界的共产主义社会,这种自觉性才能真正实现。上述三种意义上的自觉,是相互联系、辩证统一的,形成了人的自觉的完整结构,是人的自觉能动性在社会发展不同水平上的表现。②

对于自觉的最简单、基础的定义,笔者认同《现代汉语词典》的解释,即自觉就是"觉察到了,意识到了或认识到了而主动去做。"自觉和不自觉相对,当人们意识到去做是自觉,意识到不去做就是不自觉;主动去做就是自觉,不主动做就是不自觉;光认识到了不是自觉,只有认识到了且主动行动了才是自觉。

自觉也有程度之分:意识到了去做,但不管做得好不好和对不对,这是一般自觉。高程度的自觉,认识到了并做得又对又好。高程度的自觉还可以理解为"在深刻认识的基础上遵循规律高效率地去行动"。意识、学习和认识是自觉之始,行动与结果才是自觉之终,而且意识是有目的的意识,行为也是奔着目的去的。简而言之,自觉表现为"知行合一",即有意识、有目的,有行动。可以说,"知行合一"是

---

① 英语词源在线词典. "conscious"的解释[EB/OL]. [2022—02—09]. conscious | Etymology, origin and meaning of conscious by etymonline.

② 石磊,崔晓天,王忠. 哲学新概念词典[M]. 哈尔滨:黑龙江人民出版社. 1988:119。

自觉的本质特征和要求。

第二节　教育自觉的诠释

1. 教育自觉的概念

1997年,费孝通先生在第二届社会文化人类学高级研讨班上首次提出"文化自觉"这一概念,其目的是应对全球化的发展,而提出的解决人与人关系的方法。文化自觉也是处理与异域文化相接处的人的态度,要有开阔的胸怀和对他人的理解,同时要对自己的文化懂得反思,明白它的来历,这样才能取长补短,促进人类和平事业发展。[①]所谓"文化自觉",是指生活在一定文化历史圈子的人对其文化有自知之明,并对其发展历程和未来有充分的认识。换言之,是文化的自我觉醒,自我反省,自我创建。[②] 其后,受到费孝通先生的"文化自觉"概念的启发,教育、经济、历史等领域的研究者提出了各自领域的"自觉"概念,教育学界则提出了"教育自觉"的这一概念。

东北师范大学教育科学学院教授邬志辉认为,"所谓教育自觉,既是对中国教育传统、中国教育特色、中国教育问题的自知之明,也是对当今时代世界教育背景、世界教育主题、世界教育趋势的深刻理解,在此基础上,经过自主适应、综合创新,来构建一个新的现代化的教育体系。"[③]这是从宏观视野和教育创新的角度对教育自觉的定义。这个定义强调对中国人对自己国家的教育问题的"自知之明",对世界上其他国家(可能是指世界上教育先进国家,笔者注)的教育有深刻的理解和借鉴,并有构建新的教育体系的行动。

原江苏省教育科学研究所所长成尚荣认为,"所谓教育自觉,是建立在对教育本义和真义的深刻认识、对教育规律和改革走向准确

---

① 刘立华. 教育自觉视阈下的思想政治教育研究[博士学位论文]. 苏州大学,2014,10。

② 费孝通. 反思·对话·文化自觉[J]. 北京大学学报(哲学社会科学版),1997(3)。

③ 邬志辉. 教育创新与教育自觉[J]. 当代教育科学,2003(22)。

把握的基础之上的,是在教育改革的潮流中的自主辨别和选择。其表现是对自己教育行为的客观评价,对自己教育实践的自觉调整,对教育理念的努力提升。"①成尚荣先生从教育改革的层面上来解释教育自觉,强调了自觉意义上的教育改革,不是乱改革,而是要深刻认识和合乎规律,并点出了一些自觉教育的表现要素:正确评估自己,自觉调整自己的教育实践,努力提升自己的教育理念。

西南师范大学教育科学研究所教授李森认为,"教育的自觉是教育内在本体价值的意识。在形式上,它表现为相对于社会政治经济,教育具有相对独立自主的地位;在内容上,它是对人的自由发展的教育本体价值的认定"②。李森教授还认为,教育自觉首先是人的主动自觉,其次为了达成自我目的,再次是教育自觉是教育主体是对于生命和求知的内在本性的意识。笔者在李森教授的论述中看重的是,教育自觉是一种带有自我实现的自觉,也是有价值追求的自觉,这个类似华东师范大学终身教授张澜先生提出的追求"生命自觉",以及陆琦先生和肖龙海先生将教育自觉与生命自觉、文化自觉相联系,认为教育自觉意蕴"成自觉之人、全生命价值"③。

学者刘立华认为,"教育自觉是教育主体的自觉,是教育主体对教育规律的深刻认识从而在教育实践活动中主动、忠实地践行,包括教育管理主体对教育政策、法律、制度的自觉,即政府和学校对教育政策、法律、制度的自觉,政府要从法律上制度上保证学校的办学自主权,使学校的独立性不断增强,使教育回归教育的本义,学校要为教师等个体教育主体和教育客体营造自由、民主、公平和公正的氛围,营造教师为教育本真献身的氛围;也包括教师等个体教育主体的自觉,教师要对教育的本义负责,要甘于奉献,教师在教育中要心无旁骛,要有勇气和良知,要有智慧和胆识,要有爱心和激情,这就保证

---

① 成尚荣.教育自觉:教师的崇高追求[J].江苏教育研究,2001(9)。

② 李森等.论魏晋时期教育的自觉[J].西南师范大学学报(人文社会科学版),2003(4)。

③ 陆琦,肖龙海."成"自觉之人,"全"生命价值——当代教育自觉的理论内涵与实践新征程[J].现代教育管理,2022(02):48—55。

了个体教育主体主动地、忠实地循着教育规律育人。"①笔者以为，刘立华先生点出了"自觉教育"涉及教育伦理和价值观如"责任""奉献""忠诚"等。他的"教育自觉"与其说是定义，不如说是对教育系统"自觉"的理想境界的描述，这对诸翟学校"使觉"理论中的愿景规划大有裨益。

湖南师范大学教育科学学院院长刘铁芳教授认为，"所谓教育自觉，乃是对教育的目的、功能、路径、方法的反思与觉知。……一个社会的教育自觉体现的是该社会成员对教育实践之方向、方法自我把握、自我调控的程度，其根本问题乃是对教育究竟培养什么样的人的自觉。……教育自觉需立足文化自觉，培养当代中国人"②。从教育教学研究方法论的角度诠释了教育自觉。笔者以为，他的"教育自觉的根本在对培养什么样的人的自觉""怎么培养人"的自觉教育方法论上极具启发性。

除了上面列举的，作为一个教育理论概念，国内对教育自觉的解释还有很多，例如将教育自觉作为一种品质和责任，教育自觉是卓越校长的哲学素养之一③；教育自觉是活动主体积极主动的教育品质④；教师的教育自觉是指教师在教育实践中生成的教育主体意识与主体责任⑤；教师的教育自觉是指源于对教育性活动的深刻认识和对活动意义的肯定判断，活动主体积极主动地排除种种干扰，克服重重困难，朝着教育终极目标持续不断地努力奋斗的一种教育品质⑥。

---

① 刘立华.教育自觉视阈下的思想政治教育研究[D].苏州大学，2014。

② 刘铁芳.培育中国人：当代中国的教育自觉[J].湖南师范大学教育科学学报，2018(2)：1—11。

③ 王红霞.卓越校长的哲学素养与养成路径研究——以江浙沪名校长为例[J].教师教育研，2018，30(05)：90—95。

④ 郭喜永，刘玉新.从教育自觉走向自觉教育[J].现代教育科学，2010(08)：1。

⑤ 马文珠，栗洪武."成为你自己"：教师教育信仰的价值归依[J].基础教育，2017，14(03)：5—12。

⑥ 齐恒，李宝斌.教育自觉理念下的教师教育[J].中国大学教学，2008(2)P66—P68。

另外,还有人将教育自觉分类或维度划分,如邬志辉教授从教育创新的角度,将教育自觉分为三个维度的自觉:"一是对教育生存境遇的自觉,即他指出教育主体不仅要有现实取向上的"感受生存压力"的自觉,还要有未来取向上的"争得发展空间"的自觉。二对教育政策制度的自觉,这里主要是指教育管理主体应对各种管理体制进行创新,为教师和教育科研工作者营造宽松、自由的政策和制度环境,培育有助于教育自觉,自由探索的土壤。三对教育内在规定的自觉。主要体现在对教育的价值关怀。教育工作者应站在时代的前沿进行教育革新,同时不抛弃传统的教育的价值意义,追求教育的美好价值。"①张士森先生对学校的教育自觉分为三对:教师主体自觉和客体学生自觉,群体自觉和个体自觉、理论自觉和实践自觉。②

2. 教育自觉的实证研究

在涉阅有关"教育自觉"的参考文献中,笔者发现张圆杰先生的有关"教育自觉"的实证研究很有意思。他以个人效能理论为理论依据,以某个中学政治思想学科实习教师为样本,采用行动研究法、问卷调查法、传记法、访谈法等研究方法,考察政治思想学科场域下的教育自觉。他对"教育自觉"给出了自己的解释:"从以下三个方面来理解教育自觉的涵义:情感上——对教育活动的职业认同,教师职业道德与理想情操的确立;行为上——知行统一,积极投身教育实践活动,发挥主观能动性;认知上——对当下的教学实践发现问题,并积极改进,有所创新。"③"总之,教育自觉是一个复杂的语义词汇,包含情感、行为、认知等诸多方面,不能简单地解释为一种价值取向、教育品质或者认知能力,它是一个综合性的表述。具体到本研究的行动实践中,教育自觉是指教育工作者对所从事的教学实践活动在认知

① 邬志辉. 教育创新与教育自觉[J]. 当代教育科学,2003(22)。

② 张士森,解析基础教育视野下的教育自觉[J]. 新课程研究:基础教育(上旬),2012(5)。

③ 张圆杰. 提升中学政治实习教师教育自觉的行动研究以新乡市某中学实习教师为例[D]. 河南师范大学,2016。

和情感上的肯定判断,体现在教师主体的价值认知、主体性、文化传承自觉方面积极主动的教学品格和素养。思想政治教育自觉,是思想政治实习教师在情感、行为、认知等方面所表现出的有利于思想政治教育实践活动的一系列具体的动作与想法。"①

基于个人经验、学识和推行"使觉"教育理论办学的经历,笔者认为张圆杰先生这个研究有利于扩展"使觉"教育理念和丰满践行"使觉"方法,其理由有三:首先,是将教育自觉作为一种类似"正能量"的积极行动来研究,而且这种行动有利于教育教学;其次,不是纠缠抽象的、宽泛的概念,而是将抽象性很强的概念具体到有限的、典型的行为表现上。第三,通过观察和干预行为来促进被实验者的教育自觉。

张圆杰在提升中学政治实习教师教育自觉的行动研究中,将研究对象的教育自觉的缺失表记为:缺乏当教师的理想信念,同事间沟通不畅,教学实践能力欠佳和工作投入感不足。针对这些教育自觉缺失,他尝试采用针对性采取行动干预方法,如:用存在体验课堂传记法和职业规划等干预价值认知(理想信念);用对中学教材进行分析解读、课堂讲课融入气氛等教学实践活动提升教学能力;用课后辅导、"中原名师"交流会、构建"微信"掌上交流空间等方法改善与老教师沟通不畅、工作投入感不足的问题。

在此不论张圆杰先生的研究缺陷,但他的研究贴近真实,并提供了一个设计针对性活动来干预教师教育自觉行为的实证思路。这对我们来说是非常有启发意义的。为提高教师对"使觉"理念和教育自觉的深度理解,笔者甚至在想,诸翟学校有必要策划一些如"如何激发教师教育自觉提升校园活力"的实证性课题研究项目。

3. 教育自觉内涵总结

通过上述对"自觉""教育自觉"概念相关的文献考察,对于"什么是教育自觉"笔者总结如下:

---

① 张圆杰. 提升中学政治实习教师教育自觉的行动研究以新乡市某中学实习教师为例[D]. 河南师范大学,2016。

内　涵	来　源
是一个教育上的美好愿景。	刘立华
是一种优秀的品质和素养。	王红霞
是对人的自由发展的教育本体价值的认定,是对生命意义的价值追求。	李　森
蕴涵价值观,如责任、奉献、忠诚。	刘立华
文化自觉影响教育自觉,教育自觉目的在于构建中国自己的教育体系。	刘铁芳、乌志辉、成尚荣
教育知识、规律、方法、路径上的"自知之明",蕴涵教育认识论和方法论。	乌志辉、成尚荣、刘铁芳
可以知识结构化,如教师主体自觉、客体学生自觉等。	张士森
可以作为行为科学来做实证研究,可以通过人为干预。	张圆杰

第三节　"使觉"理念反思

1. 应补上和强化"知行合一"

在第一节中,笔者认为,"知行合一"是自觉的本质特征和要求。这个本质特征和要求,也必然体现在"教育自觉"上。

上述第二节有关"教育自觉"的概念论述也表现了"知行合一"的特征,例如,邬志辉教授的解释:"所谓教育自觉,既是对中国教育传统、中国教育特色、中国教育问题的自知之明,也是对当今时代世界教育背景、世界教育主题、世界教育趋势的深刻理解,在此基础上,经过自主适应、综合创新,来建构一个新的现代化的教育体系"。简化之,即中国教育自觉是"基于对中国教育的自知之明和对世界教育的深刻理解",其目的和行为是"建构一个新的现代化的教育体系"起中国自己的教育体系。这不就是"知行合一"吗?

再回归到费孝通先生的"文化自觉"本义"文化上的自知之明""是文化的自我觉醒,自我反省,自我创建。"从中也可以得出,从觉醒,到反省,再到创建,自觉亦是一个从思维到行为的"知行合一"连续性活动构成的。

在教育实践中,这种"知行合一"也被作为一个规范和要求。《中国教育现代化2035》中明确提出"坚持知行合一。注重培养学生的创新精神和实践能力,着力提高学生的学习能力、实践能力、创新能力。"①将"知行合一"作为基本理念,写入我国的教育政策之中。《关于深化教育教学改革全面提高义务教育质量的意见》中"注重启发式、互动式、探究式教学,引导学生主动思考、积极提问、自主探究。加强课堂内外练习,加强作业指导,夯实学生基础,解决学生负担。"等表述中明显就有"知行合一"理念。《新时代中小学教师职业行为十项准则》强调了教师在教育教学过程中应该注重知行合一,以自身的行为示范引导学生。《中小学教师职业道德规范》《教师法》等这些文件都强调了教师在教育教学过程中应该注重自身的行为规范,做到言行一致、知行合一,为学生树立良好的榜样。

回顾诸翟学校的"使觉"文化寻根旅程和发展历史,我们不是一直尝试对学校历史的理解和当下教育规律的理解,来构建自己的"使觉"文化吗? 我们不是力求将"自觉"理念贯彻到学校的教育教学行为中来吗? 从这个意义上来说,我们诸翟学校的"使觉"文化就是"自觉"文化(从觉醒,到反省,再到创建),诸翟学校的"使觉"教育的本质特征和要求就是"知行合一"。比较遗憾的是,我们在构建和推行"使觉"理念体系时,"知行合一"理念被遗漏了,今后要补上并强化"知行合一",将它作为品质、要求和追求。这是其一。

2. 应清晰"使觉"文化实践路径

其二,文化自觉是"文化上的自知之明""是文化的自我觉醒,自我反省,自我创建。"教育自觉亦如是,教育自觉(从理念到行为)的实践路径就是"自我觉醒—自我反省—自我创建"。笔者认为,我们亦

---

①　中华人民共和国教育部官网. http://www.moe.gov.cn/jyb_xwfb/gzdt_gzdt/201902/t20190223_370857.html? eqid=bee399390007d1a500000004642bc83f.

应参考"自觉教育"概念下的实践路径,来解释"使觉"理念的实践路径,以丰满"使觉"理论体系。笔者以为,"使觉"理念的实践路径就是"觉知——觉醒——觉悟"。

　　觉知就是意识,认识,学习,或者获得(信息、知识和技能)。觉察就是觉知之后,根据规律、条件或环境,将信息和知识进行理性反思或重构。觉悟则是觉知、觉醒之后,并遵照自己价值观来判断、选择后采取行动(包括创建)。觉悟包含觉察,觉察包含觉知。觉悟的核心是价值观和使命感(关于这一点,请参阅第八章)。同时,我们教师从觉知,到觉醒,再到觉悟的过程中,三者都会受到外界因素影响并需要从外界输入能量的。觉醒阶段会按照自己价值观与教育使命感的强烈程度,做出选择、改变态度和采取行动,即"知与行输出"。

　　笔者根据上述逻辑,总结了"使觉"文化实践路径模型(见图5-1)。

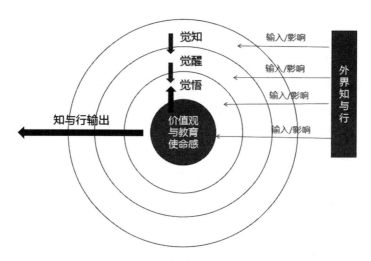

图5-1　"使觉"文化实践路径模型

3."使觉"理念补充

　　我们诸翟学校一直在探索"使觉"内涵和实践"使觉"理念的路上,一度困顿迷惘,也一直在思考"使觉"怎么发展? 要到哪里去?

　　在考察"自觉"和"自觉教育"内涵(见本章第一节和第二节)后,

笔者豁然开朗:原来"使觉"理念就是"自觉"理念;"使觉"教育就是基于"自觉"意义上的教育,即自觉教育(基于自觉的教育,与"教育自觉"互换,下同);"使觉"校园文化就是校园"自觉文化"。笔者认为,在概念上,"使觉"完全可以与"自觉"互换,并在此郑重提议将校训"使觉—正礼"改为"自觉—正礼"。

笔者在此直接以"自觉教育"替代"使觉教育",并为"使觉"理念体系做以下补充和说明:

(1) 自觉教育是教育上的理想追求,蕴涵美好愿景

学校按教育规律治理,尊重教师,营造自由、民主、公平和公正的氛围,营造教师为教育本真献身的氛围;教师主动"觉察教育现象、觉醒教育规律、觉悟自身发展",甘于奉献,对孩子有爱心和激情,审近知远,知行合一,成己成人;学生主动积极,知而获智,智达高远,努力成为祖国伟大复兴新时代的"有理想、有本领、有担当"的人。

(2) 自觉教育有价值导向

于学校而言,自觉以社会主义核心价值观为导向,为党育人、为国育才,以培养学生核心素养(详见第六章)为导向。此外,德育为先,全面发展,个性尊重,法制观念,可持续发展等也是学校培养学生的价值导向。

于教师而言,自觉以社会主义核心价值观为导向,遵守或依照国家有关法律法规、行为规范和专业标准办事。专业精神、学生为本、知行合一、以身作则、公平正义、爱心与关怀、终身学习、自我更新、团队协作、社会责任、甘于奉献等也是作为教师的重要的价值导向。

自觉教育还强调,教育的动机和目的是向真、向善、向美的。自觉教育是真善美的动机与行为的"知行合一"。

(3) 自觉教育是一种品质

自觉是优秀校长、优秀教师品格和能力。自觉的教师,将"自觉"作为一种工作使命和担当,追求生命"自觉"的价值和意义。

(4) 自觉教育是一个正能量的学校效能和行为

自觉教育能激发学校活力,促进教师和学生发展。它不只是理论和概念,还可以作为行为科学来做实证研究,采用合适的干预方法

可能会提升这种"自觉"行为。

(5) 自觉教育内涵教育规律、路径和方法

自觉教育是洞察教育规律、按教育规律办事基础上的教育。它隐喻要求:要求教育者要清楚教育的根本是人,是在"培养什么样的人";要求学校管理者和教师,宏观上清楚国际、国内教育背景和趋势,中观上清楚学校校情和管理体系,微观上清楚课堂教学方法和技术。

方法论是一种关于研究方法的理论和系统分析,它是研究者用来系统地解决研究问题的逻辑和原则的集合。笔者以为,自觉教育的方法论应该遵循马克思主义辩证法和唯物主义论。

(6) 自觉教育是一个开放性教育思维

自觉教育是一种开放性教育思维,因为它是基于洞察教育规律、按教育规律办事的基础上的自觉。教育规律是随人的差别、时间、空间、经济、政治、理念、知识、技术等环境和条件的改变而可能改变,所以有利于国家、社会、学校、教师和学生的理念、规律、策略、方法、路径和技术都允许且被理性应用和消纳。在这个意义上来说,杜威的教育理论及其实践方法,叶澜先生的生命自觉理论及其实践方法,吴金瑜先生的理解教育理论及其实践方法,当下的大数据、人工智能技术、脑科学为基础的教育技术……,乃至于我们诸翟学校的"使觉"理论及其方法,都可以作为学习、借鉴和实践的选项。

(7) 作为一种教育理论,自觉教育本身是一个复杂的系统理论

教育不是立即就能看到效果的,它要经过一段时间甚至很长时间才能看到效果的。之所以教育存在长效性和长期性,正是因为教育的过程是复杂的,影响教育效果的因素太多。复杂的过程和介入因素太多,要维持教育的有效运行,就必须具备系统的思维和采取系统方法和模式。具体到学校文化、课程设计、课题教学、教师发展、学生成长商务等等问题,无一不是复杂的系统,无一不要求用系统思维来应对。

(8) 自觉教育的实践路径

自觉教育遵循教育科学规律。自觉教育的目的在于创建符合国

情、校情、师情和生情的属于自己的教育体系。自觉教育的实践路径为：觉醒——反省——创建——再反省——再创建，如此往复循环，螺旋上升。换言之，自觉教育的实践路径是"觉知——觉醒——觉悟"的循环螺旋上升。

第四节　自觉意义上的"使觉"三观

基于对"教育自觉"的理解和"使觉"理论实践，笔者总结"使觉"文化下的学生观、教师观和学校发展观如下：

1. 学生观

学生是具有生命活力的人，而不是被动接受知识的容器。

学生是具有主观能动性的人，而不是等待被填灌的鸭子。

学生是具有创造潜能的人，而不是等待被统一塑造的物品。

学生是具有独特个性的人，而不是一模一样的复制品。

我们坚信每个孩子本质上都是拥有独特个性和巨大潜能的人，是教学活动的合作者，学校文化的塑造者和未来"中国梦"的实现者。

我们应该尊重学生的主体性和个性，注重学生的全面发展，激发学生的内在动机、潜能和创造力，促进学生的自我认知、自我管理和主动学习。

2. 教师观

教师是学校最宝贵的资源，是助燃学生生命之光者，是自身发展的觉醒者，是教育现象的觉察者和教育规律的觉悟者。教师是学生学习和发展的引导者和促进者，而不是单纯的知识传授者。

教师是学生生命历程的重要参与者，应该关注学生的情感、态度和价值观等方面的成长。

教师是课程的建设者和开发者，应该积极参与课程设计和开发，为学生提供丰富多样的学习资源。

教师是学校变革的推动者和实践者,应该积极参与学校的教育教学改革,推动学校整体转型性变革。

教师是教育研究的主体,应该积极参与教育研究,提高自身的专业素养和教育理论水平。

教师亦是一个社会人,除了学校和教育,有专属于自己的生活。有喜怒哀乐,受情绪影响;有柴米油盐,受经济条件影响,有自己的价值取向并受社会经济和文化的影响。

我们在强调教师作为教师的多重角色和责任的同时,也应该将教师作为普通的社会人来对待,综合采用各种策略和方法来激发教师善于从教、乐于从教和自觉从教。

3. 学校发展(改进)观[①]

自觉意义上的学校发展,是相对于传统被动的、外部政策性驱动发展,它是强调主要靠内因、内部资源开发发展。基于自觉意义上"使觉"学校发展(改进)观,就是按照国家和上海市的教育政策和规划,以"新优质学校"理念为理念,以"新优质学校"的价值导向作为指引,结合自己的校情和学情进行发展(改进)。其主要内容如下:

(1)强调主动求变自觉发展

学校应基于对先进办学理念的认同,主动承担为党育人、为国育才的使命,回归教育本原,遵循教育规律,立足自身实际,主动回应校内外变化,寻找办学路径与策略。要构建主动发展机制,以新优质学校理念为指导,将学校的办学现状和表现出来的特征与理想的新优质学校办学理念、内涵与特征进行对照。分析学校发展的优势及有待进一步提升的地方,寻找学校最近发展区,提升自我诊断、自我计划、自主实施、自我评估、自我改进的能力。自觉积累涵养孩子的有价值的经验,形成可持续发展的内在机制,增强学校发展的内驱力,使学校不断成长。主动发展能改变以往依据自上而下的指令性要求

---

① 汤林春,冯明主编.新优质学校成长路径[M].上海:华东师范大学出版社,2023:23—32。

被动执行的状态,对学生的需求保持敏锐洞察和积极适应,给学校的"生命机体"注入了持续动力。

当前,人工智能、大数据、物联网等技术为教育发展带来挑战与机遇。新的技术既对人才培养提出了新要求,也为教育理念、育人方式、教育教学技术与方法改革提供技术支撑,作为新优质学校,要主动求变,促进教育信息化从融合应用向创新发展的高阶演进,全面提升师生信息素养,推动从技术应用向能力素质拓展。

(2)探索常态条件下的内引式发展

新优质学校坚持"不挑选生源、不聚集资源、不争抢排名"的"三不"理念和"不靠生源靠师资、不靠政策靠创新,不靠负担靠科学"的"三不三靠"思路。所谓常见的问题,就是为了让学生健康快乐成长,学校、老师和家长究竟该怎么做? 需要创设什么条件? 所谓常识,就是要遵循学生身心发展规律,教育教学规律和学校发展规律。

有了额外的资源,学校只有靠自己内部挖潜,走改革创新之路。围绕课程建设、教学改革、师资培育、管理文化等方面,逐步优化,整体提升学校办学水平,这就是内引式发展。内引式发展主要是学校敏锐地洞察自身内在发展的需求和矛盾,抓住机会,优化学校内部管理及运作机制,主动求变、主动发展的过程。

目前,我们诸翟学校的"使觉"实践还远未达到中国共产党人所追求的高度自觉(自由)的理想境地,但这并不妨碍"使觉"教育理念吸纳"自觉"教育理念,并将"教育自觉"作为我们的理想追求。无论结果怎样,最重要和欣慰的是,我们正走在"自觉"之道上……

第六章 自觉教育的根本问题：立德树人

探索教育本源是教育自觉的应有之举。教育自觉本身就包含了对教育的本质、根本问题和教育规律的自知之明。

教育的本源在于发展人。我国教育的根本问题在于"培养什么人，怎么培养人，为谁培养人"。其中，"培养什么人"是教育的首要问题。① 笔者以为，"培养什么人"的逻辑路径是：培养人—培养全面的人—培养自觉的人—培养自觉的中国人—培养伟大复兴新时代的"三有"中国人。

思考和理解上述诸问题，对我们理解和践行教育为什么要坚持"人本主义""以人为本""以学生为中心"大有裨益，为什么要"厚植爱国主义、增进对伟大祖国、中华民族、中华文化、中国共产党、中国特色社会主义的认同"，建立宏观的自觉教育观大有裨益。

第一节 教育的本真是发展人

20世纪上半叶，工业化的快速扩张加剧了教育的工具化和功利化，人们对传统教育②压抑人性的反抗和反思，开始了对教育文化的

---

① 吴刚平.有理想、有本领、有担当——义务教育培养目标解读(J).新方案·新课标·新征程：《义务教育课程方案和课程标准(2022年版)》研读(第10页)[M].吴刚平,安桂清,周文叶主编.—上海华东师范大学出版社,2022。

② 传统的教育方法通常指的是一种以课程标准化、教师为中心，侧重于知识传授和学生接受的教学模式。

"寻根",去寻找教育的本和真,并开始了人本主义教育①旅程。

教育本真是什么?

罗素说:"人本身是目的,为人的发展而进行的教育本身就是目的。"雅斯贝尔斯说:"所谓教育,不过是将文化遗产教给年轻的一代,使他们自由地生成,并启迪其自由的天性。"②教育家约翰·杜威所言:"教育不仅仅是生活的准备,教育就是生活本身。"马斯洛所认为:"每个人都有潜力,是自己成长的主人。"教育的核心就在于激发这种潜力,让每个人都有机会发掘和实现自我。前苏联教育家苏霍姆林斯基认为教育的本质是爱,强调教师对学生的个性和兴趣的尊重。

我国当代著名教育家张楚廷先生③认为,"人是能使自己获得新的生命的生命体,故教育的本性就是使人更像人,教师的神圣使命则在于使学生自己成为他自己灵魂的工程师。"张楚廷所言"使学生自己成为自己",这里的后一个自己是一个更理想的自己,是超越之后

---

① 人本主义作为一个哲学和文化运动,最早可以追溯到文艺复兴时期的欧洲,大约是 14 世纪至 17 世纪。文艺复兴时期的人本主义者强调个人的尊严、潜力和重要性,同时也重视古典文化的复兴和对人类经验的深入探究。在心理学领域,人本主义心理学则是 20 世纪中叶发展起来的一个流派,作为对于当时主流的行为主义和精神分析学派的反应。人本主义心理学的关键人物有:阿伯拉罕·马斯洛(Abraham Maslow):他提出了著名的需求层次理论,强调人的成长和自我实现的需求。卡尔·罗杰斯(Carl Rogers):他发展了以人为中心的治疗方法,强调个体的主观经验和自我概念在心理发展中的重要性。这些心理学家的理论和概念对后来的教育学领域产生了深远影响,促成了人本主义教育的形成和发展。

② 转自:段慧兰.走向人的自觉——张楚廷教育思想历程研究[D].湖南师范大学,2014:112。

③ 张楚廷先生作为本土知名的大学校长与教育思想家,是国内高等教育界的代表性人物,原湖南师范大学校长。他已从事大学教学 55 年,先后出版学术著作 100 部(其中独著 63 部)在各类学术刊物发表学术论文 820 篇,在全国 120 多所大学和科研机构作过近 300 场学术报告(不含在本校所作学术报告),累计约写了 1600 万字。重要著作有《教育基本原理——一种基于公理的教育学》《教育哲学》《高等教育学导论》《高等教育哲学》《高等教育哲学通论》《课程与教学哲学》与《教学论纲》等。其中,《高等教育哲学》是我国首部高等教育哲学著作,《课程与教学哲学》填补了国内课程哲学空白,并获国家图书奖;2007 年,《张楚廷教育文集》第 1 至 10 卷于湖南教育出版社出版,2012 年,《张楚廷教育文集》第 11 至 20 卷于湖南人民出版社出版。北京大学喻岳青教授将张楚廷与匡亚明、朱九思、曲钦岳一起,列为当代早期中国最优秀的大学校长。

的自己。教育不只具有保守性，不只保守和传承人类优秀文化，它还具有天然的超越性，它总是引导人不停地超越自身。①扈中平在1989年提出"人是教育的出发点"，后又从个人与社会这一永恒矛盾来思考教育中的人的问题，认为教育培养的不仅是人，而且应该是作为社会历史活动主体的人。②同样是著名教育家的叶澜先生也认为，教育是直面人的生命、通过人的生命、为了人的生命质量的提高而进行的社会实践活动，是以人为本的社会中最体现生命关怀的一种事业。③

康德说："人生来具有许多未发展的胚芽"，有"他的各种自然禀赋"。在康德看来，人具有发展的可能性，发展的可能性的基础就在于人的自然禀赋，在于存在于人身上的胚芽。马斯洛所表达："每个人都有潜力，是自己成长的主人。"教育的核心就在于激发这种潜力，让每个人都有机会发掘和实现自我。张楚廷认为，相对于意识这种人区别于动物所固有的特性，人有发展的可能性是"人更重要更独特的方面"，人的可能性将给人的发展带来无限前景。正是因为人具有发展的可能性，教育的存在才显得更有意义。在一定程度上，教育不仅可以帮助人发展可能性，而且还可以让人有更多的可能性，甚至可以为人创造新的可能性。当然，人的发展的可能性也是多样的，并不一定都指向美好，因此，教育也帮助人避免某些不利于人本身的可能性。甚至磨灭人的可发展性。④

中国历史上，许多著名的思想家和教育家的观点可以被认为是人本主义教育的先驱。孔子的"仁"的概念也体现了对人性的肯定和关怀。孟子提出了"性本善"的理论，认为每个人都有向善的天性，这

---

① 转自：段慧兰. 走向人的自觉——张楚廷教育思想历程研究[D]. 湖南师范大学，2014.5。

② 同上。

③ 叶澜：不可不知的 12 个教育信条 https://baijiahao. baidu. com/s？id＝1760352223633644770&wfr＝spider&for＝pc。

④ 转自：段慧兰. 走向人的自觉——张楚廷教育思想历程研究[D]. 湖南师范大学，2014.5。

与人本主义教育中的人性本善假设相吻合。明代著名思想家王阳明提出"知行合一"的哲学观念,认为认识和行动是不可分割的,强调内心良知的重要性。王阳明的教育思想倡导自我反省和内心修养,这与人本主义教育关注个人内在发展的理念相吻合。

教育来源于人。教育产生与人的需求。教育的本质是发展人。教育的本性是让人成为人,让自己成为自己。人有无限发展的可能性。这些理念和观点,包括我国古代人物提出的"性本善""仁""知行合一"等,都可以为教育的寻根务本问真提供哲学种子和养分。

第二节　教育旨在培养全面的人

人是有无限的思维和情感,而这些无限的思维和情感与物质、技术相结合,创造新的文明(比如科学、艺术、技术乃至新物质的创造等),来超越现有的限制。如此循环往复,实现个人与世界的发展。从这个层面上来讲,人是有无限发展的可能性。教育就是让人成为人,成为既有个性又全面发展的"全人"。

早期人本主义教育学强调学生的需求、情感和自尊,本是一个很好东西,但施行的时候有点走样,导致"理性管理、层级化、权威主义"为基础的教育官僚主义盛行,于是有人对这种官僚的教育体制展开深入批判,如全人教育家隆·米勒指出:"人本主义教育更加强调'情感'和'学生的自尊',这在全人教育学者看来是不够的,自我实现同样包括精神的发展"。于是乎全人教育的思想应势而生,进一步丰富了教育的人本主义内涵。①

全人教育或人的全面发展,强调教育应致力于培养学生的各方面能力,而不仅仅是学术知识或技能。这个观点认为,教育的目标是帮助个体发展成为具有情感、社会、道德、身体和认知等多方面健康

---

① 陆琦,肖龙海."成"自觉之人,"全"生命价值——当代教育自觉的理论内涵与实践新征程[J].现代教育管理·2022年第2期。

的成熟人格。这种理念源于对人的本质的全面理解,认为人不仅需要逻辑和理性能力,还需要情感和道德的发展。

以下是全人教育或人的全面发展的几个关键特点:

(1) 平衡发展。它强调平衡发展个体的身心各方面,包括智力、情感、社交、体育、艺术和道德等。(2)个性尊重。每个人都有独特的个性和潜力,全人教育鼓励学生探索和发展自己的兴趣和才能。(3)终身学习。它推崇终身学习的理念,不仅限于在学校中的学习,而且包括成年后的自我教育和个人成长。(4)社会参与。鼓励学生参与社会活动,培养他们成为负责任的公民,并对社会做出积极贡献。(5)整合性课程。课程设计应超越传统学科的界限,整合不同领域的知识,促进跨学科学习。(6)教育环境。创造一个支持性的教育环境,其中包括安全、尊重、包容和鼓励探究的氛围。(7)教师角色。教师不仅是知识的传递者,更是学生学习的促进者、情感的支持者和道德行为的榜样。(8)评估多元化。评估学生发展的方式应多元化,包括传统的考试、作品集、同伴评价、自我评价等方式,以全面了解学生的学习和发展。

通过全人教育,学生得以在不同层面获得成长,这样的教育不仅仅准备他们面对未来的职业挑战,更是帮助他们成为有思想、有道德、有情感和有社会责任感的人。全人教育的目标是培养出完整且和谐的人格,使个体能够在复杂多变的现代社会中实现自身价值,同时也积极地促进社会的整体进步。

全人教育反映的是"整体论"思想,主张发展"完整的人(The Whole Man)"。这意味着完整的人不仅是情感的完整,更是精神与人格的完整。如日本教育家小原国芳以"真、善、美、圣、健、富"六字概述了"全人格"的内涵,即教育应发展一个"身体、知识、技能、道德、智力、精神、灵魂、创造性等各方面"都得到完整培育的人。①。

20 世纪 80 年代以来,随着科技进步和经济全球化,世界各国都

---

① 毛玉华,孙华美.小原国芳的全人教育思想述评[J].重庆科技学院学报(社会科学版),2008(11):190—191。

在进行教育改革，以适应新时代的竞争和挑战，提高教育质量的呼声很高。1983年，美国高质量教育委员会发表了《国家处在危急之中：教育改革势在必行》的报告，不仅震惊了美国，也震惊了世界。英国、日本、新加坡及国际组织如联合国、世界银行等也提出了21世纪人才培养的新标准和新要求。1995年联合国教科文组织发表的《高等教育的转变与发展政策》明确指出："各国教育应向终身教育和全人教育的目标发展"。①

而我国基于科技进步和经济全球化的国家竞争、国内经济改革和科技发展的人才需要和教育的"应试教育"的弊端，提出和实施素质教育。在国际上并没有"素质教育"一说，它是我国因应、消纳和实践全人教育思想的一种中国特色的总称。

我国素质教育最早提出于20世纪80年代中期。1985年5月，中共中央、国务院召开全国教育工作会议。邓小平在会议上作报告，指出："我们国家，国力的强弱，经济发展后劲的大小，越来越取决于劳动者的素质，取决于知识分子的数量和质量。"5月27日发布的《中共中央关于教育体制改革的决定》明确指出："在整个教育体制改革的过程中，必须牢牢记住改革的根本目的是提高民族素质，多出人才，出好人才。"1986年颁布的《中华人民共和国义务教育法》第三条规定："义务教育必须贯彻国家的教育方针，努力提高教育质量，使儿童、少年在品德、智力、体质等方面全面发展，为提高全民族的素质，培养有理想、有道德、有文化、有纪律的社会主义建设人才奠定基础。"中国以最高权威和国家意志的方式正式将"素质教育"与"全面发展"关联起来②。

此后，历经大概二十年的教育实践，习近平总书记在2018年9月举行的全国教育大会上指出，要努力构建"德智体美劳"全面发展

---

① 转自：陆琦，肖龙海．"成"自觉之人，"全"生命价值——当代教育自觉的理论内涵与实践新征程[J]．现代教育管理·2022年第2期。

② 顾明远谈素质教育．百家号．电脑端．https://mp.weixin.qq.com/s? __biz=MzA5ODc2MzAxNw== =&mid=2652090411&idx=1&sn=a4dc8a8792e7d289414ee86e346eb204&chksm。

的教育体系,随后发布的《中国教育现代化 2035》报告中进一步提出促进"五育"(德、智、体、美、劳,笔者注)有机融合的目标任务。① 至此,基于人本主义教育思想的全面发展教育观(素质教育)在我国有了全面、系统、深刻的内涵(理论)诠释,这也是中国教育自觉的表现。

第三节　教育应该培养自觉的人

"教育的本性是发展人"到"教育旨在培养全面(素质)的人"都是人本主义教育范畴,后者是对前者的发展。从前者到后者是一次螺旋的教育自觉的提升。那"教育旨在发展全面的人"之后,还有什么教育能够丰富或者提高人本主义教育?

有,笔者谓之为"培养自觉的人"。这个自觉的人当然是指自觉又全面的人。如果"培养自觉的人"要对应一个教育理念,那么它最接近"自主教育"。自主教育是一种强调个体自主性、自我指导学习的教育方式或理念,即"培养自主的人"。但"自主的人"还是指代不了笔者所指的"自觉的人"。

"自主的人"具有自我决策和自我管理的能力,能够根据自己的意愿和目标独立地做出决策和行动。而"自觉的人"对自己行为、思想、情感等方面的认知和意识,是一种自我觉察和自我反思的能力。自觉的人能够清楚地认识自己的优点和缺点,能够意识到自己的行为和决策对他人的影响,能够对自己的情绪进行调控和管理。自觉的人通常能够更好地认识自己,从而更好地掌控自己的行为和决策,能够更好地应对挑战和压力,进而更容易实现自主。

所以,笔者更愿意将"培养自觉的人"的教育理念或方式纳入"自觉教育"之中。当然,这里的"自觉教育"与第一章中的大概念"教育自觉(教育上的自知之明)"还是有微观与宏观上的区别的,这里仅指

---

① 转自:陆琦,肖龙海."成"自觉之人,"全"生命价值——当代教育自觉的理论内涵与实践新征程[J].现代教育管理·2022 年第 2 期。

教学层面的培养学生的方式和理念。叶澜先生的"生命—实践"教育学派认为,学校中的学生处于生命成长的重要时期,具有主动发展的需要与可能。学生是学习活动的主体和责任人,是教学活动复合主体的构成。"育生命自觉"从培养学生的自尊、自信和主动性始。[①]笔者深以为然,诸翟学校的自觉教育在培养学生方面的理念与此相通、相同。

自觉教育还是人本主义教育的范畴,是伴随着人本主义教育实践中发展起来一支流派,是对人本主义教育的丰富,是人本主义教育的精细化发展。

这种"自觉教育"理念的发展背景和观点可以从以下几个方面来理解:

(1)进步主义教育运动,在 20 世纪初,进步主义教育家如约翰·杜威(John Dewey)提倡以学生为中心的教学,强调实践、经验和反思在学习过程中的重要性,为自主教育提供了哲学基础。(2)心理学研究,认知心理学和建构主义等理论的兴起推动了对学生如何构建知识的深入理解,这些研究表明学生在主动探索和建构知识时能更好地学习。(3)技术发展,信息技术的飞速发展使得知识和信息更加容易获取,学习者可以更加自主地选择学习资源和路径。(4)教育哲学的变化。笔者以为,这个变化也是最重要的。因为教育的现实是,即便是依"以人本主义"教育理论来实践,从以老师为主到以学生为中心,从知识技能转向素质培养,教学方法多元化。即便经济投入增加和教育科技发展,学生的全面(素质)发展依然是缓慢的和低效的。学生学习倦怠、价值观错位、动力不足等现象依然存在,同时教师也因眼花缭乱的教学方法困惑、疲惫和无所适从。与之相对的是,越来越多的教育实践发现情感"自我效能"高、行为自主自觉的学生的表现更好,教师教学更加轻松。于是,越来越多的教育家对教育目的和方法进行反思,越来越多地强调学生的自我认知、自我反思、

---

① 叶澜:"生命·实践"教育学派的 12 个教育信条 https://www.baidu.com/s? ie=utf-8&f=3&rsv_bp=1&srcqid=81949111062319444444&tn=50000021_hao_pg&wd.

自主学习、自我驱动和内在动机,而不仅仅是外在物质、技术及表扬的驱动。

【实践案例】

诸翟学校的"培养自觉的人"

诸翟学校"培养自觉的人"教育思想始终贯穿教育教学全过程,如:学风上提倡和强调"自觉修身,自觉求和,自觉实践";在教学思想上,贯彻"教是为了不教";班级管理上,推行"班级自治",开展系列"我是自主小明星"评比活动;课堂教学上,采用项目学习法、探究式学习法和跨学科主题等激发学生兴趣和内驱力的多元教学法;课程上,开发"三层三位一体"的职业教育,驱动学生探索自我和发展自我。

第四节 培养自觉的中国人

前三节我们讲了教育本真是发展人、教育旨在培养全面的人、教育也要培养自觉的人,让我们对教育的本质、功能、目的及其理念有一个系统的认知。作为一个追求教育自觉的中国基础教育者,不应该忘了生长在中国大地之上,浸淫在中国文化之中,立足于中国土地之上,培养自觉的中国人。培养自觉的中国人,是我们基础教育自觉者的自知之明和使命。

中国人是谁?中国人有哪些性格特征?一百个人就有一百种答案,也可能有很多人回答不上来。如果说,中国人指的是拥有中国国籍的人,或者更广义上指的是拥有汉族或其他中国少数民族血统的人,这只是非常狭隘的微观解释。中国有一个五千年的丰富历史,多元的文化和五十六个民族,因此很难用简单的词语来描述中国人的特点,因为我们是极其多样化的。在描述任何一个国家或民族的特性时,我们应该避免过度概括,并保持对个体差异的尊重和认识。

文化是一个民族的灵魂,它在无形中塑造着一个民族的性格和行为。塞缪尔·亨廷顿在其著作《文明的冲突和世界秩序的重建》中说:"文化是人类社会的中心力量,它塑造了人类的生活方式和行为。"[①]我国学者王明珂认为,中国儒家文化强调的"中庸""礼仪"和"家族"价值观,培养了中国人恪守规矩、重视家庭和社会和谐的性格特质。[②] 要了解中国人是谁、中国人有哪些性格特征,最好的途径就是考察它的文化和价值观,尤其从外部民族或外国人的视角来审视。

1. 外国眼中的中国人

笔者根据何启刚(2013)、蒋瑾玢(2020)、王娇(2022)等学者[③]的研究,从外界的和中外比较的学术研究角度,总结出以下中国价值观:

表 6-1　学术文献中的中国价值观(外界视角)

家庭至上	家庭在中国文化中占据核心地位,强调家庭和谐、孝顺长辈以及对家庭成员的责任和义务。
集体主义	相比于西方的个人主义,中国文化更倾向于集体主义,强调个人应该为了集体或团体的利益和谐相处,牺牲个人利益。
尊重传统	尊敬和保护传统习俗、文化遗产和历史是中国社会的一个重要方面。
教育重视	教育被视为个人成功和社会地位提升的关键,家庭通常会投入大量资源来支持子女的教育。
勤劳节俭	勤劳和节约被认为是美德,体现了对资源的尊重和对未来的准备。

———————

① 塞缪尔·亨廷顿.文明的冲突和世界秩序的重建[M.周琪等译,北京:新华出版社,2013:33.

② 何启刚.中国特色社会主义基本价值观念研究[D].中央党校.2013。

③ 何启刚.中国特色社会主义基本价值观念研究[D].中央党校.2013/蒋瑾玢.中美大学价值观教育差异性研[D].大连理工大学,2020./王娇,柏路.国外民众价值观养成的影响因素及其比较[J].东北师范大学报(哲学社会科学版).2022年第3期。

(续表)

面子文化	保持尊严和社会地位是重要的社会价值,避免丢脸和维护个人及家庭的名誉在社交互动中非常重要。
和谐相处	和谐是中国社会的一个核心价值观,强调避免冲突和促进社会稳定。
尊重权威	传统上,中国文化强调权威和等级的重要性,尤其是在家庭、学校和政府等结构中。
恒心与毅力	面对困难和挑战时不轻易放弃,持之以恒地追求目标,这种毅力在中国被高度赞扬。
创新与适应性	在现代中国,创新被视为推动社会和经济发展的关键因素,同时,适应新环境和变化也被视为重要的能力。
礼貌与谦逊	礼貌和谦逊不仅体现在与他人的交往中,也是个人品德的重要组成部分,被视为与他人和睦相处的基础。
对和平的追求	和平作为国家和个人层面的价值观,在中国有着悠久的传统,反映在对外交往和个人行为的导向上。
法治精神	尊重和遵守法律,信任法治可以维护社会公平和正义,这在当代中国日益成为一个重要的价值观念。
责任感	对家庭、工作和社会负责被视为成年人应有的品质,这体现了个人对社会的奉献和对他人的承诺。
自我提升	个人发展和自我提升,包括身心健康、职业技能和精神修养,是许多中国人追求的目标。
国家荣誉与爱国主义	对国家的忠诚和爱国主义情感在中国具有深厚的文化根基,这通常表现为对国家的成就感到自豪和维护国家利益。

　　在总结上述外国人眼中的中国人的特征、文化或价值观时,作为一名为新中国基础教育工作了二十几年的老教育者,笔者感到欣慰、骄傲和自豪:中国教育培养了尊敬长辈、文明谦逊、勤奋刻苦、勇于创新的中国人,中国教育培养了重视教育、尊重传统、重视和谐、尊重权威的中国人,中国教育培养了富有责任、追求法治、爱好和平、集体主义、爱国主义的中国人。

　　当今中国的基础教育走在世界前列已是不争的事实。百余年前,包括"使觉私立小学堂"创校者在内的先贤们,不就是想改变被西方列强视为"东亚病夫"、迂腐无知、软弱可欺、贫穷落后的民族命运,而自觉地担负起以教育救国兴国的历史使命吗? 当今中国人以伟大的民族自觉、文化自觉和教育自觉做到了!

2. 尊重权威

在上述外国人眼中的中国人的性格特征和价值观里,"尊重权威"被认为是典型的中国性格特征之一,但它在中国国内却遭到强烈质疑。当下人本主义教育理论和方法成为主流,"尊重权威"被认为与"以学生为中心"理念相左,以培养"批判精神"素质相左,不利于激发学生自主自觉。但笔者却不这样认为,从我国的中小学教育实践看,尊重权威没有什么不好,甚至有许多优点:

(1) 创造有序的学习环境。尊重权威有助于建立一个安全、有序的学习环境。在这样的环境中,学生能够更好地集中精力学习,而不是被课堂纪律问题所分心。教师的权威确保了教育活动能够顺利进行,学生能在固定和安全的环境中学习。

(2) 培养社会规范和行为准则。通过尊重教师和学校的权威,学生学习遵守社会规范和行为准则。这种尊重不仅限于教室内,它还帮助学生在未来的生活中理解和尊重社会中的各种权威和制度,如法律、社区规则等。

(3) 促进学生的自我管理能力。当学生学会尊重权威时,他们也在学习如何自我管理。他们开始认识到自己的行为对自己和他人都有影响,并学会对自己的行为负责。这种自我管理能力对学生的整体发展至关重要。

(4) 减少冲突和对立。尊重权威可以减少学生与教师之间的冲突。当学生明白教师的角色是帮助和指导他们时,他们更有可能与教师合作,而不是反抗或挑战教师的指导。

(5) 提高学习效率。在教师的引导下,尊重权威的学生往往能够更快地遵循学习流程,吸收教学内容。由于教师不需要频繁地处理纪律问题,他们可以将更多的时间和精力投入到教学和学生个别需求的关注上。

（6）促进合作与团队精神。在尊重权威的基础上，学生学会了如何在团队中工作，并理解团队中的每个成员都必须遵循共同的规则和目标。这种合作精神对于他们未来的职业生涯和社会生活都是宝贵的。

当然，"尊重权威"之所受到质疑，可能是因为"权威人士"做得不够好。要做好，就要对"权威"提出更高的要求，比如：不断更新专业能力和技术，以保持教学内容和方法与时俱进和有效；处理学生问题和冲突时展现公正无私的态度，确保所有学生都按照相同的标准被对待，不偏袒、不歧视；具有良好的道德操守、责任感和诚信，"知行合一"作为学生的榜样；尊重每一个学生，关注学生的需求，倾听他们的声音，认真对待他们的意见和感受，以获得学生的信任和尊重；有能力清晰、有效地与学生沟通，这包括倾听和表达的能力；具备领导力，能够引导和激励学生，给予他们明确的方向和支持，同时能够做出明智的决策并承担相应的责任；能够适应新的挑战，并在必要时灵活调整他们的教学方法和策略；能够发现和激发学生的潜能，鼓励他们探索自我，追求卓越；提供机会让学生尝试新事物并挑战自己；成为终身学习的典范，展现出对学习的热爱和不断追求知识的态度，鼓励学生也发展这种习惯；应具备情感智慧，能够理解和管理自己的情绪，以及识别和适应学生的情感需求。

若遵照上述行为标准去做，按照国家对校长、班主任和教师的相关行为和道德规范①去做，"尊重权威"就不仅不是问题，反而有益于激发学生的内在动力，促其成长为拥有核心素养的、全面发展的、自觉的中国人。

3. 集体主义

同样，"集体主义"在外国人眼中视为典型的中国人性格特征和

---

① 陈雪强. 集体主义：中国教育的文化自信及教育自觉［J］. 教育科学研究，2023（01）。

价值观,在国内却为不少教育者质疑。这些人认为,集体主义教育有以下缺点:

(1) 忽视个人差异。集体主义可能会忽略学生的个人差异和需求,一些学生可能会感到他们的特殊才能和兴趣没有得到足够的关注和发展。

(2) 个人成就的低估。在强调群体成就的环境中,个人成就可能被低估,这可能会导致一些学生缺乏动力去追求个人卓越。

(3) 导致依赖性。集体主义教育学生可能会过分依赖团队,而不是发展独立解决问题的能力,这可能会影响他们的自我效能感和个人责任感。

(4) 压制创新和创造性。如果集体主义被过分强调,可能会压制个体的创新和创造性,因为团队决策过程可能偏向于保守和避免风险。

(5) 群体思维。过度的集体主义可能导致群体思维,其中个体批判性思考被牺牲,以避免与群体观点相冲突。

这些质疑"集体主义"教育的人、质疑"中国人是集体主义"的人,是只见树木不见森林,被自己的眼瞳遮住了天空。

"尽管学界关于'中国人是集体主义的吗'认识存在较大的分歧和争论,但就中西文化比较的视角来看,集体主义是中华文化的优良传统,是中华儿女在五千年的历史实践中集体智慧的结晶和共有的精神财富,集中反映了中国人民在认识世界、改造世界的实践活动中具备的独特思维方式。"①从文化学角度理解集体主义,集体主义不仅仅是一种文化传统及其价值观念,并非仅仅涉及集体与个体之间的价值选择和判断,在更深层次上体现为关于集体与个体相互关系的认识及其独特思维方式。这种价值观念所内含的思维方式亦可称之为中华文化传统中的集体主义思维偏好,即强调从整体和集体层面处理整体与部分、集体与个体的相互关系,在认识和处理人与自

---

① 陈雪强. 集体主义:中国教育的文化自信及教育自觉[J]. 教育科学研究,2023(01)。

然、人与社会、人与人的相互关系中高度重视整体与部分、集体与个体的有机统一。① 集体主义还蕴涵了天下大同、追求统一、天人合一、天下为家、天下为公、和谐等令世界追慕不已的民族品格、思维和价值观。

荷兰学者霍夫斯塔德自 1980 年通过实证研究认为西方文化主要是个体主义，东方则主要是集体主义。"此后，集体主义—个体主义（Collectivism and Individualism）几乎成为中西方跨文化心理研究的主导范畴。"②在西方人眼中，中国人的集体主义特质被认为是中国成为全球经济强国的关键因素之一。不仅如此，在抗洪救灾中，在地震抢险中，在抗击新冠病毒中……中国人所表现出的那种团结奉献、万众一心，无一不闪耀着集体主义光芒！ 即便是微小到类似我们诸暨学校的日常管理和教学中，这种集体主义也是成为学校、班级乃至个体发展的强大驱动力。

从微观层面的教学思想和方式理解，相对于个人主义倾向于个人目标和个人成就，集体主义强调群体目标和团队合作的价值观，它有以下优点：

（1）促进团队合作。集体主义倡导的是团队精神和协作，这有助于学生学会如何在团队环境中工作，培养沟通和协调能力。

（2）社会责任感。通过集体活动，学生可以学习到更多关于责任、奉献和服务于公共利益的知识，培养他们对社会责任的认识和承担。

（3）减少竞争压力。集体主义环境下，学生可能会感受到较少的个人竞争压力，因为成就被视为群体努力的结果，而非单个个体的胜利。

（4）多样性和包容性。团队中不同成员的独特能力和才能得到重视和利用，可以培养学生的多样性接受度和包容性。

（5）共享资源和知识。集体主义鼓励成员分享资源和知识，这

---

① 陈雪强. 集体主义：中国教育的文化自信及教育自觉. 教育科学研究，2023(01)。

② 同上。

有助于所有学生从群体的智慧中受益,而不仅仅是依赖个人的能力。

在中小学教育中,平衡集体主义和个人主义是非常重要的。教师若能鼓励团队合作和社会责任感,同时也应该认识到并支持每个学生的个人差异、个人目标和自主性。通过在课堂教学和学校文化中融合集体主义和个人主义的元素(包含实践活动),创造一个既促进社会和谐又培养个人潜能的教育环境,以此培养中国人引以为傲的集体主义精神(或曰素质)。能这样思考和行动,也是一种教育自觉。

【实践案例】

诸翟学校"使觉"文化之集体主义

……诸翟学学校组织的这次预赛(上海市闵行区第六届希望之星比赛,笔者注),给了我宝贵的演练机会,为我的正式比赛开了一个好头。正式比赛分为笔试和上课两环节。借班上课的内容是比赛前一天才公布的。因为临近期末,我拿到的是一节溶液的复习课。在我一筹莫展的时候,我再一次体会到教研组这个大家庭的温暖,

大家纷纷为我出谋划策,徐老师、乔老师帮我整合了最前沿的教学焦点问题,朱老师帮我梳理教学思路,黄老师提供给我很多课件的修改建议,还贴心地帮我发动学生探索自我和发展自我,打听上课学校的学生情况。瞿老师分享给我她参加希望之星比赛时的经验,缓解了我紧张的心情。在大家的帮助下,我的参赛之旅圆满落幕。

——摘自诸翟学学校校刊《紫堤撷英》(2020 学年第一学期),作者:李洁,原文:《无畏挑战,拾梦而行》。

第五节　培养伟大复兴新时代的"三有"中国人

作为外国人都能认知上述中国人的性格特征和价值观,并将尊

重权威和集体主义视为典型的中国人文化特征,难能可贵,也值得我们继续研究。

但作为追求教育自觉的中国基础教育者,如果认为能培养这样特征(素质)的国人也满足了,那他"自觉"程度值得怀疑,他并不比这些外国人高明,他要么学术格局有限,要么有意识地遗忘当今中国两个最具典型的、鲜明的文化特性:中国共产党领导和社会主义。

"我国是中国共产党领导的社会主义国家,这就决定了我们的教育必须把培养社会主义建设者和接班人作为根本任务,培养一代又一代拥护中国共产党领导和我国社会主义制度、立志为中国特色社会主义事业奋斗终生的有用人才。这是教育工作的根本任务,也是教育现代化的方向目标。"[①]

习近平总书记指出,"培养什么人、怎样培养人、为谁培养人"始终是教育的根本问题。其中,培养什么人是教育的首要问题。那义务教育要培养什么人呢?《义务教育课程方案(2022年版)》在培养目标栏目中是这样阐释的:"义务教育要在坚定理想信念、厚植爱国主义情怀、加强品德修养、增长知识见识、培养奋斗精神、增强综合素质上下功夫使学生有理想、有本领、有担当,培养德智体美劳全面发展的社会主义建设者和接班人。"[②]

"义务教育培养目标厘定的'三有'时代新人形象设计,是把习近平总书记对于青年一代的要求和期望具体转化为义务教育培养目标的结果。"[③]

有理想的具体要求包括:热爱祖国,热爱人民,热爱中国共产党,学习伟大建党精神。努力学习和弘扬社会主义先进文化,革命文化

---

① 吴刚平. 有理想、有本领、有担当——义务教育培养目标解读[J]. 新方案·新课标·新征程:《义务教育课程方案和课程标准(2022年版)》研读[M]. 吴刚平,安桂清,周文叶主编. 上海:华东师范大学出版社,2022:10。

② 中华人民共和国教育部. 义务教育课程方案(2022年版)[S]. 北京:北京师范大学出版社,2022:2。

③ 吴刚平. 有理想、有本领、有担当——义务教育培养目标解读[J]. 新方案·新课标·新征程:《义务教育课程方案和课程标准(2022年版)》研读[M]. 吴刚平,安桂清,周文叶主编. 上海:华东师范大学出版社,2022:10。

和中华优秀传统文化,理解和践行社会主义核心价值观,逐步领会改革创新的时代精神。懂得坚持走中国特色社会主义道路的道理,初步树立共产主义远大理想和中国特色社会主义共同理想。明确人生发展方向,追求美好生活,够格个人追求融入国家富强,民族复兴、人民幸福的伟大梦想之中。①

有本领的具体要求包括:乐学善学,勤于思考,保持好奇心与求知欲,形成良好的学习习惯,初步掌握适应现代化社会所需要的知识与技能,具有学会学习的能力。乐于提问,敢于质疑,学会在真实情境中发现问题、解决问题,具有探究能力和创新精神。自理自立,热爱劳动,掌握基本的生活技能,具有良好的生活习惯。强身健体,健全人格。养成体育运动的习惯,掌握基本的健康知识和适合自身的运动技能,树立生命安全与健康意识,形成积极的心理品质,具有抗挫折能力与自我保护能力。向善尚美,富于想象,具有健康的审美情趣和初步的艺术鉴赏、表现能力。学会交往,善于沟通,具有基本的合作能力、团队精神。②

有担当的具体要求包括:坚毅勇敢,自信自强,勤劳节俭,保持奋斗进取的精神状态。忠实守信,明辨是非,遵纪守法,具有社会主义民主观念与法治意识。孝亲敬长,团结友爱,热心公益,具有集体主义精神,积极为社会做力所能及的贡献。热爱自然,保护环境,爱护动物,珍爱生命,树立公共卫生意识与生态文明观念。具有维护民族团结,捍卫国家主权、尊严和利益的意识。关心时事,热爱和平,尊重和理解文化的多样性,初步具有国际视野和人类命运共同体意识。③

对于上述"三有"新人是伟大复兴时代中国人外在形象和内在素养。具体到中国学生,又可以被高度概括"三块、六要素和十八点"(见表 6-2)。

---

① 中华人民共和国教育部官网. http://www.moe.gov.cn/jyb_xwfb/gzdt_gzdt/s5987/202204/t20220421_620068.html? eqid=8e5b9387007ea2.

② 同上。

③ 中华人民共和国教育部官网. http://www.moe.gov.cn/jyb_xwfb/gzdt_gzdt/s5987/202204/t20220421_620068.html? eqid=8e5b9387007ea2.

表6-2　中国学生发展核心素养①

三大板块	六个要素	十八点
文化基础	人文底蕴	人文积淀、人文情怀、审美情趣
	科学精神	理性思维、批评质疑、勇于探究
社会参与	责任担当	社会责任、国家认同、国际理解
	实践创新	劳动意识、问题解决、技术应用
自主发展	学会学习	乐学善学、勤于思考、信息意识
	健康生活	珍爱生命、健全人格、自我管理

　　上面是我国国家层面的、通用的培养目标。具体到地区和学校,则可以根据具体情况,特出自己的特色。如上海的中小学校可以基于上述培养目标和核心素养,依据上海城市精神"海纳百川、追求卓越、开明睿智、大气谦和"和自己学校的特色,凝练出自己学校特色的教育理念。具体到诸翟学校,凝练教风为"审近知远,成己成人"和学风为"知而获智,智达高远",教风和学风中就蕴涵了(且特别强调了)国际理解、批评质疑、勇于探究、追求卓越、开明睿智等内涵。

---

① 转自:吴金瑜.基于理解的学校教育[M].上海:上海交通大学出版社,2019:243。

第七章　驱动学校自觉改进的动能

2016 年,《国家创新驱动发展战略纲要》提出"到 2030 年跻身创新型国家前列,发展驱动力实现根本转换""2050 年建成世界科技创新强国,成为世界主要科学中心和创新高地".① 创新是我们当前时代的主旋律、品质和得以向好强的驱动力。国家的创新必然也体现在教育上的创新,必然体现在"发展中国特色世界先进水平的优质教育"②上。具体到中小学教育层面,就是经过"学校改进"激活办学活力,建设"家门口的好学校"。

好学校能"敏锐地洞悉自身内在发展的需求和矛盾,抓住机会优化学校内部各要素及运作机制,主动求变、主动发展的过程。"③换言之,好学校是有"自知之明"的内生式、主动发展的学校,即有教育自觉的学校。

学校如何改进,如何激活办学活力成为好学校？好学校改进的驱动能量(条件)是什么？对于这些问题的思考和探索,是一个自觉的义务教育管理者的标配。同样,对这些问题的思考、探索也是一个学校走向教育自觉的必经之路。

在本章,笔者先是考察一些学校改进研究成果,对一些高质量学校共同的精神特质和成为高质量学校的条件进行了总结。接着,笔

---

① 中华人民共和国官网. https://www.gov.cn/xinwen/2016—05/19/content_5074812.htm.

② 见 2019 年 2 月中共中央、国务院发布的《中国教育现代化 2035》。

③ 汤林春,冯明主编. 新优质学校成长路径[M].上海:华东师范大学出版社,2023.10:24。

者试图根据前述总结,构建一个基于自觉意义的学校改进动能模型。最后对这个动能模型进行了简单解释。特别注意的是,本书下篇的内容框架就是基于该模型展开的。

第一节　与学校改进动能相关的概念

现今"学校改进动能"没有一个明确定义,以笔者的认知,只能借助于组织动机、学校改进、学校效能等概念来解释它。

1. 组织动机

"组织动机"或"集体动机"是指推动一个组织或集体中的成员向共同目标努力的内在力量和外在因素。[①] 这个概念强调的是整个组织或团队的目标导向性,而不仅仅是个体成员的动机。动机是一个心理学概念,是指促使个体采取某种行动的心理力量。在组织中,动机是指激发和引导组织成员为实现组织目标而努力工作的力量。与个体动机不同,组织动机更关注集体目标和行为,强调团队成员之间的协作和共同目标,关注如何激发和维持组织成员的积极性、参与度和效率。

组织动机包括内部动机和外部动机两个部分。内部动机指的是个体对所从事的活动本身的兴趣所引发的动机。这种动机来自个体内部,例如对工作的热爱、对提升自身能力的渴望等。在内部动机的驱动下,个体愿意主动参与活动并从中获得满足感,即使没有外部奖励或压力也会愿意进行该活动。外部动机则是指由外部因素所激发的动机。这种动机不是由个体对活动本身的兴趣产生的,而是由外部的诱因或压力所引发的。例如,为了获得物质奖励、提升职位、获得他人的认可或完成任务等而进行某种活动。外部动机通常需要外部的刺激或激励来维持个体的行为动力。

学校是一个组织,故笔者认为"组织动机"适切考察"学校动机"。

---

① 王丽娟,高志军. 组织行为学视角下的员工激励研究. 企业经济 2013. (8)79—82。

2. 学校改进与学校自主改进

经合组织在国际学校改进计划实施中认为:"学校改进的目的是学校作为一个整体的变革(单纯的人事变革或单独一个教学内容的变革都不会有效)计划必须是系统的,并持续一个时期的。"①我国学者杨小微认为,学校改进是指学校在受到外力(如社会转型)或内力(如学校员工自主发展的强烈愿望)的推动下发生的组织形态、运行机制上的更新与改造。② 学校改进可以是整体改革,也可以是局部优化;既可以从办学理念着手并落实在学校办学的各个环节和层面上,也可以从学校的课堂教学、德育活动、课程开发、教师成长等着力点来推进。③ 综上所述,学校改进是一个复杂的、系统性的教育教学活动,处理它需要有系统的思维和方法。

中小学校自主改进是国家政策规定和地方行政约束的自觉创新行动。学校自主改进不同于各种形式的他主改进,它是学校积极、主动、自觉地设计、实施、评估、调整自己的改进活动,而不是在外界的各种压力和要求下被动地从事改进活动。学校自主改进聚焦宏观政策背景和地方行政约束下学校发展主体性、能动性、有效性和相对独立性的充分发挥。④

走向自觉的学校改进,是一种趋势和状态,当然包含在"国家政策规定和地方行政约束的自觉创新行动",也包括有自觉意识、但行动上多是在地方政府的政策性催动下和同侪的竞争性压力下进行学校改进。

3. 学校效能

以下"学校效能"的相关解释,基于我国学者汤林春(2005)⑤,梁

---

① 转自:王建学.中小学校自主改进策略研究[D].陕西师范大学.2021.5。
② 杨小微.社会转型时期学校变革的方法论初探[D].上海华东师范大学.2002。
③ 王建学.中小学校自主改进策略研究[D].陕西师范大学.2021。
④ 同上。
⑤ 汤林春.学校效能评价研究[J].上海:华东师范大学.2005。

歆和黄显华(2010)。[①],李华(2021)[②]等人的文献研究总结。

学校效能(School Effectiveness)是指一所学校在不同方面(如学生学业成绩、社会行为、毕业率及学生的长远发展等)达到其预定目标的能力。这通常涉及评估学校的教育质量和学生的学习成果,并且考虑到了学校的背景因素、资源和教育过程。学校效能研究的目的是要了解哪些学校的特征与学生的成功相关,以及如何能够复制这些成功的模式以提升其他学校的效能。

学校效能研究的背景可以追溯到 20 世纪 60 年代和 70 年代,那时候的教育研究开始关注学校因素对学生成就的影响。最早提出学校效能概念的是美国教育学者 James S. Coleman。随后,Ronald Edmonds 在 1970 年代提出了有效学校的概念,他通过研究不同社会经济背景下成功的学校,识别出了有效学校共有的一些特征。这些研究为后续关于学校效能和高效能学校的理论和实践奠定了基础。学校效能研究强调通过特定学校改进措施来提高所有学生的学术成就,特别是那些来自不利背景的学生。二十世纪末二十一世纪初,我国一批具有国际眼光的学者如谈松华、汤林春、梁歆、黄显华等,正是通过对美、英等国先进的学校改进及其学校效能研究,为中国特色的学校改进提供了基础性的理论。

高效能学校(High-Performance Schools)则是指那些在学生学习成果、教师和学生的满意度、管理效率、社区参与和其他关键指标方面表现突出的学校。高效能学校通常具备强有力的领导力、明确的愿景和目标、高质量的教学、积极的学校文化、有效的家校合作以及持续的自我评估和改进机制。

笔者以为,美国所指的高效能学校的概念类似我国的重点学校、示范性学校、新优质学校。

4. 能量构建

在美国学者 Michael Fullan 等人研究学校改进、学校效能过程

---

① 梁歆,黄显华.《学校改进:理论和实证研究》.上海:华东师范大学出版社.2010。
② 李华.美国循证支持的校长效能评价研究[D].南京师范大学.2021。

中,提出"能量构建"这个概念。Harris 和 Chrispeels 在谈到当前能量建构应该关注的问题时提到,没有强有力的伙伴合作,学校变革的努力是不会长久的,当外部的支援减弱的时候,学校的内部能量将不足以维持改进的实施。Smith 通过对 8 所学校(4 所中学和 4 所小学)的研究也显示出,能量建构是学校改进的核心要素之一他甚至提出,"从本质上来讲,学校应该致力于能量建构。"①

以笔者学研之力,还没有发现学校的能量建构具体定义。以下是笔者综合总结了《学校改进:理论和实证研究》②中有关能量构建的一些概念:(1)能量建构就是为人们学习如何做事而创造经验和机会。(2)能量建构包括政策、策略、资源和行动,这些都是为了提升人们推动学校前进的集体能力。(3)能量是一个复杂混合的概念,包括动机、技能、正向的学习组织条件和文化以及支持的基础结构。(4)学校改进要建构内部能量,而内部能量是教师和学校都能够为提升学生学习而投入到持久学习的力量。(5)学校能量是指内部能量,是全校员工为了实现增进学生学习的目标而产生的集体能量。(6)学校能量的可操作性定义为:学校能量是支持学习型社群(learning community)发展的特征。(7)构建学校改进的条件就是能量建构。(8)学校改进所进行的项目就是为创造学校改进的能量或条件。

笔者以为,"能量构建"(Capacity Building)是创造学校自主改进所需的一系列条件,即在而达成学校使命、目标或愿景,通过提升学校组织和其成员的知识、技能、工作效率以及信念体系的过程。它涉及一系列的改革和发展活动,旨在强化学校的内在能力,以应对教育挑战,提升学生的学习成果。"能量"则是达成学校使命、目标或愿景所需要的一系列条件,比如制度、知识、技能、活动、理念、方法、模式等,类似上海创建新优质学校过程中的"利用设计驱动发展,在'新优

---

① 转自:梁歆,黄显华.学校改进:理论和实证研究[M].上海:华东师范大学出版社.2010。

② 同上。

质学校'理念指引下,洞察学生和时代发展需求,分析校内外相关条件,因地制宜且有创意地制定学校发展的内容、方法与路径"①。

笔者还以为,满足了一定的条件(能量)后,学校就自觉地、持续地改进。因此,通过分析高效能学校的能量构建的因素和特征,就可以为我们走向自觉的学校(卓越)改进提供参考。

第二节　美、英高效能学校的动能特征

在国外的高质量中小学,如美国的高效能学校和蓝带学校、英国的卓越(outstanding)学校、新加坡的卓越学校等。

1. 美国高效能学校的动能特征

美国 19 世纪 60 年代至 20 世纪 20 年代经过五次大改革,前两次都失败了,只有第五次改革(即全面的学校改进)被认为是最成功的。② 高效能学校及其能量构建研究的过程也是美国教育研究者研究这五次改革成败的过程,对于我国教育管理者和研究者来说非常值得参考。

下面是美国几位知名教育学者对美国高效能学校的能量构建构成因素的论述③:

Barth(1990)和 Newmann 等人(2001)认为,校内的成员都成为学习者,共同管理、建立学习型社区、清晰的学习目标、课程的一致性、改进能够持续进行等是高效能学校能量构建的要素。这里课程的一致性是指,在一段时间之内学校应该有一个包括课程、教学、评

---

① 吕星宇,汤林春. 未来发展之路. 新优质学校成长路径. 汤林春,冯明主编. 上海:华东师范大学出版社,2023:7。

② 梁歆,黄显华. 学校改进:理论和实证研究[M]. 上海:华东师范大学出版社. 2010。

③ 转自:梁歆,黄显华. 学校改进:理论和实证研究[M]. 上海:华东师范大学出版社. 2010。

估和学习氛围在内的总体框架,并且用这个框架来指导一系列为学生和教师准备的计划。也就是说学校的课程、教学、评估和学习氛围应该相互协调。

Stoll(1999)提出了 13 种建构学校内部能量的策略:挑战低期待;关注人们对变革的感受;建立积极的气氛;包括学校人员间的信任、开放的态度和学校的客观环境;发展对变革过程的理解;培养良好发展的规范;促进支持专业学习;与校内外的同行一起工作;在需要的时候变革结构;扩展领导;关注反思探究;聆听学生的声音;在不同的影响中建立联系;促进集体责任感。

Youngs 和 King(2002)的研究认为,校长在能量构建中扮演关键角色,校长通过促进教师的专业发展可以帮助学校改进建构能量。

Sleegers 等人(2002)认为,学校改进的条件不应该只包括学校的组织结构,还应该包括学校的文化结构和教师个体。他们认为,学校改进的条件包括:革新型的领导;教师之间的合作;决策的参与;专业发展;教师的不确定感(feeling of uncertainty,各种影响教师教学效果的因素,笔者注)。革新型的领导关注愿景的建构,能够在变革的过程中尊重教师的意见并且在面对问题的时候关心教师、支持教师的专业发展,与此同时能够使教师关注有助于愿景实现的短期目标,对教师有高期待。就成功的变革而言,教师对变革的主观感受比客观感受更重要。

Hopkins 和 Jackson(2003)则提出了一个建学校改进能量的模型,包括五个方面:基本环境(包括稳定的系统、安全的工作环境等);个体能量(知识、技能以及主动的、反思性的知识的建构)人际能量(一起工作、分享目标);组织能量(为了组织进程持久发展,学校建立发展和重组结构,从而建立一个能够关注专业学习和关系建立的系统);外部机遇。

Gordon(2004)的研究目的是要强调专业发展之于学校改进的重要性,在他提出的研究框架中也提及了学校的能量建构。他认为能量建构包括:学校领导(主要指校长)的专业发展;学校文化的改进,即外部支援、信任和支持的建立,分享决策,批判性反思,愿景建立,支持实验和冒险,探究,合作,重构和长远的眼光;团队的发展和教师个体的发展。

以 Fritz 的结构动力学(Structure Dynamics)为理论基础,Burrello 等人(2005)提出学校能量的建构应该包括:分享的目标与原则(分享的目标是指道德目标,它是一个学校持续发展的动力;原则是指学校的核心价值);民主的社群建基于专业社群并包括学校所有持份者(stakeholder)的社群;课程的一致性;提升领导者的工作。

Gurr 等人(2006)在对澳洲成功的校长领导模式的研究中发现,对于学校改进来讲,成功的校长非常关注学校能量的建构和教学。通过对 14 个案例研究的分析,他们总结了学校能量的构成因素:学校能量由四个小的类别构成——个体能量、专业能量、组织能量和社群能量。个体能量指教师的个体能量,包括教师对其知识、态度、技能的理解,专业发展网络的建立,个体的专业教学论和新知识的建构;专业能量包括专业基础结构、教师作为领导者、团队建立和学校范围内的教学论;组织能量包括分享的领导、组织结构、组织性学习和建立一个安全的环境;社区能量包括社会资本、家校合作、社区网络和联盟以及关系的建立。

Fullan(2007)还提出了新技术和资源,提出了分享的认同与动机。他认为上述这三个方面分别独立就是个体能量,如果结合起来就是集体能量,相对应这两种能量之外还有一种是组织能量,包括了基础结构的改进,具体是指地方、学区和州层面所提供的变革的动力,如培训、咨询和其他支持。

但在众多的学校能量建构的文献中,只有一项研究是采用量化方法进行的。Hughes 等人(2005)在前人研究的基础上,制定了测量学校改进能量的量表,认为学校能量包括七个方面:实践的公平性、对学生表现的期待、不同的教学方式、改进计划的一致性、同侪观摩实践、协调的课程、技术资源。

Borthwick 还有基于学校改进的伙伴合作进行了专门研究,并提出了五个领域 13 个特征的基本框架:

(1) 目标:建立共同目标,即指私利和集体利益重合的部分。

（2）情境：合作项目的发展与实施建基于具体的情境中，要考虑到学区既有的程序和政治、学校的氛围以及过往失败或者成功的经验。

（3）成果：合作依赖目标的实现。合作伙伴倾向于收集数据来显示目标的实现、变革的成功。这些数据包括项目对学生、教师、学校、社区的影响。

（4）成员的特征和领导：多样互补能够增强合作；领导的风格也会随着时间的推移而变化。

（5）承诺：合作伙伴对项目的拥有感，这种承诺来自个人和组织层面。

（6）角色和责任：伙伴一旦形成，参与者的角色和责任就应该明确。成员的角色和责任与他们的专长相结合。

（7）资金以及其他资源：金钱、时间、空间和专业指导。

（8）联系、分享和互惠关系：即共生关系。

（9）沟通：所有参与者开放、真诚地交流。

（10）决策和行动计划：合作需要分享决策，行动计划提供了一个解决问题、确定实施的方法。

（11）团体动力：合作伙伴之间建立形成一种团队的工作关系，包括政治考虑、工作量、参与程度、成员的输入和感情以及时间的投入。

（12）探究、研究和评估：合作伙伴评估包括目标、成果、成员、需要、资源、互动以及合作阶段的所有方面。

（13）阶段：合作是一个动态的过程，包括发展稳定和制度化的过程。

在美国，"高效能学校"（High-Performing Schools）通常指那些在学生学术成就、毕业率、学生准备就绪度以及其他关键指标上表现出色的学校。虽然不同的组织和评估体系可能会有不同的评价标准，但高效能学校通常具备以下一些显著特征：（1）高学术标准：高效能学校为学生设置了高的学术期望，并通过各种标准化考试和评估工具证明了学生在阅读、写作、数学和科学等学科的出色表现。

(2)有效的教学方法:教师在这些学校采用证据为基础的教学策略,注重提高学生的批判性思维能力和解决问题的技能。(3)高效能的学校领导:高效能学校的领导者具有清晰的愿景和战略规划能力,能够有效地领导和激励教师和学生,同时也能够积极应对挑战。(4)持续的专业发展:这些学校通常为教师提供持续的专业发展机会,以确保教师能够不断提高教学技能和知识。(5)强调家校合作:家长参与和社区伙伴关系在高效能学校中得到强调,家长和社区成员通常积极参与学校活动和决策过程。(6)全面的学生支持系统:高效能学校为学生提供全面的支持系统,包括学术辅导、健康服务和情感支持,以满足不同学生的需求。(7)积极的学习环境:这些学校致力于创造一个安全、包容和鼓励学习的环境,学生在这样的环境中感到受到尊重并被激励去追求卓越。(8)数据驱动的决策:高效能学校使用数据来指导教学和学习,定期评估学生的进步,并据此调整教学策略和学校政策。(9)资源优化:这些学校有效地管理和优化资源,包括人力资源、财务和设施,以支持学校的教育目标。(10)持续改进:高效能学校致力于持续改进,经常评估和更新其实践以适应学生的不断变化的需求和教育趋势。

2. 英国的卓越学校的动能特征

英国早期(20世纪80年代至21世纪20年代)的学校改进运动经历三个时期。

在英国,"Outstanding"(杰出)是由教育标准局(Ofsted,Office for Standards in Education,Childrens Services and Skills)在其学校检查中授予的最高等级。Ofsted是负责监督和评估英国教育、儿童服务和技能的独立机构,其对学校的评估覆盖了一系列质量和表现指标。获得"Outstanding"评级的学校通常具有以下显著特征:

学术成就。学校的学生在关键阶段的考试和评估中成绩优异,包括基础阶段、关键阶段1和2的国家课程测试,以及关键阶段4的GCSE考试。

教学质量。学校的教学和学习被认为是极高水平的,教师能够激发学生的学习兴趣,提供丰富、有创意的课程,确保学生能够充分理解和掌握知识。

学生发展。学生不仅在学术上取得了优异成绩,还在个人、社交和情感发展方面表现出色。学生的行为和安全意识得到了很好的管理和维护。

学校领导。学校的领导者具有清晰的愿景和方向,以及能够有效地传达这些愿景,并通过良好的管理和高效的资源利用来实现这些目标。

学校文化和氛围。学校具有积极、包容的文化,鼓励所有学生参与并取得最佳学习成果。家庭和社区的参与也被积极地纳入学校的教育实践中。

持续改进。杰出学校对自我评估和改进持开放态度,不断寻找提高学生学习和福祉的新方法。

学生福祉。学校在确保学生福祉方面表现出极高的承诺,包括学生的身心健康、安全以及对特殊教育需要和残疾学生的支持。

学校环境。学校环境通常是支持性和激励性的,学校设施和资源被有效地用于支持学习和教学。

以上特征并不是详尽无遗的,但它们提供了一种框架,通过这种框架我们可以理解那些在提供高质量教育方面表现出色的学校的一些共同点。

3. 促进学校教育效能的一般因素

由荷兰学者雅普·希尔伦斯(Jaap Scheerens)教授等人对美、英、荷兰等国有关学校教育效能研究进行了综合分析,总结了这些西方国家有共性的 14 项促进效能的一般因素。[①]

---

① (荷)雅普·希尔伦斯(Jaap Scheerens),(荷)塞斯·格拉斯(Cees Glas),(英)萨利·M.托马斯(Sally M. Thomas)著;教育评价与监测:一种系统的方法[M]/边玉芳,曾平飞,王烨晖译.北京:教育科学出版社,2017.10:P254。

表7-1　促进学校教育效能的一般因素

1. 成就导向/高期望/教师期望
2. 教育领导力
3. 员工的一致性和合作性
4. 课程质量/学习机会
5. 学校氛围
6. 可评价的潜力
7. 家长的参与
8. 班级风气
9. 有效地学习时间(课堂管理)
10. 结构化教学
11. 独立学习
12. 差异化、适应性教学
13. 对学生进步的持续记录
14. 反馈与强化

在上述概念中,"高期望""学习机会""一致性""可评价的潜力""适应性教学""反馈和强化"等是欧美教育教学及其研究中常用的词汇,对于包括笔者在内的一般教学者来说比较晦涩难懂。现笔者通过查阅相关网络和文献,用我们中国教师可以理解的语言简单解释如下,以供参考:

高期望:意思就是提升适当的目标和要求,不太高也不太低,要跳一跳才能够得着。当教师和学校对学生持有高期望时,意味着他们相信所有学生都能达到高水平的学术成就。这包括对学生的学习能力和潜力持积极的信念,以及鼓励学生追求卓越和努力学习。高期望通常会传达出这样的信息:通过努力和坚持,每个学生都能成功。研究显示,当教师对学生持有高期望时,学生往往会表现得更好,因为他们感受到教师的信任并为了达到这些期望而努力。高期望同样适合教师。如对教师和学生设置合适的有挑战性的学业、工作、发展目标,对教学质量有明确且最低的要求,鼓励教师和学生取得更好成绩,降调"增值"和进步,等等。

　　一致性：在教育环境中，一致性指的是教育过程中的规则、程序、方法和行为保持稳定和持续。这意味着教师在课堂管理、教学实践和评估标准上的一致性。此外，一致性也有助于建立清晰的目标和标准，使学生知道他们需要达到什么样的行为和学术水平。此外，还表现为达成共识，如就对学校使命、教学目标、评估标准、学生规范、教师规范、教师间合作的重要性等达成共识等。

　　学习机会：学习机会是指提供给学生的各种情景、资源、活动和互动，使他们能够获得新知识或技能。它包括课堂上的直接指导、小组活动、实验、外部教育活动、家庭作业以及任何其他促进学生学习和发展的经验。确保所有学生都有平等的学习机会是教育公平的重要组成部分。如课题上采用多样的教学方法、布置不同类型或不同程度难度的作业，以便使得所有学生都能平等地获得机会。

　　适应性教学：适应性教学是指教师根据学生的不同需求、兴趣和学习能力调整教学方法和内容。这种教学策略包括个性化的学习计划、分层任务、不同难度的问题预设。适应性教学的目的是为每个学生提供最适合其学习风格和速度的教育，以促进所有学生取得最大进步。

　　可评价的潜力：就是指有科学的、系统的、动态的、持续的、能反映事实的评价能力。比如强调评价的作用和结果，有科学的评价工具和方法，对过程能够进行评价，有合适的评价周期，有完整有效的学生学习活动记录等。

　　有效地学习时间。比如对学生强调时间管理的重要性，在课堂留出足够的时间让学生思考，日常要留出足够的时间让学生理解、预习和补习等。

　　独立学习。是指学生在老师的指导下，发展自主学习的能力，这包括能够独立寻找信息、解决问题、设定目标、管理时间、评估自己的学习进度以及反思学习过程。独立学习鼓励学生在教师的支持和框架内，逐渐承担更多的学习责任。

　　反馈和强化：反馈是指对学生工作、表现或行为的信息反馈，旨在告知他们的进展和需要改进的地方。有效的反馈应该是及时的、具体的、建设性的，并与学习目标相关。强化则涉及增强某些行为的策略,通常是通过奖励系统来鼓励学生重复期望的行为或表现。正面强化可以增加学生继续采取某种有利行为的可能性,而及时、恰当的反馈可以帮助学生了解如何改进。

第三节　中国好学校的动能特征

至目前为止,中国好学校的称谓可根据发展历程分为:重点学校、示范性学校、优质学校和新优质学校。上海市首倡的新优质学校成长内容和路径是当今中国中小学校改进的主流方向。

1. 重点中小学

为因应建国初期迫切需要大批优秀人才,1953 年 6 月教育部出台《关于有重点地办好一些中学与师范学校的意见》,提出要建设“重点学校”。之后,因“文革”冲击,重点学校建设几近中断。1978 年,教育部出台了《关于办好一批重点中小学试行方案》,指出要切实办好重点中小学,提高学校办学质量,培养优秀人才,重点学校又进入了快速发展的阶段。

重点学校鲜明的特征就是“两高两多”:大学升学率高,名师教学技能高,吸收的高分学生多,国家支持资源多。“在这一时期内,通过集中资源的方式打造了一所重点中学,为国家输送了一大批优秀人才,对我国经济建设作出了巨大贡献。同时,重点中学集中资源率先发展,成为先进教育思想、教学理念的根据地,探索出一些较为成熟的办学模式,给普通学校的发展做出了良好的示范,积累了宝贵的经验。重点学校也造成了资源的垄断,其自身的发展是建立在牺牲其他学校发展机会的基础上的。因此,我国政府逐步取消了“重点学校”政策,取而代之的则是‘示范性高中’政策。”①

---

① 顾明远,马健生,滕珺. 中国学校研究[M]. 北京:高等教育出版社,2017. 2 (p245)。

2. 示范性高中

1995 年,国家教委下发了《关于评估验收 1000 所左右示范性普通高级中学的通知》和《示范性普通高级中学评估验收标准(试行)》(以下简称《标准》)。《通知》阐述了"示范性高中"评选的目标、步骤及相关说明。而《标准》则详细列出了示范性高中评选的具体要求。通过评选目标和评选标准,我们可以得出有关示范性高中的一些特征①:

价值取向回归人本。要求示范性高中能够全面贯彻教育方针,模范执行教育法律法规和有关政策;不再把升学率和学生成绩看作最重要的指标,而是强调"德智体美劳全面发展"。

高质量的办学成效。示范性高中必须在德育教育、教学改革、教师素质、学校硬件条件和学生的德智体全面发展等多个方面取得显著成效。

高标准的硬件环境。如校园占地面积,市学校一般每生不少于 25 平方米,农村学校一般每生不少于 30 平方米。教学设施设备齐全,有满足教育教学需要的各类教学和教学辅助用房、设施、设备、仪器、标本、模型、挂图等。对于学校图书馆的阅览室座位数量和藏书量也有详细的规定;教师资料室和学生阅览室的座位分别按不低于教师总数的 40% 和学生总数的 20% 设置。藏书量为每生 50 册以上,报刊种类达到 150 种以上,工具书、教学参考书种类达到 300 种以上。这些要求都十分细致和全面,促进了学校在建设过程中不断完善其硬件条件,以便给学生提供更加舒适的学习环境。

同时拥有荣誉与责任。示范性高中不应该成为进一步拉大教育资源分配不公的手段,而应该合理调配其资源发挥其最大的效用。各省市都出台了相应的规定,要求将示范高中按一定名额和比例招收本区或外区相对落后的初中校,以便更多的学生有机会进入优秀

---

① 以下几点为笔者概括或转自:顾明远,马健生,滕珺. 中国学校研究[M]. 北京:高等教育出版社,2017.2:249—250。

高中就读,在一定程度上缓解教育资源分配不公的问题。同时,获得示范性高中荣誉的学校需通过选派干部和骨干教师、提供设备和场地、联办学和办分校等多种形式帮助一般高中,尤其是薄弱高中,并取得显著效果。这显示出示范性高中不仅是一种荣誉,还要承担一份责任,要发挥优质教育共享的功能。示范性高中要做到用先进的教育理念引领革新,并且将这机理传播到其他学校,即普通学校和薄弱学校。

建立共享资源。鼓励示范性高中通过多种途径发挥资源共享的作用,如派出骨干教师到薄弱学校担任教师,建立和完善高中校际教育资源、设备设施共享机制,积极探索并逐步建立示范高中与一般高中之间校长、教师的轮岗、交流制度。这不仅需要政府相关规定的引导与管理,还需要其积极主动地进行探索。

此外,著名教育家顾明远教授的课题组还以北京 ES 中学为例,就其申报"示范性高中"的动因做了实证研究。根据研究结果,课题组认为该校有以下直接动因[①]:

(1) 期望获得前所未有的发展机会。ES 中校长表示:"那种感觉就像是在准备申奥……。申请示范性高中成为学校阶段性发展目标。全校的口号、老部所有关注点,领导干部的目标,都是建设示范性高中。"

(2) 期待得到国家和社会认可。ES 中学以此(申办示范性中学)激发学校员工对学校的认同感和荣誉感。校长对此表示:我希望学校的老师和干部都能够以学校为骄傲。可以说'示范性高中'的评选给予了更多学校参与学校评估的机会,能够有机会得到政府对其办学质量的肯定,这种机遇对学校来说非常珍贵。

(3) 期望获得附加的品牌效益。挂上"示范性高中"的牌子,就像给学校贴上了一个"优质学校"的标签。这个标签是政府赋予的,代表国家对于学校办学质量的认可,并进一步获得学生和家长的认

---

① 顾明远,马健生,滕珺. 中国学校研究[M].北京:高等教育出版社,2017.2:249—250。

可,因此"示范性高中"这一标签可以给学校带来更大的效益。校方认为,如果学校能够被评选为市级示范性高中,学校的整体形象将得以提升,可能会有更多优秀的学生愿意到本校就读,进而改善学校的生源。

(4)获得实在的经济利益。学校成功入选示范性高中后政府会对学校有一定的政策倾斜,能够给学校带来一定的经济、政策支持。ES 中学校长认为:"我们设想,评选上示范性高中之后可能给予学校的经费会多。经费提高了,那么学校的办学经费可能会更加充裕,教师工资也可以一定幅度地上涨。或者在其他方面,如果评选上示范性高中后政府可以给予学校更多的人员编制,学校就更有可能招到好老师,老师的负担也会轻一些。这也是我们想要参加示范性高中评选的一个很大的动力。"

3. 优质学校

(1) 优质学校动能内涵

在中国大陆随着"示范性高中"建设和发展,其资源垄断性弊端开始显现,也不能很好地改变教育"功利主义"的局面。同时,我国义务教育基本均衡逐步实现,优质均衡发展成为时代课题,人们渴望更加公平地享受优质教育资源。2001 年 5 月,国务院全国基础教育工作会议发布《关于基础教育改革与发展的决定》,"标志着我国基础教育从追求数量规模的发展进入了追求质量提升的新阶段"[①],即优质教育阶段。

人们对优质学校的理解经历了一个发展过程。起初,人们评价一所学校质量的高低,主要看其升学率。升学率高的学校就是高质量的学校。其后,人们意识到仅有升学率是不够的。学校还必须重视学生全面素质的提高,能让每一个学生的潜能都得到全面、和谐自由、充分与持续地发展,使他们有更好的学业成就、更健全的心理品质、更和谐

---

① 梁歆,黄显华.学校改进:理论和实证研究[M].上海:华东师范大学出版社.2010:63—73。

的人际关系、更强健的体魄、更高尚的道德情操、更开放的思想观念、更高的创新精神与实践能力。后来,人们认识到,优质学校不只在于结果方面的"质的规定性",更在于过程方面的"质的成长与提升"。优质学校就是能够不断获得和合理运用自身能力,改善学校文化、提升学校管理和教师能力,最终促进学生全面持续发展的学校。有人认为优质学校应包含以下基本内涵:共享的文化、鼓励学习的机制、智慧凝聚过程、兼容差异、关注每一个学生、追求卓越坚持变革创新、系统内外协测、有一套整体改进策略、保障自主办学、全员参与和成长等。也有人认为优质学校是在"人员,财物,事务,气质"等方面达到了相应的办学标准,能全面促进学生生动活泼地发展和健康自由成长的学校。①

（2）优质学校改进的能量构建模型与应用

来自香港大学的学者梁歆和黄显华根据美英等发达国家的中小学学校改进及其能量构建理论和实践(见本章第二节),总结了五类学校改进能量构建模型②,并于 2007 年至 2008 年将该模型作为北京两所中学的(从普通到优质)改进的指导原则,收到了良好的效果。

梁歆和黄显华的"五类学校改进能量构建模型"为内部能量和外部能量两类,简述如下:

（1）内部能量构建:内部又细分为分享目标(学校发展愿景、目标和对学生的期待)、教师发展(个体发展和群体发展)、组织能量(非正式组织和校园文化)、课程与教学(课程的一种性和技术资源支持)、学校领导(愿景构建、尊重教师、对教师抱有高期待、赋予教师决策机会、以身作则)。

（2）外部能量构建则包含与大学、其他学校、家庭和社区的合作。

4. 新优质学校

（1）扩优提质成为全国共识

2009 年和 2012 年,上海市连续两次参加经济合作与发展组织

---

　　① 梁歆,黄显华.学校改进:理论和实证研究［M］.上海:华东师范大学出版社.2010:63—73。

　　② 同上。

（OECD）开展的国家学生评估（PISA 测试），结果显示：在阅读、数学、科学三项测评及总分上均居 65 个参与国家和地区的首位，且均衡程度较高，表明上海基础教育的"托底"工作做得比较成功。尽管上海基础教育质量及均衡程度达到了一定水平，但择校问题、课业负担问题、应试教育现象仍然令人担忧。2011 年 3 月，上海市召开基础教育工作会议，提出基础教育"五个转型"①，"为了回归教育本原，贯彻内涵建设转型发展的要求，上海市教委委托上海市教育科学研究院普通教育研究所实施'新优质学校推进'项目"②。在实施期间，又提出了"新优质教育"的概念，正式"拉开了探索新优质学校建设的序幕。"③

　　经过十几年的发展，上海"新优质学校推进"项目取得了丰硕成果，除了研究成果获国家级和上海市大奖外，新优质学校的理念和经验进一步得到广泛认同，在国内外产生了深刻且积极影响。自 2011年至今，通过项目实施，不仅使得上海本地近 200 所学校"升优"，还发现了一大批在基层一线坚守教育理念、推进学校变革、取得优异办学质量的校长。这些校长在学校营造的变革场中获得了新的成长；研究成果在安徽合肥、江苏无锡、浙江温州等地得到推广，这些地区不仅学习新优质学校的理念、策略与案例，更是将"新优质学校推进项目"的工作方式进行推广和移植，涉及学校上千所。同时，上海市师资培育中心也将新优质学校建设纳入上海市对口支援 11 市（州、地、区）的交流培训项目，对西藏、贵州等地校长及其他干部进行培训。④

　　上海新优质项目的实施为中央的教育决策提供重要参考。发展

---

　　①　即教育价值要从片面重视分数到全面重视育人，教育评价要从唯分数论到学生综合素质评价，课程教学要从以教为中心到强调以学为中心，教师发展要从重视专业发展到重视境界提升，教育管理要从重视行政领导到重视专业引领等。

　　②　汤林春，冯明主编. 未来发展之路. 新优质学校成长路径[M]. 上海：华东师范大学出版社，2023.10：P6—7。

　　③　同上。

　　④　中国教育新闻网. https://baijiahao. baidu. com/s? id ＝ 178449183067701
9766&wfr＝spider&for＝pc。

新优质学校显然成为国家推进义务教育优质均衡的重要举措。2019年,中共中央、国务院发布《关于深化教育教学改革全面提高义务教育质量的意见》正式且明确要求:"发挥优质学校示范辐射作用,完善强校带弱校、城乡对口支援等办学机制,促进新优质学校成长。"2023年7月,教育部、国家发展改革委、财政部联合印发了《关于实施新时代基础教育扩优提质行动计划的意见》,又提出"促进新优质学校成长,制定区域优质学校成长发展规划,倾斜支持帮扶有一定基础的学校加快成长为优质学校,办好家门口的每所学校。""加快新优质学校成长。根据区域优质均衡发展目标,按照3至5年一周期制定新优质学校成长发展规划,落实支持政策和保障措施,通过高起点举办新建学校、改造帮扶基础相对较好的学校等方式,加快办好一批条件较优、质量较高、群众满意的"家门口"新优质学校。"以新优质学校建设推动基础教育扩优提质成为全国上下共识。①

（2）新优质学校的特点

新优质学校与传统优质学校的三个不同:

一是在办学条件上。坚持不挑选生源、不超常规聚集资源。这与在教育普及程度不高、教育资源相对匮乏的年代,集中优势资源办少数优质学校不同,它旨在解决常态条件下学校如何走向优质的问题,面向每一所学校。

二是在育人过程上。强调育人为本、科学探索。这就与功利主义教育和应试教育划清了界限,坚持全面质量观,不片面追求考试分数、升学率和成绩排名,不以增加学生过重课业负担、牺牲学生身心健康为代价,而是回归育人本源。真正以学生身心健康发展为追求,以学生的精神品格成长为重点,通过主动探索,按知识发展规律、学生认知规律、教育教学规律办事,体现学校的办学品质。

三是在教育结果上。追求持续进步、百姓满意。这与以往分层发展不同,以往优质学校属于顶层学校,只有少数学校,只为少数人

---

① 中华人民共和国政府官网. https://www.gov.cn/gongbao/2023/issue_10726/202309/content_6906513.html.

服务,而新优质学校是跟自己比每天有进步的学校,覆盖绝大部分学校,是为大多数人服务的学校,是让老百姓满意的学校。①

（3）新优质学校的五个主要精神特征

有教无类:公平、公正地对待每个孩子,关爱每一个学生,尽量减少由于家庭经济条件和文化水准差异给学生发展带来的不利影响。

回归本原:不追求分数排名,而要追求尽可能满足学生的发展需求,适应学生差异促进每个孩子的健康快乐成长;遵循教育教学及办学规律,促进学生全面而个性地发展,促进学校可持续发展。

主动探索:有强烈的提升与变革意愿,积极从校情、学情出发,开展课程教学变革,家校合作,建立良好师生关系,主动探索提升学校办学水平的有效策略,建立学校内在的主动的发展机制。

追求百姓满意:在政府均衡配置教育资源的前提下,办学水平明显提高,学校和社区积极互动,成为周边百姓满意的好学校,成为家长和学生愿意选择的好学校。②

笔者以为,自主自觉也是新优质学校的精神特征。一个教育上自觉的"新优质学校",必定是追求和强调主动发展和内生式发展的学校。在"新优质学校"建设过程中,必定"要求学校要求主动发展的愿望",要"构建主动发展机制""形成自我诊断、自我计划、自主实施、自我评价、自我改进的能力。"③

（4）新优质学校成长路径

目前,在有关新优质教育和新优质学校建设的研究成果中,笔者以为,由上海市新优质学研究院正、副所长主编的《新优质学校成长路径》④是其中的一个集大成式的纲领性的研究成果。该书主要阐

---

① 转自:汤林春,冯明主编.新优质学校成长路径[M].上海:华东师范大学出版社,2023.10:P2。

② 胡兴宏主编.走向新优质——"新优质学校推进"项目指导手册[M].上海.上海教育出版社,2014:10。

③ 汤林春,冯明主编.新优质学校成长路径[M].上海:华东师范大学出版社,2023.10:24。

④ 汤林春,冯明主编.新优质学校成长路径[M].上海:华东师范大学出版社,2023.10:40—44。

释了什么是新优质学校以及如何建设新优质学校。在如何建设新优质学校部分，该书提出了以下四种基本路径：

一是理念引领路径。主要以办学理念来引导办学。无论以何种办学理论来统领建设新优质学校，都要回归教育以人为本的本源，"为党育人、为国育才"的使命。"理论引领路径要经历思想理念学习、办学理念构建、办学理念具体化、办学理念实践化、学校文化嬗变等阶段"①。主要的价值驱动动能有激活自身文化基因、注重非功利价值认同和构建一致的共享式学习共同体。主要的内涵发展动能在于让学校成为主动成长的共同体，其下位策略有拓展校本认识、提升生命自觉、重塑成功标准和转换行动逻辑。其他特色式的策略有：让教师对理念产生归属感、提升教师对教育理论的理解力、提升学校行动的一致性、提升学校的特色。

二是问题突破途径。其主要路径是聚焦学校主要问题，集中资源，解决问题。在解决问题的路径，适度打破平衡，进行组织、制度、教学范式、评估方法等方面的重构。"该路径一般采用行动研究范式比较有效：明确问题、制定计划、实施计划、分析效果、提炼经验、形成常规。"②问题突破途径应该建立起"问题正是学校发展契机""问题突破是学校不断进步的过程"这样的学校改进价值观。

三是优势带动路径。发现优势、总结优势、强化优势，依赖优势，逐步达成积极结果，以此鼓舞士气、建立信心，螺旋促进学校变更和发展。优势带动路径推崇欣赏型探究，从"肯定性话题"开始，流程上经过发现——梦想——设计——实践四个阶段。③ 优势带动路径应以积极心理和优势理论来审视学校的管理与教学，老师与学生。建立新优质学校的过程中，强调积极的心理和态度，强调积极的价值观以驱动学校成长。这些价值观包括但不限于："爱""相信""每一所学校都有发展潜力与无限发展的可能性""每一位学生都有无限发展的

---

① 汤林春，冯明主编. 新优质学校成长路径［M］. 上海：华东师范大学出版社，2023.10：40—44。

② 同上。

③ 同上。

可能性""因为相信所以成就"。

四是评价促动路径。按上海新优质学校研究院开发的"新优质学校认证体方案（1.0版）"为指导，从"学生的全面可持续发展、适切的课程、有效而差异化的教学、积极向上的教师队伍、聚焦学习的领导力、优质成长力"六个领域进行评估和认证，同步进行"以评带建促发展"。评价就是价值判断，这六个领域的都有具体的价值导向，如"适切的课程"板块的标准以"以生为本、优化实施、培育素养"为价值导向，引导义务教育学校的课程决策回应本校学生的特点与差异，基于课程标准推进教学评一致，促进学生素养的培育。① 坚持评价多元化。

第四节 走向自觉的学校改进动能

"新优质学校"建设强调主动承担"为党育人、为国育才"的崇高使命，强调学校主动发展，坚持内涵发展，坚持主动探索，培养学生主动学习等②，是"对中国教育传统、中国教育特色、中国教育问题的自知之明，也是对当今时代世界教育背景、世界教育主题、世界教育趋势的深刻理解，在此基础上，经过自主适应、综合创新，来建构一个新的现代化的教育体系"③，是当今中国教育自觉的代表和表现，与诸翟学校的"使觉教育"之使命、责任、自觉高度吻合，亦是"使觉教育"的追求。使觉教育的学校发展观就是"新优质学校"的发展观（具体见本书第五章）。

因此，借鉴已经形成的和探索未来的"新优质学校"建设的经验、路径、模式、内容和方法，也正是笔者探索的"学校自觉改进动能"。

自2018年9月始至2021年9月，诸翟学校进行了为期三年的

---

① 汤林春，冯明主编. 新优质学校成长路径［M］. 上海：华东师范大学出版社，2023.10：190—191。

② 同上。

③ 邬志辉. 教育创新与教育自觉［J］. 当代教育科学，2003（22）。

"新优质学校"的项目建设。回顾项目实施历史和总结项目经验,结合上述第二节和第三节国内外高质量学校改进动能理论及实践,笔者(略去繁杂的标记、归类等研究方法)提出"学校自觉改进的动能模型"。该模型中包含十类动能:愿景、目标与期望引导;价值与理念驱动;政策驱动;校长主导的教育领导力;技术与资源动能;教师发展动能;外部合作动能;学生参与塑造动能;连续性机制与活动链接;环境约束(法律法规与道德规范契约)。

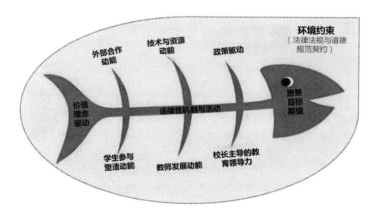

图 7-2　基于自觉的学校改进动能模型

1. 愿景/目标/期望引导

根据历史和当下现实,构建一个智达高远的愿景和制定一个明确的目标,是为世人公认的学校改进动能。"共同愿景的形成,不仅仅是学校有了一种全体教师共识的教育愿景,更重要的是让学校的员工自觉地投入而非被动地遵从,并奉献于学校教育变革中。"①明晰的学校愿景、使命和目标能帮助所有学校成员凝聚力量,集中精力实现共同的教育目标。同时,对教师和学生提出合适的、有挑战性的期望、要求和目标,也有利于教师和学生取得更好成绩。这包括对学生的学习能力和潜力持积极的信念,以及鼓励学生追求卓越和努力

---

① 吴金瑜.基于理解的学校教育[M].上海:上海交通大学出版社,2019:199—200。

学习。高期望通常会传达出这样的信息：通过努力和坚持，每个学生都能成功。

表7-2　学校自觉改进动能——愿景/目标/期望引导

1. 愿景/目标/期望引导	构建合适的学校愿景	
	陈述符合学校身份的使命	如"培养终身学习者和负责任的全球公民。"
	构建合适的学校发展目标	短期目标，中期目标，短期目标；部门发展目标；教师发展；课程发展目标；教学目标，等等。
	建立合适的、有挑战性的期望	对老师的期望；对学生的期望。

【实践案例】

诸翟学校的愿景和目标

诸翟学校以核心素养为目标导向，培养"自主自觉、智达高远的伟大复兴新时代中国人"为使命，诸翟学校申办了建设"新优质学校"项目，制定三年（2018年9月至2021年9月）达成"新优质学校"成为"家门口的好学校"的中期目标。在这个中期目标的框架下，学校又制定了一系列的子目标和计划，如教师发展目标和计划、部门（学科）发展目标和计划（计划里有目标）等。

2. 价值与理念驱动

驱动学校成长的动能核心在于学校坚守的价值观和教育思想。教育的根本问题在于"培养什么人、为谁培养人、怎么样培养"，首要问题在于"培养什么人"。培养全面的人、培养"有理想、有本领、有担当"的人、培养中华民族伟大复兴新时代的中国人。这就是任何中国学校都必须也应该坚守的最核心价值观。

新优质学校坚守的价值观和教育思路包括但不限有的价值和理念有：公平、公正地对待每个孩子；关爱每一个学生，尽量减少由于家庭经济条件和文化水准差异给学生发展带来的不利影响；不追求分数排名；促进学生全面而个性地发展；坚持内涵、主动发展。

学校所坚持的价值和理念（教师观、发展观、学生观、发展观等）始终贯穿于学校治理、课堂教学、制度制定、组织活动和评价活动中。

当然驱动学校从普通走向"新优质"的动能，还有自身发展需求或矛盾、荣誉、自尊（不甘落后）和经济利益等，这些都属于价值范畴。

【实践案例】

诸翟学校"使觉"价值和理念驱动举例

诸翟学校以社会主义核心价值观为核心，以培养"三有"新时代中国人为目标，凝练基于"爱国、自觉、责任"为基底的"使觉"办学理论，在教育教学过程中，通常以下价值与理念驱动学校改进：

	层 次	举 例
使命和理念驱动	学校使命和培养目标	培养有理想、有本领、有担当的人为首要教育目标，以培养中国学生18点核心素养为价值导向；①
	学校治理	集体主义，合作，互信，共赢，共享，自觉，使命，责任，担当等。
	课程管理	个性化发展，全面发展等。
	课堂教学	以学生为本，尊重、公平、平等，自主学习等。
	教师发展	教师是学校最宝贵的资源，是助燃学生生命之光者，是自身发展的觉醒者，是教育现象的觉察者和教育规律的觉悟者。教师是学生学习和发展的引导者和促进者，而不是单纯的知识传授者。教师是学校发展的关键，尊重、赋权，公平，不以学生考试成绩作为业务能力的唯一或主要评价标准等；自我教育、自觉发展。
	教师与学生的评价	公正，公平，多元等。

① 人文积淀、人文情怀、审美情趣；理性思维、批评质疑、勇于探究；社会责任、国家认同、国际理解；劳动意识、问题解决、技术应用；乐学善学、勤于思考、信息意识；珍爱生命、健全人格、自我管理。

（续表）

	层　次	举　例
使命和理念驱动	学生管理	坚信每个孩子本质上都是拥有独特个性和巨大潜能的人，是教学活动的合作者，学校文化的塑造者和未来"中国梦"的实现者；爱，鼓励，相信每一个学生有无限发展的可能性，善良，同情，平等，尊重等。自我认知、自尊自信、自主学习。
其他价值驱动	精神追求	自尊（不甘落后），荣誉等。
	物质追求等	工作稳定，工作环境，经济有保障，职称等。

3. 政策驱动

国家领导人的指示，政府及教育部门出台的指令、意见、规划、计划，等等，这些都可以归纳政策性工具。这些政策性工具既然包含办学方向、理论和方法，同时提供权利、荣誉、资金、安全、培训、激励等保障，为学校改进提供了外部驱动力和发展保障。以下是近两三年的一些有关教育改革与发展的政策性工具：

2021年起，教育部实施"优师计划"，每年为832个脱贫县和中西部陆地边境县中小学校培养1万名左右本科师范生；2023年，启动实施国家优秀中小学教师培养计划，支持"双一流"建设高校为中小学培养研究生层次优秀教师；"国培计划"深入推进，中小学教师科学素养提升行动计划启动……中国特色教师教育体系形成新局面……5年来，教师地位待遇提升，广大教师的职业获得感、幸福感、荣誉感进一步提升。目前，各地已基本实现义务教育教师平均工资收入水平不低于当地公务员平均工资收入水平的政策规定；以公租房、保障性租赁住房和共有产权住房为主体的住房保障体系不断完善，教师安居乐业、安心从教更有保障；目前，中西部22个省份715个原连片特困地区县实施了乡村教师生活补助政策，覆盖约7.3万所乡村学校，受益教师约130万人。[1]

---

[1]　中华人民共和国教育部. 推动教育强国建设行稳致远——5年来我国教育事业改革发展综述. http://www.moe.gov.cn/jyb_xwfb/s5147/202309/t20230908_1078972.html.

2020年10月,中共中央、国务院印发的《深化新时代教育评价改革总体方案》公布,这是新中国第一个关于教育评价系统改革的纲领性文件。由此,唯分数、唯升学、唯文凭、唯论文、唯帽子的评价体系"老大难"问题,开始破题。2021年7月,中共中央办公厅、国务院办公厅印发《关于进一步减轻义务教育阶段学生作业负担和校外培训负担的意见》,明确提出"强化学校教育主阵地作用,深化校外培训机构治理,坚决防止侵害群众利益行为,构建教育良好生态,有效缓解家长焦虑情绪,促进学生全面发展、健康成长"。劳动教育纳入培养社会主义建设者和接班人的总体要求之中,各地各校将德智体美劳五育并举落实在育人全过程。2022年1月,中共中央办公厅印发《关于建立中小学校党组织领导的校长负责制的意见(试行)》,提出健全发挥中小学校党组织领导作用的体制机制,确保党组织履行好把方向、管大局、作决策、抓班子、带队伍、保落实的领导职责。党的二十大报告明确提出,到2035年建成教育强国,并对教育、科技、人才进行统筹安排、一体部署,吹响了加快建设教育强国的号角。①

2018年开始,上海市大力实施公办初中强校工程,经过5年左右的努力,取得了积极的成效,办学特色明显增强、整体办学质量明显提高、家长对学校的满意度明显提升,陆续成为"家门口的好初中"。2023年上海推出新优质学校高质量发展引领计划,计划提出"提高142所乡村学校办学水平""着力把近200所公办初中办成'家门口的好初中'"。②

在中国特色的社会主义国家里,这种自上而下的政策性工具动能甚至成为驱动学校发展的主导力量。

---

① 中华人民共和国教育部.推动教育强国建设行稳致远——5年来我国教育事业改革发展综述. http://www. moe. gov. cn/jyb_xwfb/s5147/202309/t20230908_1078972. html.

② [上海市教育委员会官网.建设新优质学校,促进学有优教[S]. http://www. moe. gov. cn/fbh/live/2023/55484/sfcl/202308/t20230830_1076875. html]

【实践案例】

诸翟学校的政策性动能举例

自 2013 年开始,诸翟学校在创建"新优质学校"过程中,国家、上海市和闵行区三级资金投入支持学校兴建新校舍焕然一新,大大改善了师生工作与学习的环境,培养了师生对学校的热爱,促进了学校发展。2019 年,上海教育管理部门推动学校与上闵外集团合作开展"强校工程",又加速提升了学校由向强的步伐。

4. 校长为主导的教育领导力

以校长的为主导的教育领导力对于设定学校文化、激励工作人员和推动学校发展至关重要,是驱动学校改进的主要动能,甚至是关键性动能。以校长为主导的管理团队在管理学校过程中,要为学校未来发展进行顶层设计,紧抓学校教育教学,带领并协调好整个团队,塑造并创新学校文化,突出学校特色,实现学校改进目标。这种教育领导力作为一种综合能力,主要体现价值领导力、愿景领导力、顶层规划领导力、课程领导力、团队领导力和文化领导力上。但要校长担负起主导学校发展的责任,上级就必须赋予校长相应的权力,这种赋权本身亦是学校改进的动能。

特别注意的是,笔者以为,在学校内部,以校长为主导的教育领导力是学校改进的关键动能。但不可否认是的,这种校内教育领导力还必须取得来自上级教育主管部门的领导力的支持,甚至可以说,没有上级教育领导力支持,就没有校内教育力或者校内教育力就会大打折扣。

毫无疑问的是,诸翟学校及笔者等一行校内主管领导都是幸运的,因为身处上海,从市到区乃至到镇教育行政领导,其思想开明,格局大而眼界前瞻,思路清晰且实用,为我们学校改进提供了强大的思想、精神和物质支持,诸翟学校才得以成为家门口的"新优质学校",并正在由"优"向"强"迈进。

5. 技术与资源动能

从教育领域看，一部科技发展的历史，就是教育技术的发展史。科学技术对教育教学的影响是广泛、深刻和至关重要的，也是驱动学校改进的关键性动能。对于科学技术推动教育教学发展的深刻性和趋势，许多学校管理者和教师还没有足够的认识，在此略谈并与大家共同学习之。

早期的教育技术。最基本的工具，如黑板和粉笔，便开启了一种新的互动式教学方式。让学生能够记录下知识点，从而进行复习和反思。随着印刷术的发明和普及，印刷书籍成为传播知识的重要媒介 20 世纪初，幻灯片机的使用使得图像和信息可以在大型讲座中展示给更多的听众，而录音机和电影放映则为语言学习和历史教学带来了革命性的变化。

广播和电视的引入。随着 20 世纪中叶电子媒体的兴起，广播和电视开始对教育产生深远的影响。广播的普及首先为远程教育打开了大门。教育电视节目提供了娱乐性和教育性相结合的内容，对儿童和成人教育产生了重要影响。此外，学校也开始利用电视作为教学工具。在录像带（VHS）和数字光盘（DVD）出现后，教育者得以更方便地存储和复制教学材料，课堂和自学环境中的视频使用也因此普及。这些格式的可重复播放性质让学习者能够根据自己的节奏和时间表反复学习，加深理解和记忆。

计算机和互联网的兴起。随着 20 世纪 80 年代个人计算机的普及，教育领域迎来了一次技术革命。计算机不仅大大提高了学生和教师处理信息的效率，还通过教育软件推动了互动学习的发展。互联网的出现则彻底改变了教育的面貌。如在线图书馆、维基百科、百度百科等资源的出现，使得教师和学生能够轻松访问大量信息。此外，虚拟学习环境（VLE）和课程管理系统（CMS）的开发，让学生和教师能够在线交流、分享资源和完成作业，这为远程教育提供了强有力的支持。

移动技术和智能设备。进入 21 世纪，智能手机和平板电脑的出现进一步促进了移动学习(m-learning)的发展。这些便携设备不仅使得学习资源随时可访问,还推动了移动应用程序(app)的开发。这些教育 app 涵盖了从语言学习到复杂科学概念的各个领域,为学生提供了更加个性化和互动的学习体验。此外,增强现实(AR)和虚拟现实(VR)技术的引入,为教育带来了新的可能性。通过这些技术,学生可以沉浸在模拟的环境中进行学习,无论是通过历史场景的重现还是复杂的科学实验,都能提供更加生动和实际的学习体验。

互动技术和个性化学习。随着交互式白板和学生响应系统的普及,教室内的学习变得更加动态和互动。这些技术不仅增强了学生的参与度,也使得教师能够实时获取学生的反馈,从而调整教学策略。与此同时,自适应学习技术的发展为每个学生提供了量身定制的学习路径。基于学生的学习进度和理解能力,这些系统能够调整内容的难度和呈现方式。

大数据和人工智能(AI)。在教育领域的应用正在迅速发展,对课堂教学、学生评价和教师评价等方面产生了显著影响。AI 可以分析学生的学习习惯和表现,提供定制化的教学资源和路径,以适应不同学生的需求和学习速度。AI 助教可以帮助回答学生的常见问题,释放教师的时间,让他们专注于更复杂的教学任务和个别辅导。利用 AI 技术,教育软件可以与学生进行更深层次的互动,例如通过自然语言处理(NLP)来理解和响应学生的输入。此外,未来大数据和AI 技术对学生评价、教师发展和学校管理将会带来深刻影响。

心理学、脑科学和教育神经科学。除了上述电子、互联网、大数据和 AI 等硬科学的发展外,心理学、脑科学和教育神经科学等软科学的发展同样对教育技术产生了深远的影响。基于认知心理学和学习理论诞生了大量有效的学习方法和教学方法(设计),如使用图形和文本的结合来降低认知负荷,或者设计基于探索的学习环境以促进主动学习;基于神经科学和大脑成像技术的教学方法,如重复和间隔练习可以增强记忆力,这促使开发了基于间隔重复算法的学习软件,帮助学生更有效地记忆知识点。基于情感神经科学和学习理论的学习方法和教学方法,如通过游戏化的元素和奖励机制创造积极的学习体验，或者通过情感识别软件来调整教学策略，以适应学生的情绪状态。

正是上述硬科学和软科学的发展，催生了一大批风靡一时的教学方法和模式，如分层教学法、翻转课堂、问题导向学习、项目式学习、探究式学习、多元智能教学法、技术整合教学法等。未来，随着科技向更广更深层次发展，还会有更多的教育教学理论和方法诞生。

【实践案例】

诸翟学校的技术与资源动能举例

首先，诸翟学校以信息化及人工智能支持课堂教学变革。学校采用昆士兰大学教授提出的 PST 模型教学法（Pedagogy）——空间（space）—技术（Technology）框架，培养学生的核心素养。先后筹建了 AI 赋能的未来教室，等多维学习空间，利用多方信息与大数据技术支持教师改进教学方式和支持学生多样化、自主学习。

其次，构建自己的教学系统方法。注重多种教学方法的运用，如探究式教学、互动式教学、拓展式教学、项目式教学。探索总结出一系列属于自己的策略、模式和方法。

第三，构建了自己的教学资源库。通过公众号、校刊、发表的论文、课例视频等形式，将大量的课例研究、公开课、展示课存储起来，为本校和兄弟学校提供教学资源支持。

第四，利用学校良好的空间环境条件，如时间科学馆、食品科普馆、开心小农场等，设计互联网＋多元空间跨学科主题课程。

上述这些技术与资源动能大大推动了教师教育理念和课程模式变革，促进了学生全面和个性发展。

6. 教师发展动能

教师发展，尤其是专业发展是推动学校变革的关键动能之一，这是毫无疑问的。

在上面第一节和第二节中提及,教师的个人知识、技能、态度、信念、道德以及教师群体的专业社群是学校改进的能量构建要素。除了这些,还有其他的动能吗?

在全世界,中国的中小学教师(含校长等领导团队)工作特别忙,也感觉特别累,这也是公认的。是什么动机策动中国中小学教师愿意从教? 是什么因素导致中国中小学教师的职业倦怠? 又有什么动能驱动中国中小学教师趋向教育自觉? 这是各级政府、学校管理者和教育研究者都关心的问题。

更多有关教师发展动能的内容参见本书第八章。

【实践案例】

诸翟学校的教师发展动能举例

本书在第八章对教师自觉从教的动能进行了较为详细的讨论。本书第二章论述了诸翟学校支持教师的专业发展,其中就有关对教师科研的各种机制、活动和措施,亦可以作为驱动教师乐于从教的动能。

7. 外部合作动能

与政府、企业、大学、科研院所、兄弟学校、社区和家庭合作成立教研共同体是当前新优质学校建设标志性策略之一。

根据《中国学校研究》中总结,近年来我国学校改进"形成了U-G-S 三方合作机制、学校文化建设驱动模式、四步程序机制等一套完整的以学校文化创建驱动学校改进的运行机制和模式该模式,该等模式经过实践检验取得了良好的效果。"[1]

(1) U-G-S 三方合作机制。即通过教育行政部门(govern-

---

[1]　顾明远,马健生,滕珺. 中国学校研究[M]. 北京:高等教育出版社,2017.2:278—279。

ment)、大(university)和中小学校(school)三方合作共同促进中小学校的发展和改进。

（2）学校文化建设驱动模式。以建设学校文化作为学校改进的总的切入点和路径，类似本章第三节第 4 点提及的新优质学校建设的"理念引导路径"。

（3）四步程序。即按照学校文化状态评估、方案策划、实践推进和成效评估。在这四步程序中，专家方和学校方均要组织相关人员进行研讨和学习，并分工推进项目。

另外，集团化办学也是一种外部合作模式。该模式通过"名校"托管甚至兼并"弱校"的方式，整合双方资源或向弱校输入资源。

【实践案例】

诸翟学校的外部合作动能举例

在强校工程中，上海市和区延请名校长和名教师(双名工程)作为指导专家辅导学校改进，学校还成为上闵外集团成员，利用双名工程和上闵外集团办学的优质资源，构建教学研讨共同体。在共同体内，学校教师有七人进入"双名工程"学习，十余人进入特级教师张千明工作室、区级名师工作室和镇学科智慧工作坊。每学期与上闵外连续开展初中英语联合教研、初中语文联合教研、初三联合质量分析、上闵外资源班质量调研等活动。每学期都有三到五人开设区级公开课，得到区教研员的悉心指导，并与其他学校教师交流智慧和分享经验。

与家庭和社区合作，开展"家长成长营"项目，开展三层一体化的德育与职业教育融合活动。

与外部机构开展跨学科主题教研合作，如与上海华漕镇某食品企业联合建设食品科技馆，引入第三方教育机构合作建设时间科学馆和校办小农场。

8．学生参与塑造动能

学生不仅是知识的接受者，更是学校持续进步和改进的关键动力。遗憾的是，当前在学校改进的研究中，鲜有将学生当作主要力量来论述。笔者以为，学生的这种教育参与不仅是学校改进的主要驱动力，而且随着大数据、AI 等技术的发展，这个驱动力越来越强，值得大家重视。本文将从六个方面探讨学生如何成为学校改进的重要动能：

首先，学生反馈的价值不可低估。作为教育体验的直接受益者，学生对学习环境、教学方法和课程内容有着独到的见解。通过系统的问卷调查、定期的座谈会，甚至是日常的教师—学生交流，学生们可以提供宝贵的反馈信息。这些信息对于教师和学校管理层来说，是优化教学计划和提升学习体验的关键依据。例如，通过学生反馈，学校可能发现需要将更多的实践元素融入理论教学中，或者是需要改进学习资源的可获取性。

其次，学生在学校决策过程中的参与至关重要。学生参与学校管理不仅是培养其自主意识的重要途径，也是提升学校管理效能的关键因素。通过参与学校事务，学生能够实际体验决策过程，从而增强他们的责任感和主动解决问题的能力。这种参与使学生意识到自己的行动和选择可以对学校环境产生积极影响，从而培养出更加自主和积极参与的态度。同时，学生的直接参与可以为学校管理带来新鲜的视角和创意，使得管理决策更加符合学生的实际需求和期望，从而提高管理的针对性和效率。此外，当学生感到自己的声音被听到并得到重视时，他们与学校之间的联系更加紧密，这有助于构建一种更为和谐的学校氛围和文化，促进学校整体的和谐发展。这种参与不仅促进了学生的责任感，还增强了他们对学校的归属感。因此，将学生纳入学校管理层面，不仅能够促进学生的个人成长，也能够显著提升学校的管理质量和效率。

第三，学生是创新和创造力的驱动力。在快速变化的时代背景下，学生们紧跟最新技术和社会趋势，他们的活力和求新求变的精神能够推动学校不断发展。例如,学生们可能会引入新的学习应用程序,或者提出使用社交媒体进行课外学习和交流的建议。这些新颖的想法和方法能够帮助学校保持其课程和技术的先进性,吸引更多的学生和教师加入创新的行列中。

第四,学生在推动社会正义和可持续发展方面扮演变革代理的角色。许多学生致力于倡导平等、多样性和环境保护等议题。他们通过组织活动、发起倡议和开展运动,引发整个校园对这些关键议题的关注和讨论。学校可以借此机会将这些议题纳入课程中,培养学生的全球责任感和批判性思维。

第五,学生在提升学术成就和塑造积极校园文化方面发挥着举足轻重的作用。积极的学生参与可以通过学习小组、课外活动和导师制度等形式,营造出一种鼓励探究、尊重和合作的环境。这种文化不仅能鼓励学生追求学术卓越,还能帮助他们发展领导力和团队合作能力。

最后,将学生视作合作伙伴的做法为学校的改进带来了新的视角。学校可以与学生合作,共同参与教学评估、课程设计或研究项目。这种伙伴关系让学生感到他们的意见被重视,同时也为学校提供了一种从学生视角出发优化教育体验的方法。

综上所述,学生在推动学校改进方面具有不可忽视的作用。他们的反馈、参与、创新精神、倡导力量、对学术成就和文化的贡献,以及作为合作伙伴的角色,都是学校发展不可或缺的部分。为了实现教育的最大潜力,学校应当不断寻求方法让学生参与到改进的过程中,共同创造一个更加创新和卓越的学习环境。

【实践案例】

诸翟学校的学生参与塑造动能举例

学生参与塑造力推动诸翟学校改进的例子很多,其中典型的例子之一就是补充"正礼"这个核心理念。之所以补充"正礼",因为我校生源中有大量的外来务工人员子女,在行为文明、礼貌素养方面需要提高,需要继续强化礼仪教育。正是因为学生需求的催生了"正礼"理念以及后面一系列的课程设计和实践活动,快速地改变了学生外在形象,受到家长及社区好评,推动了学校文化建设。

9. 连续性机制和活动

机制是指学校改进过程制定的各种制度、标准和程序。活动是指各种学校的改进活动如各种教研组会议、举办竞赛、课题研讨会等。在教育领域,学校改进是一个持续的过程,而非一次性的事件。为了确保学校适应不断变化的教育需求和社会挑战,建立"连续的机制和持续性的活动"显得尤为重要。

首先,也是最重要的,只有"连续的机制和持续性的活动"才能将其他八个部分的动能有机地链接起来,一起驱动学校自觉地向前发展。

连续的机制,意味着学校需要有一个固定的、可持续的系统来跟踪和评估教育实践的效果。这可能包括定期的自我评估、外部审核以及持续和多方面的质量保证措施。通过这样的机制,学校能够及时发现问题,对策略和方法进行调整,并确保所有的改进措施都是以数据和证据为基础的。

持续性地改进活动意味着学校应该将改进视作日常工作的一部分,而不是偶尔的项目。这要求学校建立一个鼓励创新和反思的文化,让教师、学生和管理人员都能够参与到改进的过程中。定期的专业发展和工作坊可以帮助教职员工掌握最新的教育策略和技术,从而不断提升教学质量。

有效的沟通渠道对于持续性改进至关重要。学校需要确保改进的目标、进展和成果能够透明地传达给所有相关利益方,包括教师、学生、家长和社区成员。这样不仅能够促进各方的支持和参与,还能够建立起对学校改进努力的信任和认可。

持续地改进活动也需要有明确的目标和衡量指标。学校应该设立具体、可衡量的目标,并定期审视这些目标是否已经达成。这样的努力可以保证学校的改进工作是目标导向的,并且能够在长期内实现可持续的发展。

当然,连续性机制和持续性活动也遵循一致性原则。教育过程中的规则、程序、方法和行为保持稳定和持续。这意味着教师在课堂管理、教学实践和评估标准上的一致性。

总体而言,持续性的改进不是一个静态的目标,而是一个动态的过程。它要求学校积极地、不断地寻求改善教育质量的方法,以及为学生、教师提供最佳的学习环境。通过建立连续的机制和持续性的改进活动,将"政策工具""外部合作""教育领导力""技术""教师发展"和"学生参与"有机地链接起来,驱动学校内生式发展和保持领先地位,为学生的成功和全面发展打下坚实的基础。

【实践案例】

诸翟学校的连续性机制与活动举例

诸翟学校制订了一系列的规章制度和方案,如学校制定了《"自觉觉人"教师发展方案》《教师专业发展规划表》《诸翟学校校本研修制度》《诸翟学校骨干教师评审制度》等,推动使觉理念实施和保障学校改进能有目标、有计划、有保障地进行。

诸翟学校连续性关键的活动有很多,包括但不限于:校级层面的"使觉文化"建设项目,优质学校建设项目,强校工程等;教师层面的"教—研—培"一体化教育教学活动等;学生层面的"使觉一卡通"项目等。

10. 环境约束

《中华人民共和国教师法》《义务教育学校校长专业标准》《中小学教师职业道德规范》《新时代教师职业行为十项准则》《关于加强和改进新时代师德师风建设的意见》《中小学德育工作指南》等国家和地方出台的法律法规、教育指导、道德规范为学校改进划定了边界,与教育者形成了显而易见的法律和道德契约。

　　环境约束还表现在人们对校长和教师的一般期望如为人师表、爱岗敬业等,更高的期望如专业精深、无私奉献等。

第八章　增强教师自觉从教的动能

　　一个教育上自觉的"新优质学校"，必定是追求和强调内生式发展的学校。在"新优质学校"建设过程中，必定"要求学校要求主动发展的愿望"，要"构建主动发展机制""形成自我诊断、自我计划、自主实施、自我评价、自我改进的能力。"①而学校这种愿望上和行动上的自觉，必然要求且体现在教师愿望上自觉，理念上自觉（以人为本和全面发展）和行动上自觉。

　　然而在当前现实的教育实践中，尽管教师的物质条件、工作环境、知识结构、技能方法都有大幅度改善，"但教师整体的社会责任感、使命感乃至综合素质并没有显著提升"。② 许许多多的教师或做不到愿望上自觉，或做不到理念上自觉，或做不到行动上自觉，更做不到"知行合一"的自觉。

　　教师为什么不愿"自觉"？ 乐于从教的驱动力（动能）到底在哪里？ 如何做到"自觉"？ 在本章，笔者试图从经典从教动机理论、从教动能实证研究案例和教师价值取向等三个方面勾勒出上述问题的答案，并构建出一个教师从教动能的宏观模型。

　　在本章，自觉从教的动能是指驱动教师产生热忱向善的从教期望、积极的从教态度和自觉行为的能量。这些能量包含动机、物质刺激、正向评价、心理支持、精神鼓励、政策支持、专业技术培训、职位晋

---

　　① 汤林春,冯明主编.新优质学校成长路径[M].上海:华东师范大学出版社,2023:30—32。

　　② 于翠翠.中小学教师价值取向的历史变迁与时代展望[M].北京:中国社会科学出版社,2022:1。

升、自我情绪管理等。

第一节　从教动能研究的理论依据概述

1. 激励—保健因素理论

美国国学者赫茨伯格的双因素理论,又被称为"激励—保健因素"理论。该理论认为,在实现组织目标的过程中,个人为组织目标做贡献的意愿的强度和时间分布都是变动的。它受到个人所感受到的满意程度的影响。当这些因素恶化到人们认为可以接受的水平以下时,就会产生对工作的不满意。但是,当人们认为这些因素很好时,它只是消除了不满意,并不会导致积极的态度,这就形成了某种既不是满意、又不是不满意的中性状态。

从这个意义出发,赫茨伯格认为传统的激励假设,如工资刺激、人际关系的改善、提供良好的工作条件等,即"保健因素",都不会产生更大的激励;它们能消除不满意,防止产生问题,但这些传统的"激励因素"即使达到最佳程度,也不会产生积极的激励。只有"激励因素"才能使人们有更好的工作成绩,而激励因素则包括工作成就感、职业发展、团队合作等。

赫茨伯格的双因素理论在学术界受到广泛的关注和讨论,因为它揭示了员工满意度和生产效率之间的关系。在实践中,管理者可以通过满足员工的保健因素和激励因素来提高员工的满意度和生产效率。

然而,双因素理论也存在一定的局限性。首先,赫茨伯格的理论是基于对工业生产环境的研究,对于其他领域如服务业、教育业等是否适用尚待进一步探讨。其次,赫茨伯格的理论强调了物质因素对员工满意度的影响,但忽视了非物质因素的影响。例如,员工的工作压力、工作生活平衡等因素可能与员工的满意度和生产效率密切相关。因此在实践中,管理者应该综合考虑保健因素和激励因素来提高员工的满意度和生产效率,并注意调整工作条件和环境以适应员工的需求。

2. 期望—价值理论

期望指的是一个人对达成某个特定目标的可能性的估计。这个理论认为,一个人追求一个目标的动力取决于他对达成这个目标的期望和这个目标对他的价值。如果一个人认为达成这个目标的可能性很大,并且这个目标对他很重要,那么他就会有很大的动力去追求这个目标。反之,如果他对达成目标的期望很低或者这个目标对他的价值不大,那么他就没有太大的动力去追求这个目标。比如,如果我认为我有很多机会赢得彩票,那么我对赢得彩票的期望就会很高。如果我认为赢得彩票的可能性很小,那么我对这个目标的期望就会很低。价值则指的是一个人对达成某个特定目标的重要性的评估。比如,对我来说,赢得彩票可能很有价值,因为它能带来财富和改变我的生活。但是,对我来说,赢得彩票的价值可能比不上我对家人的重视。

这个理论也可以用来解释教师的工作动机。比如,如果一个教师认为他有很大的机会在工作中取得成功,并且他对这个成功的价值评估很高,那么他就会有很大的动力去努力工作。反之,如果他对成功的期望很低或者对成功的价值评估不大,那么他就没有太大的动力去努力工作。

成就动机理论为我们理解中小学教师的职业动机提供了重要的视角。根据这一理论,教师的职业动机受到他们对成功的期望和对工作价值的认知的共同影响。

首先,对成功的期望在教师的职业动机中占据了重要的地位。追求成功是许多教师选择这一职业的主要原因。他们渴望在教育领域取得成就,帮助学生成长,并因此获得满足感和成就感。这种对成功的追求,往往源于对个人能力和努力的信念。他们相信,只要付出足够的努力,就有可能实现教学上的成功。然而,并非所有追求成功的教师都能获得他们所期望的满足感。这其中涉及了期望与现实之间的差距问题。有些教师可能会因为难以实现预期的成功而感到沮丧,而有些教师则可能会因为对成功的期望过高而难以满足。

其次,工作价值也是影响教师职业动机的重要因素。教师们通常会根据自己的价值观和信念来评估他们的工作。如果他们认为自己的工作对学生的学习和成长具有积极的影响,他们就会感到更有动力和满足感。这种对工作价值的认知,不仅源于教师对自己工作的评价,也受到社会环境和学校文化的影响。

根据期望—价值理论,我们可以更好地理解教师们的职业动机,并为他们提供支持和激励。例如,对于追求成功的教师,我们可以为他们提供更多的挑战性任务,让他们在挑战中实现自己的价值。而对于那些对工作价值感到沮丧的教师,我们可以帮助他们重新审视自己的工作,重新找到工作的意义和价值。此外,期望—价值理论也提醒我们,在激励教师的过程中,要考虑到他们的个体差异。期望—价值理论还提醒我们,在激发教师的工作动机时,要注重平衡内在动机和外在动机的关系。过度的外在激励可能会导致教师失去对工作的内在兴趣和动力,而过于强调内在动机又可能会使教师失去外部的支持和反馈。因此,我们需要通过合理的评价和奖励机制,来平衡内在动机和外在动机的关系,从而更好地激发教师的工作动力。

3. 波特—劳勒综合激励理论

波特—劳勒综合激励理论是激励理论中最有代表性的理论之一,它结合了前人对于激励理论的成果,将期望理论、公平理论等纳入其中,形成了一个较为完整的激励理论体系。

这个理论的核心是,人们的工作动机受到内在和外在两种因素的影响。内在因素包括对工作的兴趣、成就感、责任感等;外在因素则包括工作环境、薪酬福利、人际关系等。这些因素共同作用,影响着员工的工作积极性和工作效率。

具体来说,波特—劳勒综合激励理论认为,员工对工作的投入程度取决于他们对工作结果的预期和对工作结果的感知。当员工认为自己的努力能够带来良好的工作结果,并且这种结果能够得到相应的回报时,他们就会更加积极地投入到工作中去。这种回报可以是物质的,比如晋升、加薪等,也可以是非物质的,比如得到领导的认可、同事的尊重等。

同时,波特—劳勒综合激励理论还强调了公平性的重要性。员工对自己在工作中得到的回报是否满意,不仅取决于自己所得的绝对值,还取决于与他人比较的相对值。如果员工认为自己的付出与回报不成比例,或者与他人的付出和回报比例不公平,就会产生不满情绪,影响工作积极性。

因此,波特—劳勒综合激励理论认为,要激发员工的工作积极性,提高他们的工作效率,管理者需要同时关注内在和外在两种激励因素,并确保员工能够得到公平的回报。只有这样,员工才会更加积极地投入到工作中去,为企业的发展作出更大的贡献。

波特—劳勒综合激励理论的局限性在于它是一种比较静态的理论模型,没有考虑到动态因素的影响。此外,它也没有考虑到员工个人差异对激励需求的影响。在实践中,管理者需要根据企业的实际情况和员工的特点,灵活运用波特—劳勒综合激励理论,才能取得良好的激励效果。

4. 职业倦怠

职业倦怠是由 Freuden berger 于 1974 年提出,随后由 Maslach 等人进一步定义和发展,指个体在工作重压下产生的身心疲劳与耗竭的状态。具体来说,它是一种最容易在服务人的行业中出现的情绪性耗竭的症状,通常表现为情绪衰竭、去个性化、低个人成就感三个维度。

情绪衰竭指个体感到自己情绪情感处于极度疲劳状态,工作热情完全丧失。这种情况下,个体可能对工作表现出消极的态度,甚至出现抑郁、焦虑等情绪问题。去个性化指个体以消极、否定或者麻木不仁的态度对待工作对象,倾向于采用冷漠或忽视的心态对待同事或学生。这种态度可能导致个体对工作对象失去同情心和理解,从而影响工作效率和质量。低个人成就感指个体评价自我的意义与价值的倾向降低。这种情况下,个体可能认为自己的工作没有价值,或者对自己的工作成果感到不满意。这可能导致个体对工作的投入程度降低，甚至产生职业倦怠。

5. 社会情感能力

在 20 世纪 80 年代，美国心理学家丹尼尔·戈尔曼提出了"情商"的概念，将社会情感能力作为情商的核心组成部分之一。

社会情感能力是指个体在社交场合中表现出的情感、情绪和人际交往能力。它包括自我意识、自我管理、社会意识、人际关系管理、领导力、责任心和适应性等方面的能力。这些能力可以帮助个体在社交场合中更好地适应和表现，促进个人和社会的和谐发展。

社会情感能力对于个体的成长和发展至关重要。它可以帮助个体建立良好的人际关系，提高自我认知和自我管理能力，增强社会适应性和领导力，进而提高个体的幸福感和生活质量。同时，社会情感能力也是企业和社会组织中重要的素质之一，它可以促进团队协作和组织发展，提高组织的绩效和创新能力。

社会情感能力的培养需要长期地积累和实践。个体可以通过多方面的途径来提高自己的社会情感能力，例如通过自我反思、学习和模仿他人的行为、参加社交活动和团队项目等。同时，家庭、学校、企业和社区等也可以通过教育和培训来帮助个体提高社会情感能力，从而促进个人和社会的和谐发展。

进入 21 世纪以来，随着全球化和信息化的发展，社会情感能力的重要性更加凸显。在教育领域，许多国家和地区开始将社会情感能力的培养纳入学校教育课程中，以帮助师生建立良好的人际关系、提高自我认知和自我管理能力、增强社会适应性和领导力等方面的能力。在学校内部管理中，越来越重视师生的情感智商和社交能力，通过培训和开发来提高师生的情感智商和社交能力，以促进组织的绩效和创新能力。

6. 自我效能

自我效能是指个体对自己能够完成某项任务或者达到某个目标

的信念和判断。它是一种自我认知和自我信心的表现,来源于个体过去的经验、能力水平、对任务的难度和自身条件的评估,以及对任务完成可能性的估算。

自我效能理论是由教育心理学家班杜拉提出的,他认为个体的自我效能感会影响其行为的选择和实施,同时也受到环境、行为和结果的影响。自我效能理论的核心是,人们在行动中会受到自我评价和判断的影响,而这些评价和判断又受到他们对自身能力和完成任务的信念的影响。

自我效能理论在教育、管理、心理咨询等领域都有广泛地应用。例如,在教育领域,教师可以通过培养学生的自我效能感来激发他们的学习动力和自信心,从而提高学生的学习成绩和学习动力。在学校管理领域,领导者可以通过提高学校员工的自我效能感来激发他们的工作热情和动力,从而提高员工的工作效率和工作质量。在心理咨询领域,咨询师可以通过帮助来访者提高自我效能感来增强他们的自信心和自我价值感,从而帮助他们克服心理问题和困难。

总之,自我效能是一个重要的心理学概念,它影响着个体的行为选择、实施和结果。了解自我效能理论可以帮助我们更好地理解自己的行为和决策,提高自信心和自我价值感,从而更好地应对生活中的挑战和困难。

7. 教师压力模型①

教师压力模型(Teacher Stress Model)是一个框架,用以分析和理解教师在职业生涯中所面临的压力。它通常包括几个关键要素:工作环境中的压力源、教师的个人特质、压力感知、应对策略和压力的影响。

教师的压力来源有与学生成绩不佳、过重的工作量、缺乏资源、评估压力、职业发展等与工作有关的因素,有学校的行政政策、工作环境、领导风格、同事间的关系等与组织有关的因素,还有如家庭责任、

---

① 刘晴.中小学教师职业倦怠影响因素及模型研究[D].华中科技大学,武汉:2007。

健康问题、财务状况等与个人生活压力有关的因素。同时，教师的压力还与其个性、信念、价值观、教学哲学和经验等特质有关。当然，教师如何感知压力和应对压力的方法，也会直接影响教师教学行为，有些教师可能由于其乐观主义、抗压能力或良好的社交技巧而能够更有效地管理压力。而有些教师则相反，因而导致更严重的职业倦怠。

教师应对压力的方法有：

（1）问题导向的应对。问题导向的应对策略旨在直接解决或改变造成压力的问题或情境。这些策略包括：时间管理，获取额外的人力或物质资源，技能提升，平衡工作与生活的关系，改善工作环境，等等。

（2）情绪导向的应对。情绪导向的应对策略致力于管理和调节压力引起的情绪反应。这些方法包括：向同事、朋友或专业心理顾问寻求支持和理解，练习正念冥想和放松技巧，通过运动、写日记或艺术创作等方式释放压力和情绪，改变对压力源的看法，将挑战视为成长和学习的机会，积极心态培养，等等。

（3）社会支持。社会支持既可以是问题导向的，也可以是情绪导向的。它包括：同事支持，行政支持，家庭和朋友支持，等等。

了解教师压力理论及其应用，有助于教师本人和学校管理者更好地理解教师的职业生活、提高他们的心理健康和工作效率。

第二节　从教动能的实证研究

1. 美国教师与学校领导者激励基金项目

美国是教育最发达的国家之一，它的一些教育技术和经验值得我们借鉴。为了更好地演绎我们中小学教师从教动能，笔者先从美国的一个国家级的教师激励项目开始。这个项目就是 2015 年的教师与学校领导者激励基金项目（Teacher and School Leader Incentive Grants program，简称 TSLIF）。启动这个项目目的在于：奖励工作有成效的教师和校长，同时吸引和保留高质量的教育人才在贫困和高需求的学校任教;支持各地教育机构在实施教师和校长绩效薪酬和人力资源管理系统时,提高学生成绩和缩小成绩差距。项目的典型特征是"要求学校基于教师的教学绩效(关键指标是学生成绩)确定教师应得的绩效奖励,进而将教师薪酬与其绩效表现联系起来。"①就是说,将教师薪酬与其学生成绩表现挂钩。

　　笔者根据符好丰、赵英撰写的《美国教师激励基金项目研究及启示》②,对该项目中与从教动能相关的特征总结并综述如下:

表 8-1　教师从教动能要素

核心特征	TSLIF项目考察内容和措施	措施(动能要素)
教师绩效与学生学业表现直接挂钩	(1) 教师、校长或其他学校领导者优秀的教学表现。教师课堂观察评估每学年至少两次。教师参与学校活动情况和教师的出勤记录等;(2)成功履行额外的职责或工作职能,如教师领导者角色、掌握专业的教学和领导技能等,以此强化对教师的正向激励;(3)学生成绩增长。其包括三方面的内容:第一,教师自己任教学生的成绩增长;第二,同一年级或学科所有学生的成绩增长;第三,学校所有学生的总体成绩的增长(即学校成绩增长)。	优秀的教学表现(能提高教学自信心);履行额外的工作职责(会被赞赏和尊重);学生成绩增长(提高工作的自豪感)。
提供旨在提高教师效能的专业发展机会	(1) 实施教师在教学队伍中扮演不同角色的教师职业成长路径计划;(2)为教师提供担任其他性质角色的机会以及相应的奖励;(3)提供职业晋升机会和一系列相关的教师支持,如点对点指导、专业培养、工作职位等;(4)鼓励学校制定有效的制度和措施,包括:教师职业发展和优秀教师的不同职业阶段的奖励办法;有效的教师的激励措施;对教师、领导和校长进行领导力发展的培训计划;设计旨在扭转学校颓势以及基于绩效创造新的薪酬结构。	实施职业成长计划、培训计划(获得新的技能和知识,有益于职业胜任和薪酬增加);提供职业晋升机会(有可能加薪,有益于自我价值实现,比如荣誉、尊重等);制定有效的制度和措施(保障职业安全等)。

---

① Section VIII—compensation and conclusion [EB/OL]. (2021—12—30)[2022—02—20]. https：// www. ed. gov /teaching /national — conversation / vision / section. viii. compensation and conclusion.

② 符好丰,赵英.美国教师激励基金项目研究及启示[J].山西大学学报(哲学社会科学版).2023 第46卷第4期。

（续表）

核心特征	TSLIF 项目考察内容和措施	措施（动能要素）
引入竞争机制	项目并非针对所有的申请者。申请者之间需进行竞争以获取资助。申请者在实施其绩效薪酬制度之前必须具备五个核心要素（略）。	竞争（激发争强好胜的本性）
确定学校绩效改革要求和实践标准	学校改革必须遵循以下四个实践标准：一要落实教师有效性保障措施；二要实行绩效奖励；三要提供除绩效奖励之外的额外获得薪酬的机会；四要完善吸引、支持、奖励和留住贫困学校的优秀教师和管理人员激励措施。为教师领导提供严格、持续的领导力发展培训，促进教师专业发展。可供教师担任领导角色的职位有：校长、实习指导教师、首席教师、首席课程专家、全校委员会、工作组成员和校领导团队成员等。	制定标准（保障公平和正义）；为多付出的教师提供额外的奖励（受到公正对待）。
赋予基层学校改革灵活性	例如，可以根据教师的学生、同一年级的所有学生、整个学校或这些措施的某些组合来评估教师的教学效能；使用增值模型来衡量学生的成绩增长，或者通过计算一年内标准化考试中学生成绩的变化；可以决定观察教师和校长的方法，一年内的观察次数（至少两次），以及培训哪些工作人员作为观察员。	赋予改革灵活性（柔性管理有益于增强团队凝聚力，改善领导层与老师、老师与老师、老师与学生之间的关系）。

　　教师与学校领导者激励基金项目（TSLIF）的实施，在教师课堂表现和驱动教师从教上收到了一些成效，如教师薪酬数额有所增加，提高了教师工作效能，对教师的工作态度和教学行为产生了一定的积极影响等。但遗憾的是，尽管教师薪酬有较大增长，也吸引和留住了相当多的优秀教师，但学生整体成绩提高并不是很明显。[①]

2. 中国"乡村教师激励现状与效果调查"项目

　　"乡村教师激励现状与效果调查"[②]是 2019 年 9 月至 10 月由中

---

　　① 符好丰，赵英. 美国教师激励基金项目研究及启示[J]. 山西大学学报（哲学社会科学版）. 2023 第 46 卷第 4 期。

　　② 高慧斌. 新时代乡村教师激励效果实证分析. 河北师范大学学报，2023 年 9 月第 25 卷第 5 期。

国教育科学研究院教师发展研究所课题组主导的。该课题组从问卷星平台向我国东、中、西部 9 省 65 个县（旗）的近 9000 名乡村教师发放电子问卷，最终获得有效问卷 8075 份。问卷中，课题组将教师的激励设置为保障性激励、补偿性激励和发展性激励三个维度 11 个题目，另为了检测效果增加了一个"激励效果"维度，总计四个维度 15 个题目（见表 8-2）。

表 8-2　乡村教师激励措施

维　　度	题　　目
保障性激励	任教安全 工资待遇 办公条件 专业培训
补偿性激励	生活补助 交通补助 购房优惠
发展性激励	子女教育 专业职称 成长预期 荣誉奖励
激励效果	社会尊重 持续留任 职业认同

　　项目研究部分结论简述如下：从整体上，针对乡村教师实施的各种激励的实施效果是相对比较好的，效果均值达到了 3.42。其中，乡村教师的持续留任，以及在职乡村教师愿意推荐子女和亲朋从事该职业的均值也分别达到 3.39 和 3.37，充分体现了乡村教师职业吸引力在进一步向好。保障性激励效果均值最高，为 3.36，其中的专业培训为整体二级指标中的最高值，达到 3.92。这表明，在乡村教师作为专业人员的职业认知中，专业培训的激励给予了乡村教师

极大的安全感,有效满足了职业需要。发展性激励和补偿性效果均值分别为 2.92 和 2.80,其中的购房优惠、交通补助和社会尊重的均值分别为 2.51、2.53 和 2.61,处于相对偏低水平。[①]

3. 中小学教师从教动机与职业倦怠研究

（1） 从教动机对职业倦怠感影响的研究

由刘珈宏、冯剑峰和秦鑫鑫[②]三位学者发起的"中小学教师从教动机对职业倦怠感的影响研究"是江苏省教育科学"十四五"规划专项课题(c/2022/01/59)。无论是从课题层级,还是样本数量和研究质量,在笔者看来是有代表性的。

调查表明,江苏中小学教师每周的工作时间为 56.8 小时,班主任、高中教师和城区教师的工作时间更长。教师作为职业倦怠的高发人群,不同文化情境中的教师普遍存在职业倦怠感。研究结果还表明:(1)教师职业倦怠感在性别(女教师高于男教师)、学段(初中教师高于小学教师和高中教师)、职称(高级及以上职称教师最低)和学校类型(公办大于私立)上存在显著性差异;(2)外部从教动机正向显著作用于职业倦怠感,教师内部从教动机负向显著作用于职业倦怠感。这意味着当教师因喜欢学生、喜欢教学、愿意为教育事业发展做贡献而选择教职时,他们更可能以积极的态度投入到育人活动中,职业倦怠感水平较低。在教师内部;(3)教师社会情感能力负向显著影响教师职业倦怠感。(4)从教动机对教师职业倦怠感的影响中,教师社会情感能力的间接影响效应占比为 56.2%,直接影响效应占比为43.8%。

针对上述研究结果,刘珈宏等人就教师职业倦怠给出了以下建议:包括调整心态、寻求内在动力、建立平衡、优化时间管理、学习新技能、与同事交流、寻求社会支持、改变工作环境、培养兴趣爱好以及

---

① 高慧斌.新时代乡村教师激励效果实证分析.河北师范大学学报,2023 年 9 月第 25 卷第 5 期。

② 同上。

寻求专业帮助等。

（2）从教动机的实证研究

在我国，整体上对中小学教师从教动机的实证研究不多，对上海的中小学教师从教动机实证研究的更少。但我们可以从研究高校教师、幼儿园教师及在校大学生的从教动机实证研究中，获得有用信息。

比如，王晓阳（2020）[①]通过对山西省五个市 2090 名幼儿教师的从教动机进行调查和分析，结果表明：总体上幼儿教师的从教动机较强，且内部动机大于外部动机；从教动机、教学信念、职业选择满意度之间呈正相关；从总体上看，幼儿教师的从教动机平均分为 4.799 分（满分为 7 分），可见幼儿教师的从教动机较强。幼儿教师的从教动机因素得分从高到低依次为帮助儿童、社会贡献、与儿童接触、内在的职业价值、能力、学习经历、促进社会平等、社会影响、工作保障、家庭时间、工作可转移性、后备的职业（见表 8－3）。通过实证调研结果，王晓阳建议，提高幼儿教师的从教动机，最重要的是要提升幼儿教师的内在精神驱动力，夯实幼儿教师的专业知识与技能，健全幼儿教师的职后发展支持体系。

表 8－3　幼儿教师从教动机总体情况的描述性统计

题　　目	平均分	题　　目	平均分
帮助儿童	5.619	促进社会平等	5.18
社会贡献	5.493	社会影响	4.958
与儿童接触	5.484	工作保障	4.296
内在的职业价值	5.442	家庭时间	4.036
能　　力	5.289	工作可转移性	3.645
学习经历	5.248	后备的职业	3.405
总　　体	4.799		

① 王晓阳.幼儿教师从教动机调查研究［J］.教育理论与实践，第 40 卷（2020 年），19：49—52。

还如,刘伟和李琼(2022)①通过对 446 份公费和对 406 份非公费师范生有效问卷分析发现,公费师范生愿意从教的人数比例显著高于非公费师范生。能力与热爱驱动型、热爱与榜样驱动型和追求稳定型在两类样本中相同,被迫履约型与理想驱动型分别是公费师范生与非公费师范生特有类型。不同从教动机类别师范生的教师职业认同和教师效能感差异显著。

又再如,林燕芳、王占军(2019)②基于波特与劳勒的期望价值理论,研究大学教师实现"卓越教学"的从教动机。研究显示,教师缺乏实现"卓越教学"动力的主要因素包括奖酬制度不够完善、教学文化缺失、教师存在角色间冲突以及缺乏教学能力。

(3) 职业倦怠的实证研究

对中小学教师职业倦怠的调查和实证研究有很多。调查显示,目前全国大多数中小学教师承担的压力较多,有非常多的教师已经产生了职业倦怠。根据伍新春教授等人对我国 5672 名教师调查发现,"与十年之前相比,我国中小学教师在职业倦怠三个维度的得分都有较为明显的增高(情绪衰竭 2.39→3.44,非人性化 1.48→1.54,个人成就感 3.75→3.94),换言之,我国的中小学教师比过去更疲惫、更焦虑了"。③ 笔者在阅读、分析若干篇研究报告并结合工作实际,就中小学教师职业倦怠的成因总结如下(见图 8-1):

4. 中国中小学教师职业压力的实证研究

研究发现,在许多国家里教师是最有压力的职业之一,教师压力俨然已经成为一个国际性现象。以美国为例,其"教师流失有三分之二是出于退休以外的原因,而其中大多数是因为不满于教学,包括考

---

① 刘伟,李琼.为何从教:公费师范生与非公费师范生从教动机的多组潜类别分析[J].中国高教研究,2022 年第 10 期。

② 林燕芳,王占军.大学教师实现"卓越教学"的动力机制探寻—基于期望价值理论的视角.山东教育,2019 年第 5 期。

③ 刘健.中小学教师职业倦怠现状调查及对策分析—基于 J 省 C 市的样本分析[D].吉林大学,吉林:2023。

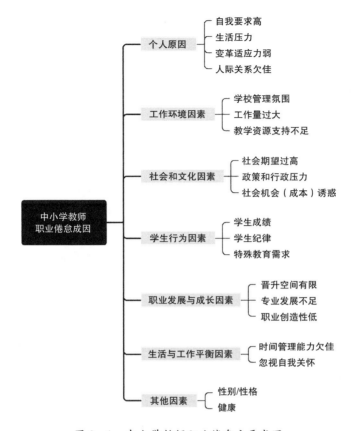

图8-1　中小学教师职业倦怠主要成因

试问责制带来的压力,对行政支持的不满和对作为职业的教学的不满等是最为突出的因素。"①同样,中小学教师压力在我国也是一个非常普遍的现象。2016年,由腾讯教育和麦可思研究对中国教师的生存状态进行了调查,样本包括学前至本科各学段超过41万名教师。结果发现,有46%的教师认为他们的实际工作"有压力",38%的教师表示"压力非常大"。②

2018年,经合组织(OECD)首次对全球范围的中小学教师进行了

---

① 转自:朱雁.中国上海教师的工作压力水平及其对工作满意度的影响——基于TALIS 2018数据的实证分析[j].全球教育展望,2020年第8期(总397期)。

② 新浪教育.https://www.sohu.com/a/276220931_100175559.

工作压力及其来源的调查。此次调查,全球共有来自 48 个国家和经济体 1.5 万所学校的近 26 万名教师参与其中,包括来自中国上海 198 所初中的 3976 位教师和 198 位校长,样本学校覆盖全市 16 个区的各类初中学校。我国学者朱雁(2020)[①]根据这个调查数据(TALIS 2018),撰写了《中国上海教师的工作压力水平及其对工作满意度的影响——基于 TALIS 2018 数据的实证分析》报告,该报告重点分析了中国上海初中教师的压力水平和可能的压力来源,并探索了教师压力对教师职业满意度的影响途径。以下是笔者对此报告的综述:

(1) TALIS 2018 调查教师工作压力的分析框架

TALIS 2018 针对教师工作压力提出三种压力的类型,包括工作场幸福感与压力(workplace well-being and stress,下文简称"工作场压力")、工作量压力(workload stress)和学生行为压力(student behavior stress)。其中,工作场压力主要是指教师工作对教师日常生活的影响,包括个人生活、心理健康和身体健康等,工作量压力则涉及备课、授课、批改、行政工作和替代缺席教师进行额外工作等,而学生行为压力则关注学生成绩、课堂纪律和学生言语侮辱等。对于可能加重或减轻教师压力水平的工作环境质量,TALIS 2018 在教师问卷中设置了有关纪律环境、师生关系、决策参与以及教师合作等题项,而校长问卷则设置了有关校园安全和学校资源等题项。以下是作者提出的分析框架。

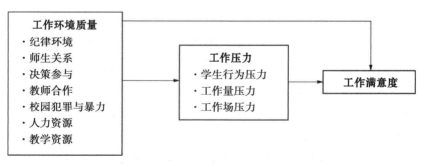

图 8-2 工作环境、工作压力和工作满意度的关系框架

① 朱雁. 中国上海教师的工作压力水平及其对工作满意度的影响——基于 TALIS 2018 数据的实证分析[J]. 全球教育展望,2020 年第 8 期(总 397 期)。

（2）上海初中教师的工作压力来源及状况

■ 近40％的上海初中教师在工作中感受到"相当多"或"很多"压力。在因工作而失去较多个人生活时间的教师占比上，上海远高于OECD平均水平（△＝27.4％）。

■ 在上海，认为批改给他们带来较多工作压力的教师占比最高（33.5％），其次是授课（29.4％）和备课（24.2％）。

■ 半数以上的上海教师（53.4％）感受到学生成绩给他们带来了较多的压力。在维持纪律方面，仅有18.7％的教师认为该项工作给他们带来较多的压力。上海教师因学生言语侮辱而引起较多压力的占比非常低（3.4％）。

■ 三类工作压力与教师的工作满意度均呈负相关，其中工作场压力与工作满意度的相关性最强（r＝－0.469），而与学生行为压力（r＝－0.227）最弱。

■ 在资源方面，人力和物资上的短缺都会在一定程度上加重教师的各类工作压力。相对来说，教学人员短缺对工作量压力的影响最大，教学资源短缺则对学生行为压力的影响最大。相对来说，学校资源的短缺程度对教师的工作满意度的影响偏弱。

■ 上海初中教师的决策参与对于教师各类工作压力的缓解都有显著积极的影响，其中对由工作量引起的压力的影响系数达到－0.20，且该项指标对教师的工作满意度也可起到显著的直接促进作用（β＝0.26，p＜0.001）。

■ 师生关系和教师间的合作对于提升教师工作满意度则显著影响，特别是师生关系的直接影响系数达到0.19。但上海初中学段的师生关系和教师合作良好，其对教师的各类工作压力的影响并不显著。

■ 在所有工作压力中，上海初中学段的教师认为工作场压力的影响力度最大，其次是工作量压力（β＝－0.20）和学生行为压力（β＝－0.11）。

就中小学教师的压力状况,学者刘晴(2007)[1]抽取武汉市中小学教师 1447 名进行现场问卷调查。调查结果表明,从总体压力来看,有 55.41% 的教师感觉压力较大,22.82% 的教师感觉压力非常大,累计感觉压力大的教师占 78.23%,显示教师整体感觉压力较大。在职业压力分成 9 个因子(见表 5),工作负荷和经济压力的平均得分最高,其次分别是学生压力、社会压力和改革压力,家庭和人际关系带来的压力相对较小。上述结论部分验证了朱雁对上海初中段教师压力的分析。

表 8-4　教师职业压力 9 个因子的描述性统计

	Mean	SD
学生压力	2.7267	.9092
学校管理压力	2.6005	.9886
改革压力	2.7211	.9441
工作负担	2.9628	1.0630
家庭压力	2.1374	.9493
经济压力	2.8840	1.2139
社会压力	2.7265	1.0143
自我发展	2.5352	1.0492
人际压力	2.0648	.8160

第三节　教师的价值取向与教育使命感

1. 教育不自觉的根本原因

从上面第一节、第二节的内容,我们可以得知影响教师乐于从教、自觉从教的动因非常复杂,复杂的关键在于它们涉及教师内心灵魂部分——价值观、使命、道德、信仰等。

"价值观对于生活中哪些事物和现象最吸引人的注意起着决定

---

① 刘晴. 中小学教师职业倦怠影响因素及模型研究[D]. 华中科技大学,武汉:2007。

性的作用。对个人来说,什么最重要? 什么最有价值? 都是他根据
自己的价值观做出的选择的。因此,对于符合个人价值观的事物,就
会有意识地或无意识地吸引他优先予以注意。"①一个人是否乐于从
教、自觉从教也就从一个侧面反映了这个人的价值取向。

荷兰教育家科瑟根(2004)②认为一个教师的职业行为和决策
中,使命与自我认同对他的工作影响最大。以教师使命为内核的教
师身份与信念等精神层次因素决定着教师的能力与外在行为。他们
不仅是能力与行为的内隐性控制因素,还是教师理解环境和关系的
信息筛选器,决定着教师能感知到哪些信息与关系。因而,仅有能力
与行为的改造并不能从根本上促进教师的发展,教师的生命、身份与
信念是隐藏在教师能力与行为之下的控制性因素。他提出了教师职
业选择动机"洋葱圈模式"(如图 8 - 3)。

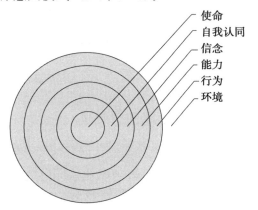

图 8 - 3　科瑟根的职业选择动机洋葱圈模式

从上面第一节、第二节的内容,我们还可以得知这样的基本事
实:包括我们国家在内,世界各国也正在想尽各种办法来支持教师善

①　黄希庭.心理学导论[M].北京:人民教育出版社,1991:241。
②　转自:李琰.超越伦理困境—中小学教师专业伦理理论实践研究[M].北京:社会
科学文献出版社,2022.1:167—168.原文:Korthagen,F. A. J. (2004). In search of the
essence of a good teacher:Towards a more holistic approach in teacher education. Teach-
ing and Teacher Education,20(1), 77—97。

于从教、乐于从教和自觉从教。然而,遗憾的是,在当前现实的教育
实践中,尽管教师的物质条件、工作环境、知识结构、技能方法都在国
家的支持下有大幅度改善,"但教师整体的社会责任感、使命感乃至
综合素质并没有显著提升"。许许多多的教师或做不到愿望上自觉,
或做不到理念上自觉,或做不到行动上自觉,更做不到"知行合一"的
自觉。

为什么会出现这样的情况?

原因在于,我们更多的是对教师进行外在的物质刺激、知识技
术上培训、制度上规约和道德要求,却缺少对影响教师观念转变、
行为转变和使命感建立背后的价值取向、人格性格、道德伦理等非
理性因素的关注。"既忘记了教师工作之外的日常生活,也漠视了
教师可观察行为背后的心理状态,总是把教师圈在校园的围墙之
内,框限在专业的视角下剖析,这种研究的局限使教师的发展问题
一直没有得到很好解决"[①]。因而,我们有必要把教师作为一个完
整的社会人来看待,深入关注教师的价值取向、人格特征和道德伦
理困境。

2. 中小学教师的价值取向[②]

于翠翠博士(2022)认为教师职业认同感深度影响教师工作态度
和行为,而教师的价值取向则是教师职业认同感的核心控制力。她
提出了一个"社会心态—价值取向—人格特征"的三角分析框架:经
济变化促成社会心态(风气)变化,而社会心态又深刻影响人的价值
取向,价值取向塑造性格特征,人的性格特征反过来又影响着社会心
态(风气)。故此,她按照社会心态(社会风气)、价值追求和人格特征
三个维度来研究教师的价值取向,并分建国初期、"文化大革命"期、
改革开放初期、社会转型时期和信息社会时期等五个时期来论述教

---

①　于翠翠.中小教师价值取向的历史变迁与时代展望[M].北京:中国社会科学出
版社,2022.3:2。

②　于翠翠.中小教师价值取向的历史变迁与时代展望[M].北京:中国社会科学出
版社,2022.3:48—159。

师的价值。以下是她对五个时期的中小学教师的价值取向的分析
结果：

（1）建国初期（1949 年—1966 年）的价值取向

追求成为红色的人民教师，忠于人民，为人民服务；爱国主义、集
体主义、理想主义；崇高的建设新中国的使命感；感恩党和国家；职业
认知上，无私无己，国比家大。

（2）"文化大革命"（1966 年—1976 年）

教师成为政治革命者，表现为心灵被政治化的被动革命者。

（3）改革开放初期（二十世纪 80 年代）

改革开放早期，教师职业认知上，认同"照亮求知路上的红烛"
"追求安稳，即便辛苦和清贫，也一样过得很幸福。"自强不息的张海
迪精神受到追捧。

改革开放中后期，市场经济和自由主义对集体主义文化产生了
很大的冲击，也带来了教师价值观上的困惑与迷惘，在观念上每个人
都知道人生的价值应该体现在远大理想与奉献精神上，但在行为上
有时却自觉不自觉地表现出功利主义倾向。

（4）社会转型时期（1992 年—2001 年）

教师原有的为人民服务、甘做红烛、无私奉献的"理想信念渐被
淹没，从政治的高地和道德神坛上走了下来。"职业认知上，职业所带
来的荣誉感、成就感微乎其微，教师只作为一种谋生的职业；价值追
求上，世俗化明显，其表现为：渴求增加经济收益的物质人、谋求名利
兼顾的双栖人（搞兼职）、寻求社会适应的妥协者（如为了业绩紧盯学
生成绩，接受上大学是为了"挣大钱、娶美女"的扭曲价值观）、追求业
绩的技术型教师（追求好考试成绩而只钻研教学技术和方法，忽略
"以人为本"）、为效益而累的事务型教师（机械应付名目繁多的考试、
评比、检查、培训、开会等）。

教师的人格特征表现一为低成就感，在生活中有些教师耻于谈
及自己的职业，感觉低人一等；表现二为不被理解的孤独感，教师
感到自己的付出得不到社会和家长们的理解，倍感压力和身心疲
惫。表现三为冷漠麻木、无所谓，面对生活和工作接踵而来的压力

和变化,他们不主动应对,而是通过回避、忍耐与等待等策略来应付。

教师的人格世俗化和橡皮化,使得教师被欲望和功利主义裹挟,心态消极,行为被动僵化,消磨掉了教师的群体动力和教育自觉,不仅使得自己陷入价值危机、消极影响学生价值观,进而危及社会价值。

(5) 信息社会时期(2001 年—至今)

于翠翠认为,信息社会转型时期文化思想多元,甚至表现为混乱和冲突,如传统与现代对峙、东方与西方冲突。这种多元和冲突,也正是这个时期价值冲突的根源。就教师而言,其社会心态表现为对技术的崇拜和技术型教师的追捧。就信息社会时期的社会心态、教师的价值追求和人格特征,她采用了问卷调查①这种实证研究来考察。以下是她的一些研究结论和观点②:

(1) 职业认同偏低。多数教师不认同社会地位有升高的趋势。

(2) 一些教师对是否应该追求奉献、坚持高尚尚持一种观望态度。

(3) 教师选择教师这一职业,不是为了追求理想,只是为了过一种稳定、有保障、单纯一点的工作环境的生活。

(4) 当国家与个人的利益发生冲突时,教师向个人私利倾斜,比较消极。

(5) 爱岗敬业和专业知识,被教师认为是不可或缺的价值观。专业知识比责任、奉献、道德、理想和民族自豪感都要高出很多,说明教师的专业精神和价值取向,比之于国家提倡和要求的,有显著下行趋势。

---

① 本研究中问卷发放总数为 1600 份,其中东部地区 600 份,中部与西部地区各 500 份。共回收问卷 1479 份,其中有效问卷 1152 份,回收率为 92.43%,有效率为—77,89%。

② 于翠翠. 中小教师价值取向的历史变迁与时代展望[M]. 北京:中国社会科学出版社,2022.3:142—156。

　　根据上述于翠翠博士的研究,我们可以发现,与建国初期呈现的那种高度自觉的无私奉献、忠于职守、为人民服务、爱党爱国爱校相比,与 80 年代早期的勤恳奉献、朴实耕耘、甘为红烛相比,当下的中国中小学教师群体呈现出明显的个人取向,"教师群体的价值取向不再偏向单一的集体主义一端,崇尚义利兼顾,追求个人与社会的统一。爱国、爱业、爱生都以爱己为前提。"①

　　有人认为,存在必合理,作为一个具体的人,具有自我意识的人,并不是专门为学校而生的社会人,教师的这些价值取向在当前经济与技术高度发达的价值多元社会有其合理性,社会应理解、宽容和不必忧虑。但笔者并不能完全苟同,原因有三:

　　首先,教师职业不止于谋生,它是一个专业的、特殊的、赋予了更多道德和使命的职业,其"本质上仍是一种社会约定的责任和义务"②。

　　其次,我们是中国共产党领导的社会主义国家,绝大多数学校是公办学校,教师担负了为党为国"培养什么人"的大任,尤其是中小学教师面对还是处于生命成长关键时期的小学生和中学生,更应强调责任和道德。认为专业知识比责任、奉献、道德、理想和民族自豪感都要高,显然值得我们警惕。

　　第三,当下我们在建设家门口的新优质学校,致力于"发展中国特色世界先进水平的优质教育",而这种学校教育的核心价值导向就是"内生式""主动发展""自觉发展""为人民""让人民满意"。这种价值导向必然要求教师教育自知之明——自觉,发挥主观能动性,自觉掌握专业知识,自觉地纠正自己的价值取向,自觉履行培养"三有"新时代中国人的使命。

　　最后,思想的东西就要用思想来解决,既然新中国可以改造封建思路,既然在中国共产党人的领导下可以做到对"文化大革命"拨乱

---

　　①　于翠翠.中小教师价值取向的历史变迁与时代展望[M].北京:中国社会科学出版社,2022.3:142—156。

　　②　2001 年在第三届国际教育组织世界大会上通过的国际教育《专业伦理宣言》中提出了五类教师的责任。

反正,可以做到对"社会转型时期"的义务教育市场化、世俗化和功利化进行有效纠偏。假以时日,认为"爱国、爱业、爱生都以爱已为前提"的存在即合理的思想就可改变,现有的这种爱国主义、集体主义、奉献精神、责任和使命感下行趋势就同样可以得到控制,也必须得到控制。

所以,在尊重教师个人利益的同时,亦应倡导并采取必要的措施纠正沉沦向下的价值取向,十七重新回归爱国主义、集体主义、奉献、自觉、责任和使命感的传统教育价值观。

第四节　增强教师自觉从教的动能

1. 自觉从教的一般动能

现在,我们来回顾一下上面的论述:

在第一节理论依据部分,教师从教动因有保健因素,也有激励因素,有期望与价值之间博弈的因素,有内因加外因,有自我效能和社会情感管理能力因素,有来自工作压力的因素。

在第二节实证部分,美国教师与学校领导激励基金项目,为了吸引优秀教师去需要的乡村学校从教,提供了一系列的措施和方法,如制定标准和制度,推出激励项目,提供绩效工资、额外薪酬、专业培训机会,职业发展机会等。我国为了激励乡村教师乐于从教和安心从教,出台了四个方面15个措施和方法,包括工资、住房补贴、荣誉奖励、给予尊重、给予子女教育照顾等等。另外从教动机、职业倦怠和工作压力的三个实证案例,提出多个涉及影响教师从教的动因因素和方法。

第三节论述教师灵魂深处的价值取向和责任感才是控制教师从教的隐性关键力量,综述了中国中小学教师价值取向的变迁历史和现状。

　　上述这些从教动因和影响因素多且复杂，笔者将它们归类、合并、总结，最后归结为一个增强教师自觉从教的动能"四叶风车模型"（如图 8-4）。"四叶"分别为：政府和社会支持（政策支持和激励、社会地位和认可、教育资源和条件投入、政策透明和公正、支持教育研究与创新），学校支持（校园文化营造、行政管理、教研教学），家长与学生支持（家长支持、学生支持），自我支持（自我认知，自我更新，自我激励，自我管理，情感投入、价值取向和教育使命感）。其中，自我支持中的"情感投入、价值取向和教育使命感"则是整个风车"轴承"。

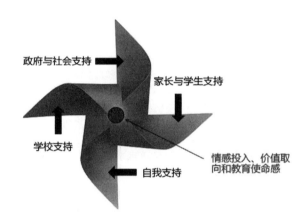

图 8-4　增强从教动能四叶风车模型

　　以下为增强自觉从教的"四叶风车模型"的详细释义：

表 8-4　增强教师自觉从教动能四叶风车模型释义

	维　度	动能（主要策略和方法）主要要素
政府与社会支持	政策支持和激励措施	（1）**提供有竞争力的薪酬和福利**：政府可以制订政策，提高教师的工资水平，提供稳定的社会保障和充足的福利待遇，以吸引和留住优秀教师。 （2）**职业发展机会**：创设多层次的职业发展路径，为教师提供专业晋升和继续教育的机会，鼓励教师持续学习和提升。 （3）**表彰和奖励制度**：建立教师荣誉体系和奖励机制，对在教学和教育创新中表现突出的教师给予表彰和奖励。

(续表)

维　度		动能(主要策略和方法)主要要素
政府与社会支持	社会地位和认可	(1) **宣传教师的社会价值**:通过媒体和公共宣传,提高社会对教师职业的认识和尊重,营造尊师重教的社会氛围。 (2) **社区支持**:鼓励社区与学校合作,为教师提供支持,比如家长志愿者协助教学活动,社区资源用于教育项目等。
	教育资源和条件投入	(1) **基础设施建设**:政府投资于教育基础设施,如现代化的教室、图书馆、实验室和体育设施,提高教学质量和环境。 (2) **教学资源的配备**:确保学校有充足的教学资源,如教科书、教具、电子教育设备等,减轻教师的工作负担,提高教学效果。
	政策透明和公正	(1) **合理的评价和考核体系**:建立公正、合理、多元的教师评价体系,确保教师的努力和成果得到公正评价。 (2) **参与决策机会**:让教师参与到教育政策的制定和学校管理中来,增强他们的归属感和自主性。
	支持教育研究和创新	(1) **鼓励和资助教育研究**:政府可以提供研究资金,鼓励教师开展教育科研活动,分享和推广先进的教育理念和方法。 (2) **创新实践的支持**:支持教师在教学中尝试新的教学方法和技术,通过实验和实践来不断优化教学过程。
学校支持	校园氛围营造	(1) 凝练并坚守以中国特色社会主义核心价值观为基底、围绕中学生核心素养展开的办学理念。 (2) 制定激舞人心的学校愿景和明确的发展目标。 (3) 营造公平、公正、鼓励创新、兼容并包的校园氛围。
	行政管理	(1) **实施绩效奖金制度**,以物质方式奖励优秀教师。 (2) **工作环境改善**:改善教师休息室,创造一个舒适的环境,让教师在课间休息时能够放松和交流。 (3) **工作生活平衡**:减轻工作压力,通过减少不必要的文书工作和行政负担,让教师可以更多地专注于教学和学生;合理安排教师的工作量,尊重教师的休息和假期;提供灵活的工作时间,如允许教师根据个人和家庭需要调整课程表;实施弹性上下班制度,帮助教师更好地处理突发的家庭事件;提供心理健康支持和压力管理培训,以帮助教师应对工作中的压力。 (4) **参与决策**:让教师参与学校的决策过程,如课程规划和政策制定,让他们感到自己的声音被听到和重视。让教师有机会对学校运营的各个方面提供意见和建议。

（续表）

	维 度	动能（主要策略和方法）主要要素
学校支持	行政管理	（5）**关注教师福利，提供健康保障**：为教师的身心发展组织必要的文娱活动和体育活动；提供良好的医疗保险、心理咨询等福利，关心教师的身心健康。 （6）**建立反馈与沟通机制**：定期反馈，定期向教师提供学生、家长和同事的反馈，帮助教师了解自己的教学效果和影响。开放沟通渠道，建立校内沟通机制，让教师能够自由表达意见和建议，管理层能够及时回应教师的需求和问题。
	教研教学	（1）**为教师提供专业学习共享社区**：让他们能够分享最佳实践和创新教学策略。鼓励教师参加工作坊、研讨会和会议，以便他们能够更新自己的知识和教学方法。 （2）**专业发展支持**：提供专业培训，定期组织教师参加内部或外部的专业发展培训，提升教师的教学能力和专业水平。鼓励学术交流，鼓励教师参加学术会议、研讨会，与行业内的专家和同行交流，获取新知识和新理念。 （3）**提供资助和机会**：让教师有机会进修高级学位或参与研究项目，提供职称晋升机会。 （4）**认可和奖励**：设立教师奖项，表彰那些在教学、创新或社区服务方面表现出色的教师。通过校内外的新闻发布和活动，公开赞扬教师的成就。 （5）**教学环境改善**：提供适宜的教学资源、技术和现代化的教室设施，确保教师能够有效地进行教学。
家长与学生支持	家长支持	（1）**家校合作增强支持**：建立家校沟通渠道，通过家长会、家访、校园开放日等方式，建立家长和教师之间的定期沟通机制，增强彼此的理解和信任；鼓励家长参与，邀请家长参与学校活动，如课堂助教、活动志愿者等，让家长对教育过程有更深的参与感和认同感。 （2）**建立合作伙伴关系**：促进家长与教师之间的沟通和合作，建立共同支持学生学习的伙伴关系；在社区中向家庭宣传教师的重要性和他们对社会的贡献，增加社会对教师工作的尊重和理解。 （3）**家长的正面反馈**：表达认可和感谢，家长可以通过口头赞扬、感谢信、小礼物等形式，表达对教师工作的认可和感激，增加教师的工作满意度。积极参与评价，学校可以设立家长满意度调查，让家长参与教师评价过程，公正客观地反馈可以激励教师改进教学。 （4）**提供家长教育培训**：学校可以举办家长学校，提供家庭教育指导，帮助家长更好地理解教师工作，从而更加合理地支持教师。

(续表)

维　度		动能(主要策略和方法)主要要素
家长与学生支持	家长支持	(5) **增强家长参与意识**:通过各种渠道强调家庭教育的重要性,引导家长认识到自己在孩子教育中的作用,从而更积极地支持学校和教师。 (6) **创建积极的学习环境**:鼓励尊师重教,在家庭中树立尊师重教的风气,让孩子从小学会尊重和感激老师的辛勤工作,形成良好的师生关系;家长与孩子共同学习,家长可以和孩子一起参与学习活动,如读书、做作业等,这种共同体验可以增进家长对教师工作的理解和尊重。 (7) **重点与家长协商达成教育目标共识**:不是培养一个能考高分,能考好大学的孩子,而是培养全面发展和个性化发展,拥有核心技能和素养的、能适应未来的孩子。
	学生支持	(1) **鼓励学生反馈**:培养学生提供建设性反馈的习惯,让学生能够在合适的场合表达对教学的看法,帮助教师了解教学效果。 (2) **学生表现激励**:学生的进步和成绩可以成为教师工作的直接动力,积极的学习态度和好的学习成绩能给教师带来成就感。 (3) **学生行为和学习支持**:通过有效的课堂管理培训和资源,帮助教师改善学生的行为;提供足够的辅导员和学生支持服务,以协助教师处理学生的学习难题和情感问题。这些策略和方法需要教育行政部门、学校管理层、教师、学生和家长的共同努力和支持,以营造一个积极的教育环境,持续提升教师的从教动机。通过实施这些措施,教师将感到更加满足和受到尊重,从而激发他们的内在动力,提高教学质量,最终惠及学生的学习成果。
自我支持	自我认知	(1) **性格测试**:通过参加 MBTI、DISC 等性格测试帮助教师了解自己的性格特点,从而更好地调整教学策略和工作方式。 (2) **自省日志**:定期写自省日志,记录教学过程中的感受、思考和启示,提高自我认识和自我理解。
	自我更新	(1) **终身学习**:教师应持续地进行专业发展,参加各类培训和研修,不断提升自己的教学技能和专业知识。 (2) **反思实践**:通过对自己教学实践的反思,识别教学中的优点和不足,不断调整和改进教学方法。 (3) **学术研究**:教师可以参与或主导教育研究项目,通过研究活动来深化对教育理论和实践的理解。

（续表）

维　度		动能（主要策略和方法）主要要素
自我支持	自我更新	（4）**接受新理念和新技术**：随着教育理念和技术的不断更新，教师需要开放心态，接受并尝试新的教育理念、教学模式和教学技术。 （5）**学生为中心**：转变教学观念，将学生的需求和发展放在首位，提供个性化和差异化的教学支持。
	自我激励	（1）**设定目标**：教师可以为自己设定短期和长期的教学和职业发展目标，通过实现目标来获得成就感和满足感。 （2）**自我鼓励**：通过积极的自我对话和肯定自己的努力和成就，提高自信心和工作热情。
	自我管理	（1）**时间和压力管理**：高效时间管理：合理规划时间，优先处理关键任务，提高工作效率，减少不必要的压力。 （2）**应对压力**：学习和掌握压力管理技巧，通过运动、爱好或社交活动来缓解工作压力。调整自己对薪酬、工作成果和与其他同侪竞争的期望值。 （3）**专业社群参与**：加入教师社群，参加教师专业社群或教育组织，与同行交流心得，获得支持和鼓励。 （4）**合作分享**：与同事建立协作关系，共同准备教案、开展教学活动，分享经验和资源。 （5）**情绪控制**：情绪智力培养，学习情绪智力相关的知识和技能，比如情绪认知、情绪调节和情绪利用等，提高情绪管理能力。冲突解决，学习和实践有效的冲突解决技巧，比如倾听、同理心和协商，以更冷静和建设性的方式处理情绪化的问题。 （6）**价值观和伦理冲突处理**：掌握价值取向法、循环分析等方法来明确个人的价值观，并与教育机构的价值观进行比较，找到共鸣点和冲突点。更新教育伦理知识和参与伦理培训，参加伦理培训，了解教育行业的伦理规范和指导原则，增强处理伦理问题的能力。参与冲突案例讨论，参与或组织案例讨论，分析处理实际或假想情境中的价值观和伦理冲突，提高决策能力。 （7）**持续反馈与评价**：寻求反馈，主动从学生、同事和领导那里寻求反馈，了解他人对自己教学和行为的看法。自我评价，定期进行自我评价，对照职业标准和个人目标，识别自身的强项和待提高之处。
	情感投入、价值取向和教育使命感	（1）**价值观反思和强调**：明确个人的价值观，并与教育机构的价值观进行比较，找到共鸣点和冲突点，有意识强调并保持与国家教育价值观和学校办学理念一致的价值取向。 （2）**增强情感投入**：对学生真诚关心和爱护，以情感投入促进教学效果。

（续表）

维　度		动能（主要策略和方法）主要要素
自我支持	情感投入、价值取向和教育使命感	（3）**树立使命感**：提高对教师职业的认同感，认识到教育对个人和社会发展的重要性，树立强烈的职业使命感。

【实践案例】

诸翟学校构建互助与学习共享社区支持教师自觉从教

……教师的成长离不开合作，而一个和谐的团队更是教师成长的良田沃土。诸翟学校就是这样一个和谐、向上的团队，在这个团队中，有校领导的关心和情谊，有同事的帮助和鼓励。

1. 团结互助的备课组。看看我们备课组的配置，区学科带头人乔利亚老师，教导主任徐伟老师，出卷魔鬼黄海老师，个个都是经验丰富的大拿，而且在面对我们新教师、年轻教师时，他们都能毫无保留、倾囊相授，课堂随你听、困惑全面解、东西共分享，正是在这样的氛围下，我才能这么快速地成长起来。

2. 和谐向上的年级组。作为年轻教师，不仅在教育、教学上会有许多疑惑在处理事务上也难免会有不足，但我身边的同事们总能给予我鼓励和帮助。印象最深刻的还是第一次做班主任时，有个问题女生，逃学、夜不归宿，一度还用跳楼威胁家长，是沈雪根老师教我如何与家长沟通，帮助我处理的这件事情。还有程志芳老师，陪我一同去这位女生家中家访，了解情况、解决处理。当我被家长指责时，是赵春华老师安慰我放宽心，别在意……类似这样的帮助有很多，在此也特别感谢帮助过我的老师们，为我的工作增添了活力和动力。

——摘自诸翟学校校刊《紫堤撷英》（2020 学年第一学期），作者：赵晶，原文《在磨砺中前进》。

2. 自觉从教的政策性动能

2018 年 1 月,中共中央、国务院《关于全面深化新时代教师队伍建设改革的意见》[①]就提出了很多驱动自觉从教的政策性动能。以下选录部分:

(1) 加强政治思路和师德师风建设

加强教师党支部和党员队伍建设;选优配强教师党支部书记;坚持党的组织生活各项制度,创新方式方法,增强党的组织生活活力;重视做好优秀青年教师;引导教师准确理解和把握社会主义核心价值观的深刻内涵,增强价值判断、选择、塑造能力,带头践行社会主义核心价值观;引导广大教师充分认识中国教育辉煌成就,扎根中国大地,办好中国教育;强化教师社会实践参与,推动教师充分了解党情、国情、社情、民情,增强思想政治工作的针对性和实效性;弘扬高尚师德;开展教师宣传国家重大题材作品立项,推出一批让人喜闻乐见、能够产生广泛影响、展现教师时代风貌的影视作品和文学作品,发掘师德典型、讲好师德故事,加强引领,注重感召,弘扬楷模,形成强大正能量。强化师德考评,体现奖优罚劣,推行师德考核负面清单制度,建立教师个人信用记录。

(2) 提升专业素质能力

实施教师教育振兴行动计划;提高生源质量,对符合相关政策规定的,采取到岗退费或公费培养、定向培养等方式;在专业发展、职称晋升和岗位聘用等方面予以倾斜支持;开展中小学教师全员培训,促进教师终身学习和专业发展;转变培训方式,推动信息技术与教师培训的有机融合,实行线上线下相结合的混合式研修。改进培训内容,紧密结合教育教学一线实际,组织高质量培训,使教师静心钻研教学,切实提升教学水平。搭建教师培训与学历教育衔接的"立交桥";支持教师和校长大胆探索,创新教育思想、教育模式、教育方法,形成

---

① 中华人民共和国官网 https://www.gov.cn/zhengce/2018—01/31/content_5262659.htm? eqid=93ccfe9200029e35000000066459a4ff.

教学特色和办学风格,营造教育家脱颖而出的制度环境。

(3) 深化教师管理综合改革

优化编制结构,向教师队伍倾斜,采取多种形式增加教师总量,优先保障教育发展需要;创新编制管理,加大教职工编制统筹配置和跨区域调整力度,省级统筹、市域调剂、以县为主,动态调配;加强和规范中小学教职工编制管理,严禁挤占、挪用、截留编制和有编不补;实行教师编制配备和购买工勤服务相结合,满足教育快速发展需求;实行学区(乡镇)内走教制度,地方政府可根据实际给予相应补贴;建立符合教育行业特点的中小学、幼儿园教师招聘办法,遴选乐教适教善教的优秀人才进入教师队伍;按照中小学校领导人员管理暂行办法,明确任职条件和资格,规范选拔任用工作,激发办学治校活力;适当提高中小学中级、高级教师岗位比例,畅通教师职业发展通道;完善符合中小学特点的岗位管理制度,实现职称与教师聘用衔接;将中小学教师到乡村学校、薄弱学校任教 1 年以上的经历作为申报高级教师职称和特级教师的必要条件;推行中小学校长职级制改革,拓展职业发展空间,促进校长队伍专业化建设。

(4) 提高地位待遇,真正让教师成为令人羡慕的职业

明确教师的特别重要地位。突显教师职业的公共属性,强化教师承担的国家使命和公共教育服务的职责,确立公办中小学教师作为国家公职人员特殊的法律地位,明确中小学教师的权利和义务,强化保障和管理;完善中小学教师待遇保障机制。提升教师社会地位。加大教师表彰力度。大力宣传教师中的"时代楷模"和"最美教师"。开展国家级教学名师、国家级教学成果奖评选表彰,重点奖励贡献突出的教学一线教师。做好特级教师评选,发挥引领作用。做好乡村学校从教 30 年教师荣誉证书颁发工作。各地要按照国家有关规定,因地制宜开展多种形式的教师表彰奖励活动,并落实相关优待政策。鼓励社会团体、企事业单位、民间组织对教师出资奖励,开展尊师活动,营造尊师重教良好社会风尚。建设现代学校制度,体现以人为本,突出教师主体地位,落实教师知情权、参与权、表达权、监督权。

(5) 加强党的领导,确保政策举措落地见效

强化组织保障。各级党委和政府要满腔热情关心教师,充分信任、紧紧依靠广大教师;各级政府要将教师队伍建设作为教育投入重点予以优先保障,完善支出保障机制;优化经费投入结构,优先支持教师队伍建设最薄弱、最紧迫的领域,重点用于按规定提高教师待遇保障、提升教师专业素质能力。

第九章　增强学生自主学习动机的策略

　　"自觉教育"强调和培养学生的自尊、自信和主动性,强调学生探索自我、自我反思、自主学习、自我驱动。

　　然而,教育实践告诉我们,多数学生之学习并不是自动自发自主,即便一时自主自觉,也并非呈直线持续下去。部分学生会变得厌学、逃学,有的甚至会走向极端。

　　探究什么力量唤醒学生自主学习的热情和动机,以及如何利用这种力量,不仅是诸暨学校施行"自觉教育"的需要,也是整个中国教育绕不过的课题。

　　本章先是讨论学生学习动机理论、影响学习动机的因素和外在因素内化动机的作用机制。之后,总结出学生学习动机简单系统模型,最后综述激发学生学习动机的策略和方法。

　　特别需要声明的是,对学习动机的研究不是笔者的本意。笔者的本意在于:(1)因学习动机理论非常复杂和比较难懂,笔者试图用简洁的模型来梳理它,以便大家有个简单而宏观的概念;(2)归纳经过多数教育者认可的学习动机研究成果——激发学生自主学习的教学策略和方法,以支持学校同事发展专业,进而运用这些策略来激发学生自主学习的动机和潜能。

第一节　有关学习动机的理论

　　动机是驱使人们去活动或抑制其活动的念头或愿望。它产生于人的内心,是人的行动的内因。人的任何活动都有一种或一种以上的动机作为动力。动机与活动(行为)是相互联系的,动机是活动(行为)的原因,活动(行为)是动机的体现与结果①。

在心理学上还有与动机相关或相近的概念有"需要(need)""驱力"(drive)和"诱因"(incentive)等。其中,本人认为与动机最为相近的概念,还是美国心理学家马斯洛提出了"需求层次理论"中的"需求"——生理上需要维生素、氧气、水和食物,心理上如友爱的需求、归属感的需求、被尊重的需求,自我实现的需求,等等。

学习动机是指激发和维持学生进行学习活动,"推动学生进行学习的内部动力,能够说明学生为什么学习,能够说明学生的努力程度,能够说明学生愿意学什么的原因。"②

学习动机是影响学生学习成绩的重要因素之一。教师可以通过各种方法和手段来激发和培养学生的学习动机,从而提高学生的学习成绩和学习效果。例如,教师可以帮助学生明确学习目标,提供有趣的学习材料,给予适当的奖励和惩罚,以及创造有利于学习的良好环境等。

学习动机及其相关研究始于 20 世纪 30 年代的美欧,至今有近百年历史。在欧美,其学术所涉及流派数以十,其学术大神数以千计,其所涉或创立的理论几近百计③,其所研究的成果(报告、论文等)数以

---

① 《心理学词典》.上海:上海译文出版社,1985。

② 张大均,教育心理学[M]北京:人民教育出版社,1999。

③ 主要流派有:机械主义,本能主义、行为主义、结构主义和人本主义等。代表人物有:桑代克(Edward Lee Thorndike)、詹姆斯(William James)、麦独孤(William McDougall)、弗洛伊德(Sigmund Freud)、托尔曼(Edward Chace Tolman)、赫尔(Houle C. O.)、马斯洛 Abraham H. Maslow、阿特金森(Richard M. Atkinson)、莫瑞(Murry, H. A.)、麦克莱兰(McClelland, D. C.)、班杜拉(Bandura, A.)、海德(Fritz Heider)、韦纳(Weiner, B.)、德西(Deci, E. L.)、齐冈尼克(Zeigarnik, B.)、斯万(Swann, W. B.)、考法顿(A. Kovacs)、彼尔瑞、德韦克(Deweck, C. S.)、伍德(Wood, R.)、耶克斯(R. M Yerkes)、多德逊(J. D Dodson)等。本章笔者主要的参考文献为:孙煜明,动机心理学[M].南京:南京大学出版社,1993.;孙红刚.90 后大学生学习动机的实证研究[D].华东师范大学.上海,2019.5;(美)萨·博林(Lisa Bohlin)、(美)谢里尔·西塞罗·德温(Cheryl Cisero Durwin)、(美)马拉·里斯-韦伯(Marla Reese-Weber).教育心理学:激发自主学习的兴趣.连榕,缪佩君,陈坚,林荣茂等译.机械工业出版社,北京:2018(196—235)。

万计。可见动机在教育及心理学领域的重要程度和热度,也足见它的复杂程度。在浩繁的有关学习动机的研究中,有很多研究结果或相互矛盾,或属于个案,或纯属理论推理和假设,我们须认真鉴别并慎用。

将学习动机理论分成行为理论、认知理论和自我理论三大流派是教育心理学界比较新的分法。根据笔者的学习心得认为,还要加上新近的教育神经科学的相关研究(笔者称之为教育神经理论)才算完整。下面介绍的是三大流派。

1. 基于行为的学习动机

行为主义学习动机派理论来源于来源巴甫洛夫等对动物实验中的操作性条件反射研究。其认为,个体行为如果要到积极的结果,可以通过强化刺激来实现。二十世纪 50 年开始兴起的强化理论和 90 年代出现的沉浸理论是其中的代表。

(1) 强化理论核心观点

学习动机通常分为内在动机和外在动机。内在动机是指人们对学习本身的兴趣、爱好、好奇所引起的动机,例如,学生对学习感兴趣,就会自发地、主动地、积极地从事学习活动。外在动机是指由外部因素所引起的动机,例如,学生为了获得老师或父母的奖励或避免受到惩罚而学习。学习的内在动机的加强,是可以通过强化刺激(主要是表扬、奖励和惩罚)外在动机达到的。

(2) 强化学习动机的影响因素

家庭文化与经济背景——家庭的经济条件、父母的文化程度、父母的养育方式都会影响学生的学习动机。年龄——儿童早期并不需要外在的奖励,因为这一发展阶段的孩子充满好奇、爱刨根问底、渴望学习新的知识。当学生从小学高年级升至中学时,他们的内在动机逐渐减弱,更愿意选择低挑战性的任务并对学习的兴趣和好奇心也下降。学校氛围、师生关系与竞争——到了中学,学生的学习和行为规范比小学更严格,被控制的感觉更明显,学生行为更多地依赖外在动机。教师机械的教学风格和对学生的关爱程度,会影响学生的内存动机。中学学校里的荣誉榜、班级排名以及考试,使得学生关注学业成绩比关注学习本更多,并导致了同学间的竞争,学生表现得更倾向于外在动机的刺激(表扬、荣誉和奖品)。

2. 基于认知理论的学习动机

如果说,通过外在刺激强化个体内在的学习动机是行为主义理论的核心观点。那么站在个体角度,通过个人对学习任务能力、学习后会有什么收益、学习目标、任务成败归因等综合认识和评判后调节自己学习动机,则是认知理论下的学习动机的高度概括。

基于认知理论的有关学习动机的理论有三:期望—价值理论、目标成就理论和归因理论。

(1)期望—价值理论[①]

个体的学习动机和行为取决于他们对学习任务成功的期望和对任务的价值评估。

期望指的是个体对自己能够成功完成学习任务的信念。个体会根据自己的能力、经验和学习策略来评估自己能否成功完成任务。如果个体认为自己有能力并且有信心成功完成学习任务,他们会更有动力去参与学习并付出努力。价值指的是个体对学习任务的重要性和吸引力的评估。个体会考虑学习任务对自己的未来发展、兴趣和个人目标的贡献程度。如果个体认为学习任务对自己有重要的意义并且具有吸引力,他们会更有动力去参与学习并付出努力。

期望—价值理论认为,个体的学习动机和行为是由期望和价值的综合评估来决定的。当个体对自己成功完成任务的期望较高且对任务的价值评估较高时,他们的学习动机和行为会更积极和有力。

(2)目标成就理论[②]

个体在学习和成就过程中会追求不同类型的目标,这些目标会

---

① Wigfield, A., & Eccles, J. S. . Expectancy-value theory of achievement motivation[J]. Contemporary Educational Psychology,2000,25(1),68—81.

② Elliot, A. J., & Dweck, C. S. . Competence and motivation: Competence as the core of achievement motivation. In A. J. Elliot & C. S. Dweck(Eds.), Handbook of Competence and Motivation(pp. 3—12). Guilford Press. 2005.

对他们的学习动机和行为产生影响。成就目标理论将个体的目标分为两种类型:任务导向目标和自我导向目标。

任务导向目标是指学生追求通过努力和学习来提高自己的能力和表现。这种目标强调对学习过程的投入和努力,关注成长和进步。追求任务导向目标的学习动机通常与内在动机相关,他们享受学习过程本身,对于挑战和发展新的技能感到满足。自我导向目标是指学生追求通过与他人比较来彰显自己的能力和表现。这种目标强调与他人的比较和竞争,关注在比较和竞争中的表现。个体追求自我导向目标的学习动机通常与外在动机相关,他们更关注他人的评价和奖励,追求获得外部的认可和赞扬。

学生的目标导向会影响他们的学习动机和行为。根据成就目标理论,追求任务导向目标的学生倾向于更积极地参与学习活动,更努力地追求更好的学业成绩,更倾向于采用深层次的学习策略,如动手实验,多样的学习方法。相反,追求自我导向目标的学生可能更关注外部的评价和比较,他们倾向于采用表面层次的学习策略,如死记硬背和应付考试。

此外,成就目标理论还提出了任务取向和自我取向的区分。任务取向是指学生更关注自己的学习过程和成长,而不是与他人的比较。自我取向是指学生更关注与他人的比较和竞争,以展示自己的能力和表现。任务取向和自我取向会对学习动机和行为产生影响。

（3）归因理论[①]

个体倾向于通过对事件的原因进行解释来影响他们的学习动机和行为。个体对事件的原因进行归因是为了理解和解释事件的结果。这种归因可以分为两种类型:内部归因和外部归因。

内部归因是指个体将事件的结果归因于自身的内在特质、能力或努力。例如,一个学生在考试中取得好成绩,可能会将这个结果归因于自己的聪明才智或努力学习。外部归因是指个体将事件的结果

---

① Weiner, B. Human motivation: Metaphors, theories, and research[M]. New-bury Park, CA: Sage Publications. 1992.

归因于外部因素,如运气、任务难度或其他人的影响。例如,一个学生在考试中取得差成绩,可能会将这个结果归因于考试题目太难或者考试的环境不好。

　　个体的归因倾向会影响他们的学习动机和行为。根据归因理论,内部归因倾向会增强个体的学习动机和努力,因为他们相信自己的努力和能力可以影响结果。相反,外部归因倾向会减弱个体的学习动机和努力,因为他们认为结果受到外部因素的控制,无法通过自己的努力改变。

　　此外,归因理论还提出了稳定性和可控性的概念。稳定性指的是个体认为原因是持久的还是暂时的,可控性指的是个体认为原因是可以改变的还是无法改变的。个体对事件的归因会受到一些因素的影响。

　　这些影响因素,包括但不限于:年龄(随着年级的增长,学生倾向于进行消极归因,他们的能力观和学业价值观下降,转而采用表现取向目标);家长及老师的教育方式;认识发展水平(年幼儿童还无法将自己的行为与同伴进行比较,无法思考和评价他人的行为,因此,他们将表扬视为讨好老师或父母的象征,而不是对自己能力的赏识);学生的能力发生改变(强制学习不擅长的课程会削弱他们的对自己能力的评价);学习环境发生改变;性别差异(相对于女孩而言。母亲更经常给男孩买有关数学和科学的书籍,结果导致男孩对数学和科学更感兴趣)。

3. 基于自我理论的学习动机

　　如果认识理论学习动机说的研究角度是从内心向外物方向,那自我理论的学习动机则是由心到心的内窥。强调自主意识的变化本身就是学习动机的推手。自我理论的学习动机学说,主要包括自我效能理论、自我价值理论和自我决定理论、需求层次理论。这些理论也被归称为"人本主义"理论。

　　自我理论(人本主义)是诸翟学校自觉教育的基础性理论依据,对研究和实践自觉教育具有重大价值。

（1）层次需求理论

马斯洛的层次需求理论是心理学中的一个重要理论,它认为人的需求可以分为不同的层次,从低到高依次为生理需求、安全需求、社交需求、尊重需求和自我实现需求。这些需求层次逐级递进,当低层次的需求得到满足后,个体才会追求更高层次的需求。每个层次的需求都有其特定的含义和重要性。例如,生理需求是所有需求中最基本的需求,它包括食物、水、睡眠等基本生存需求;安全需求包括对安全、稳定和保护的需求;社交需求涉及人际交往和情感支持;尊重需求包括对自我价值和他人的尊重的需求;而自我实现需求是最高层次的需求,它涉及个体的成长和发展,追求自我价值的实现。[①]

图 9-1　马斯洛层次需求模型

人有自我激发和自我价值实现的本性。激发学生自我价值实现的方法和手段,均为学生主动学习的动因。

（2）自我效能理论[②]

自我效能理论是由班杜拉提出的心理学理论,该理论认为个体

---

① （美）马斯洛.动机与人格[M].许金声译.北京:中国人民大学出版社,2007。

② Bandura. A. (1977). Self-efficacy: Toward a unifying theory of behavioral change. Psychological Review,84(2),191—215.

的自我效能感会影响其行为动机和心理适应能力。自我效能感是指个体对自己能够成功完成某项任务或达到某个目标的信念和信心。这种信念和信心可以影响个体的行为选择、努力程度和面对困难时的坚持。自我效能理论强调了认知因素对行为动机的影响，它认为个体的自我效能感是通过其对任务难度、自身能力和周围环境的认知评价而形成的。

（3）自我价值理论

自我价值理论是教育心理学中用以解释个体在教育和学习情景中的选择和表现的一个理论。这个理论由 Martin V. Covington[①]和其他学者在 20 世纪 80 年代发展，并被广泛用于理解学生的学习动机。

该理论的核心观点认为，学生的学习动机受到他们对自己能力的评估和他们对成功的价值的认定的影响。在这个框架下，学生追求成功主要是为了维护或提高自我价值感。自我价值通常与个体感受到的自尊、自我效能和自我认同紧密相关。

根据自我价值理论，影响学生学习动机和行为的因素主要包括：成功的重要性——如果学生认为在某个任务上取得成功非常重要，他们更有可能投入更多的努力。成功的期望——学生认为自己能够成功完成任务的信心程度。如果学生相信自己能够成功，他们更有可能参与并努力。任务价值——学生对任务的兴趣、重要性以及其对未来目标的相关性的评估。任务的价值越高，学生越有可能投入时间和精力。成本——追求目标所要付出的代价，包括时间、精力和可能的失败风险。如果成本过高，学生可能会选择不参与。此外，自我价值理论还提出个人的自我价值是受到他人反馈和社会比较的影响的。例如，家长、同学和教师的期望和评价都对学生的自我价值观有所影响。[②]

---

① Covington, M. V. (1984). The self-worth theory of achievement motivation: Findings and implications. The Elementary School Journal, 85(1), 5—20.

② Wigfield, A., & Eccles, J. S. (2000). Expectancy - value theory of achievement motivation. Contemporary Educational Psychology, 25(1), 68—81.

（4）自我决定理论

自我决定理论（Self-Determination Theory，SDT）是一种在心理学领域广泛应用的动机理论，由 Deci 和 Ryan 在 1980 年代提出。[①]该理论的核心观点是，人类行为受到内部和外部因素的影响，而自我决定程度是行为动机的关键因素。

自我决定理论认为，人类行为受到两种基本需求驱动：一是胜任需求，即对能力和自我控制的需求；二是关系需求，即对归属感和自我价值的需求。这些需求促使人们寻求外部诱因和内部动机，以实现自我决定和自我满足。外部诱因包括奖励、惩罚、社会认可、任务本身的兴趣等。内部动机则是指个体对任务本身的兴趣和满足感。自我决定理论强调了内部动机的重要性，认为这是自我决定程度的关键因素。

自我决定理论还强调了自主性、胜任感和关联感等因素对动机的影响。自主性是指个体感到自己的行为是自愿的，而不是受到外部压力或奖励的驱使。胜任感是指个体感到自己有能力完成任务并取得成功。关联感是指个体感到自己的行为与他人的目标、价值观和利益相关联。

影响因素方面，自我决定理论认为，内部和外部因素都会影响个体的自我决定程度。内部因素包括个体的性格、价值观、目标等。外部因素包括社会环境、家庭和教育、文化等因素。这些因素会影响个体的自我决定程度，进而影响其行为动机和表现。

4. 学习动机的影响因素

按来源划分，可以将学生学习动机的影响因素分为：自我因素、家庭因素、学校因素和社会因素四类。四类因素中均包括突发事件因素。具体见下表：

[①]　Deci，E. L. ，& Ryan，R. M. . Intrinsic motivation and self-determination in human behavior. New York：Plenum. 1985.

表 9-1 影响学习动机的主要因素

来源	子因子	说明/举例
本已	年龄变化	本已即学习者个人。
	性别	小学阶段,女生比男生有更高正向的学习动力。
	性格/人格	任务价值型的同学,有更正向的学习动机,而完美主义型性格的同学,一旦遭受挫折,容易缺失学习动机。
	已有的学习成绩	成绩优的学生比成绩差的学生的学习动机强。
	学习经验与能力信念	根据现有的经验判断,我是否有能力胜任或学习好。如随着英语成绩的逐步提高,会提高学习英语的积极性。
	意义收益判断	即我学习它能得到什么。如考试过关,可以得到教师或家长的奖赏。如努力学习有助于我考试过关,则该判断有助于提高正向的学习动力。
	价值观	认为努力学习是对父母或帮助者的感恩和认为学习是为父母完成一项任务,是两种截然不同的价值观。吃前者价值者,更愿意主动学习。
	突发事件	遭受脑伤或其他身体疾病
家庭	教养方式	一般而言,权威控制型家长不利于培养孩子的创造力。
	经济条件	经济条件较差的家长参与和支持孩子学习的条件受到限制,可能存在影响
	家庭氛围	宽松、充满爱的家庭,有利于孩子的成长和学习
	父母的教育背景与期望	受到良好教育的父母,有更多的知识和技巧来支持孩子的学习。父母对孩子的学习较高的学习期望也可能增强孩子的学习动机。
	突发事件	父母离婚、虐待孩子等都可能长期或短期影响学习动机
学校	课程设置	枯燥无味的教材和课程不利于激起孩子的学习兴趣
	教学质量与技术	包括教学方法和技术,如表扬、奖励、惩罚等
	学校和班级氛围	好的浓厚的学校和班级更能促动孩子的学习动机
	师生关系	含教师是否尊重、公平和真诚
	同学关系	同学的影响是与学习动机关联最重要的因子之一
	突发事件	教师因成绩不佳或课堂捣乱殴打学生;比如遭受校园凌霸。

（续表）

来源	子因子	说明/举例
社会	政策支持	如国家对新工科支持,可能会刺激理工科学生的学习积极性
	经济环境	制造业和实体经济的
	学校竞争	高强度的学校竞争压力会通过教师传导给学生,会抑制学生的正学习动力
	教育风气	部分学生对教育观和价值观可能会因诸如"读书无用论""文科不好找工作""没读多少书没关系,当网红照样可以赚钱"的教育风气所影响。
	突发事件	最亲密关系的朋友自杀,很可能短暂或长期引起某些特定的心理问题或学习障碍

5. 外在学习动机内化理论

内化(Intermalization)的概念最早由杜克海姆(E. Dukheim)等人为代表的法国社会学家提出,指社会意识向个体意识的转变。他认为所谓内化,实际上是一种心理过程,就是把外部的东西转化为内部的东西,客体的东西转化为主体的东西①。后来经法国、瑞士、苏联的心理学家分别在儿童的社会化、儿童的思维发展、儿童的智力发展等方面对内化现象进行过较深入的研究,并赋予内化不同的含义。

如皮亚杰强调认为,通过内化高级的社会历史的心理活动从外部活动转化为内部活动的形式;加里培林认为,心智活动是一个人从外部的物质活动向内部的心理活动的转化过程,实际上也是一种内化说。精神分析学派认为儿童解决自身冲突和害怕失去母爱的焦虑之间冲突的方法,是把自身的冲动压抑下去,把父母的规则和禁令内化为自己的行为。由此可见心理学上将内化定义为个人将社会的价值或实践标准认可作为自己的一部分。

行为主义心理学家华生等人主张,人的行为动机是受外在环境因

---

① 转自:暴占光.初中生外在学习动机内化的实验研究[D].长春:东北师范大学,2006。

素影响而形成的。一个人做出某种行为后,可能达到自己的目的,给自己带来好处,如受到表扬、奖励,也可能达不到自己的目的,给自己带来坏处,如受到批评或惩罚。这两种不同的后果会产生不同的影响,前者激励个体继续从事类似行为,后者则约束和压制个体类似的行为。

上述内化动机学说,亦被我国学者迁移运用于学习动机研究中。张俭福[①]在关于自控式的教育研究中提及教育活动中向学生所提出的外部的、客观的东西,只有通过"内化"才能成为学习主体内部的东西。学生素质形成的发展水平,在很大程度上就取决于主体内化的质量。他认为内化实质上是指社会意识向主体意识的转化,即把那些外在获得的东西,内化于人的身心,形成一种稳定的、基本的、内在的个性生理和心理品质。

暴占光博士[②]认为,一个学生的学习动机来源于他过去和当前学习所经历的强化体验,即外部施加于学生个体的影响。一般来说,由外部的强化而产生的学习动机其作用较弱而短暂,只有把外在学习动机内化才能使学生对学习本身感兴趣,形成良性循环和持续的动力系统。并给"外在学习动机内化"下了这么一个定义:外在学习动机内化是指个体在学习中通过对事物重要性的认识和较高的自我决定感,将学业要求转化为个体的认同经验与自我调节的一种积极的学习过程。

第二节　增强学生自主学习动机的策略

1. 基于行为理论增加学习动机的策略[③]

(1) 奖励的研究与应用

奖励分任务型奖励和表现型奖励。任务型奖励——学生只完成

① 转自:暴占光. 初中生外在学习动机内化的实验研究[D]. 长春:东北师范大学,2006. 原文:张俭福,自控式学习的内化机制[J]. 甘肃教育,1999 年 10 期。

② 暴占光. 初中生外在学习动机内化的实验研究[D]. 长春:东北师范大学,2006。

③ (美)萨·博林(Lisa Bohlin),(美)谢里尔·西塞罗·德温(Cheryl Cisero Durwin),(美)马拉·里斯-韦伯(Marla Reese-Weber). 教育心理学:激发自主学习的兴趣[M]. 连榕,缪佩君,陈坚,林荣茂等译. 机械工业出版社,北京:2018(196—235)。

教师要的任务以获得奖励。教师如果经常使用这种奖励,可能会降低学生对任务的兴趣,导致学生参与该活动的积极性低于受奖励前。在类似任务型奖励的活动中,经常采用以下这些方法,也可能会降低学生的内在动机:强行加设任务,设置截止日期,采用威胁或命令(如"我要取消奖励了!""必须""不,要这么做!"),过度的竞争(多数学生感觉赢得竞争是有压力的,即使胜出仍会削弱内在动机)、外部评价。表现型奖励——针对做得好的行为或者达到一定水平的表现,如考满分才能获得小贴纸。这种表现型奖励通过增强学生的能力感,从而提高学生的内在动机。在班级中,如只有表现最好的学生获得奖励,而表现较差的学生只获得少数奖励或根本没有奖励,这种奖励会降低学生的内在动机。

　　有效的奖励策略。不定期地给予的意外奖励——例如,当学生很好地完成了一项团队活动,给学生一个惊喜(如看电影、玩游戏或放个小假等)。意外奖励不会显著影响学生的内在动机。谨慎使用实物奖励(如证书、奖品甚至是金钱)——获得奖赏容易导致学生将自己的成功表现更多地归因于奖赏本身,即一个非内在因素,如兴趣、活动本身的趣味性或学生自身的能力等。依据完成任务的质量给予奖励——这种奖励负载着强调只有能力和努力就有收获的信息,是对学生能力和努力的积极反馈。奖励学生又快又好地完成特定任务所付出的努力,可以提高学生的内在动机。依据完成任务的质量给予奖励,特别是对那些还没有意识到通过努力可以获得成功的学生,可以促成其相信经过努力可以取得更大的成功。尽量减少使用专制惩罚型教学——专制惩罚型教学(包括使用控制性语言、命令学生、使用威胁、密切监控、体罚、故意忽视等)将降低学生的内在动机。当学生遭遇学业失败时,教师应避免使用指责的方式激发学生。惩罚学业失败将抑制学生对学习任务的内在兴趣。对失败的指责和惩罚将导致学生更愿意选择容易的任务,以规避可能失败的风险。

（2）表扬的研究与应用①

有关表扬的研究。有研究发现,学业成绩水平较低、家庭经济较差和经常学业上受挫的学生更能从表扬中获得内在动力。过程取向表扬如"你的作业书写整洁,有条理,答案准确率高,值得表扬!",有利于提高学生的内在动机。个人取向表扬如"你真聪明""你擅长语文""你家有学习成绩的遗传",有可能有损内在动机,因为这种表扬可能会降低学生的自我价值感。个人取向、绩效取向和过程取向的表扬的效果具有性别差异,与男孩相比,处于小学阶段的女孩更容易受到绩效取向和过程取向的激励。

有效使用表扬的策略。表扬应针对特定的行为,而不应该应用诸如"做得好""干得漂亮""不错""聪明"这类笼统的评语。表扬必须是真诚的。表扬依随于需要强化的行为,而不是随意、随机的,甚至是相互矛盾的,如钉书读写问题,既表扬正确的同学,也表扬错误的同学。

表9-2 有效表扬指南

有效表扬	无效表扬
根据具体情况给予表扬	随机或无规则地表扬
具体指出所完成任务的特别之处	只限于通用的表扬方式
发自内心的、形式多样及可以信任的表扬,既关注学生的学习过程又关注学习结果	表现平淡、冷漠,敷衍应付
奖励达到明确规定的绩效标准的行为(包括努力程度)	只要有参与任务就给予奖励,不考虑行为的过程和结果
对学生的能力和成就价值提供具体的信息反馈或评价	没有提供信息反馈或只告诉学生在班级的排名
指引学生重视与他们任务相关的行为本身,鼓励学生解决问题	指引学生与他人进行比较,重视竞争

---

① （美）萨·博林（Lisa Bohlin）,（美）谢里尔·西塞罗·德温（Cheryl Cisero Durwin）,（美）马拉·里斯-韦伯（Marla Reese-Weber）.教育心理学:激发自主学习的兴趣.连榕,缪佩君,陈坚,林荣茂等译.机械工业出版社,北京:2018(196—235)。

（续表）

有效表扬	无效表扬
以学生之前取得的学业成绩为基础,通过比较来描述学生目前的成绩	以其他同学的学业成就为基础,描述学生目前的成就
认可学生解决难题(对该生而言)所付出的努力和所得到的成果	不考虑学生的努力程度和成功对学生的意义
将成功归因为能力和努力,暗示学生今后可以取得类似的成功	仅仅将成功归因为能力或外部因素,如运气好或者任务难度低
鼓励内部归因(例如,学生愿意努力完成任务是因为他们喜欢任务或者希望掌握任务相关的技能)	鼓励外部归因(例如,学生认为努力完成任务是为了外部因素教师高兴,赢得竞争或奖励等)
鼓励学生关注与任务相关的行为	鼓励学生关注教师或权威人士对他们的评价
学生完成任务后,鼓励学生对相关行为进行合理的归因	干扰正在进行的活动,分散对相关任务的注意力

【实践案例】

表现性评价是基于行为的学习动机理论应用,以下是诸翟学校英语科沈晓春应用表现性评价来提升学生学习动机的课例研究。在该课例中,其评价设计优点在于:既关注学生的学习过程,关注学习结果;奖励达到明确规定的绩效标准的行为(**包括努力程度**);对学生的能力和成就价值提供具体的信息反馈或评价;指引学生重视与他们任务相关的行为本身,鼓励学生解决问题,等等。

应用表现性评价提升学生对英语学习的主动性

一、表现性评价的意义

表现性评价,具体来说,就是运用真实的任务或模拟的情境来引发学生真实的反应,由评定者按照一定标准进行直接的观察、评判,能较好地评价学生在英语创新能力、英语实践能力、合作能力及情感、态度、价值观等方面的发展情况,从而促进学生的全面发展。

二、表现性任务设计

……

3.设计任务内容

表现性任务要尽量真实。这里所说的"真实"是指表现性任务应尽量接近实际生活情境中的任务原型。由此所引出的学生反应也就更接近生活中的真实反应,评价效果也就较好。围绕 Say and act〈At the fruit shop〉这一话题,教师设计以下表现性任务:先把学生分成 3 人一组,一个扮演营业员,另两个扮演顾客:一个家长,一个孩子.小组成员通过在〈At the fruit shop〉这一真实的语境中灵活运用各相关语言进行角色表演,如 Taste/Smell it. How does it taste/smell? 等,在水果店买水果,从相互打招呼——选择水果—购买。学生体验在日常生活中购物的全过程,及在此过程中的情感体验,完成买水果的任务培养学生的综合语用能力。小组合作,语用正确。

4.评分规则的设计

评分规则是对表现性评价测验的评分标准和尺度的详细描述,是用来评价学生的反应和表现的标准。首先,围绕 Say and act ,教师首先选取了以下几个指标作为评估标准:语音语调、内容、流利性、准确性、肢体语言、成员参与和团队表现。其次,设计一个评分量表,给每一项确定的指标赋予四个不同的等级和分值。最后,用精确的语言描述量表中各指标等级对应的学生的表现,明确学生怎样的表现能称得上好或一般。下表是针对 Say and act＜At the fruit shop 这一表现性任务而设计的评分规则:

	4(Very Good)	3(Good)	2(OK)	1(Poor)
语音语调	语音语调一贯清晰准确	语音语调基本正确,偶尔有一、两个单词发音出现错误	部分语音语调出现错误,但不影响意思的理解	许多单词很难听懂,意思难以理解
内　容	能调动全部与情境相关的已学语言,语量丰富	能调动大部分与情境相关的已学语言,语量较丰富	能调动一部分与情境相关的已学语言,语量较少	不能调动与情境相关的已学语言,语用贫乏

（续表）

	4(Very Good)	3(Good)	2(OK)	1(Poor)
流利性	语言表达流畅,总能说完整句	语言表达流畅,但有时会时断时续,大部分能说完整句	能表达常用的句子,但表达缓慢不流畅,有时能说完整句	语言表达不连贯,经常不能说完整句
准确性	语言表达正确	语言表达偶尔出现错误,但不会产生误解	有些句型没有掌握好,有时出现错误,导致交流有障碍	只掌握了一两个句型,常出现语言错误,经常出现交流障碍
肢体语言	懂得通过丰富而恰当的面部表情、手势或体态等肢体语言进行交流	面部表情较丰富但很少用手势或肢体语言	偶尔使用肢体语言,但显得较生硬	交流时几乎不用任何肢体语言
成员参与	组内所有成员活跃,表现相当平等的角色	大多数成员等量但人略小的部分	一些成员有一小部分,但是他们同样参与	一个人有很大的作用,其他没有或非常小的部分
团队表现	团队成员认真对待任务,表现出色,使观众对他们的表演生成强有力的兴趣和热情	团队成员很在意但还没有充分的准备好,有时能使观众对他们的表演生成强有力的兴趣和热情	团队成员表现出色,但一部分成员表现的并不在意,偶尔使观众对他们的表演生成兴趣和热情	团队没有充分考虑这个任务,没有使观众对他们的表演生成强有力的兴趣和热情

……

三、评估方案实施（略）

四、效果评估（略）

……

——摘选自:诸翟学校校刊《教者觉人》第 161—169 页,作者:沈晓春.

3. 基于认知理论的提高学习动机的策略[①]

（1）针对学生层面的策略

改变学生对成败的归因。 教师可以通过在课堂上使用一些聚焦于如何应对困难和提高写作水平的方法。例如，让学生读一些学习成绩并不好但最终成为科学家的传记或文章或者让学生参与讨论，训练学生将失败归因于不够努力而不是能力低等。教师也可以通过询问学生对技能提高和高难度任务的看法，以了解他们对自己能力的评价。

教育学生要重视困难、进步和努力。 鼓励学生把挑战性任务视为学习过程中必须面对的经历，而不仅仅是满足于一些简单的学习成就。帮助学生意识到成功是因为知识和技能的提升，而不仅仅是比别人聪明。帮助那些能力低下的学生意识到努力更容易成功。教师要教导学生，更多的努力必将带来更大的成就，以提高他们的当下的学业成绩。

设置短期目标，逐步达到大目标。 如果教师帮助学生设置短期目标，并理解学习任务、提供支持（如学习方法），学生更愿意努力学习。采用这种方法能让小学生明白：能力不同的学生要想取得与他人相同的成就，需要一步一步实现，并付出不同程度的努力。

（2）针对班级层面的策略

减少（不是没有）班级的竞争氛围。 当学生重视外在目标（超越他人），他们更可能将自己和他人比较，并且期望从教师那里获得老师的认可，这很可能影响学生对学习活动的注意，从而降低他们的内在动机。教师可以通过以下方式减少竞争，提高学生的动机：允许学生按照自己的学习节奏学习，直到达到特定的学业水平；采用合作小组学习，能力各异的学生在一起共同完成某项任务或达到某一目标；

---

① （美）萨·博林（Lisa Bohlin），（美）谢里尔·西塞罗·德温（Cheryl Cisero Durwin），（美）马拉·里斯-韦伯（Marla Reese-Weber）. 教育心理学：激发自主学习的兴趣. 连榕，缪佩君，陈坚，林荣茂等译. 机械工业出版社，北京：2018(196—235)。

不同的学生提供不同的学业任务,降低学生进行比较的机会,从而促进学生重视掌握目标。

采用合理的认同和评价方式。只有当学生付出努力而表现得好时才给予表扬而不表扬他们很聪明或者擅长做某事;当学生表现不好时,教师积极地表扬将暗示学生的能力低。对小学低年级学生来说,因努力而受表扬能提高自信心,他们将表扬视为能力高的表现,因为他们还无法区分能力和努力。

提供有利于学生进步的机会。比如让数学水平落后但书法很好的学生,为其他同学教授书写技巧。为学科成绩落后的学生,提供体育、艺术或劳动表现机会。

强调学习的意义和价值。当学生的学业与他的生活相关时,学生就会重视学业的价值。教师在课堂尽量使用学生认知过、经历过、体验过的素材、案例、道具帮助学生快速切入新知识使用场景。这样,学生会觉得所学知识是有效用价值的,更乐于学习,并将所学的知识和以前知识经验相互联系,构建新的知识结构。这会使得学生愿意付出更多的努力,产生更浓厚的学习兴趣。

4. 基于自我理论地增强学习动机的策略

以下是基于自我理论的一些实证研究结果[1],总结出来的提高学习动机的方法和策略:

利用学生的兴趣和教材之间的关联性。当有新教材或教师指出新旧材料中的关系时,学生更有可能自我决定地学习(当学生学习兴趣较低时尤其管用)。学习自己感兴趣的任务时,学生更加重视学习内容,更能从中找到乐趣,哪怕他们经历失败。将学习内容与学生的日常生活关联起来,鼓励学生利用所学来动手解决生活中问题。如将生物课、地理课与环境污染联系起来,讨论和动手创建一个降低污

---

① (美)萨·博林(Lisa Bohlin),(美)谢里尔·西塞罗·德温(Cheryl Cisero Durwin),(美)马拉·里斯-韦伯(Marla Reese-Weber). 教育心理学:激发自主学习的兴趣. 连榕,缪佩君,陈坚,林荣茂等译. 机械工业出版社,北京:2018(pp233—234)。

染的方案。

　　提供自主选择的权利。教师可以给予学生选择权以提高他的自主性，如让小学生选择他们想读的书，或者让初中生和高中生自由选择课外活动和校本课程。当给予学生类似选择权时，他们更倾向于从任务中发现乐趣，胜任感亦会增强。同时，老师还应该给学生提供适量的更高一点难度的任务。

　　提供成功所需要的指导和技巧示范。教师需要明确地向学生传授如学习技巧、记忆方法及公式算法等，而不是期望学生能自己学会学习。教师还尽可能提供学习信息和资源，如电脑配置、网站名称、书单、可供模仿的学习达人等。与在缺乏指导下相比，教师的指导、示范和支持更能促进学生的自我效能感和学业成就。

　　适度和强调掌控。当学生完成中等难度的任务略超过他们现有的能力时，他们更愿意参与任务，更希望能掌控它。比如，学生可以通过累计学分（很多次的 A，较少的 B 等）达到他们选择的等级，如果他们选择要达到较高的等级，他们就要完成更多的任务，表现得更好。学生不是和其他人进行竞争，而是为了达到某一种行为标准。与在传统竞争环境下学习的学生相比，用这种方法学习的学生更会被激发学习动力。教师应该防止学生选择那些只需要付出一点努力甚至无需努力的等级任务。

　　帮助学生设置适当的目标。教师可以将任务分解成多个小任务，设置短期的、中等难度的目标，为逐步达到目标提供心理、方法和资源支持。一步一步完成任务中的小目标能增强学生对成功的信心。当学生学会设置短期的、可操作的目标，并学会逐步成功的方法，他们将更加愿意付出努力。需要记住的是，完成简单的任务或者帮助学生完成他们无法独立完成的任务并不能提高学生的自我效能感和学习动机。

　　提供适当的反馈和评价。教师的反馈应使学生认识到成功是由于自己不断地努力而不是天生聪明。如果在学生表现不佳的时候告诉他们需要继续努力，反而会降低自我效能感，尤其是当他们相信他们已经尽力时。教师尽量采用带有具体且积极信息的反馈，如"你的作业书写整洁,有条理,答案准确率高,值得表扬",而不是模糊信息反馈如"你的作业做得太差",尤其是少用控制型反馈,如"真棒,你应该一直这么努力""立即改正过来"等。

鼓励在班级中建立良好的相互关系。教师应关心学生,将学生视为独立的个体。如果学生感觉到教师的关心,将能促进学生的内在动机。同样,要信任你的学生。例如,允许小学生在课堂中有一些调皮捣蛋的行为。与学生约定"班级管理制度""无监考制度"等。教师鼓励学生班级自治,建立班级活动小组,使学生感受到重视和尊重。强调集体感如小组成就、班级荣誉,鼓励学生参与团队合作活动。

【实践案例】

诸学校教学策略:低起点、小容量、勤练习、强巩固

诸翟学校针对学生基础薄弱的学情和现状提出"低起点、小容量、勤练习、强巩固"的策略,就是基于自我认知理论和强化理论的具体应用。

教师将学习任务分解成多个小任务,并将难点降低,增强学生对成功的信心。并通过反复练习,加深行为强化,以此巩固成绩。

5. 基于教育神经科学的增强学习动机的策略

教育神经科学是一个较新的研究领域,它结合了教育学、心理学和神经科学的知识,旨在探索学习过程中大脑的工作原理,并且应用这些知识来优化教育实践。近年来,随着科技的发展,我们对大脑的理解越来越深入,从而为提高中小学生的学习动机和学习能力提供了新的方法和工具。

教育神经科学通过神经成像技术,如功能性磁共振成像(fMRI)和正电子发射断层扫描(PET),能够观察到大脑在学习过程中的活动变化。这些技术揭示了不同的大脑区域在认知任务中的作

用,帮助教育者了解哪些教学方法能够更有效地激活学习相关的神经网络。

研究发现大脑的奖赏系统对于学习动机至关重要。当学生完成一个有挑战性的任务或学会新技能时,大脑会释放多巴胺等神经递质,产生愉悦感,从而增加他们继续学习的动力。[①] 因此,教师可以通过设计游戏化的学习活动,或者提供积极的反馈和奖励,来刺激学生的奖赏系统,提高他们的学习动机。

【实践案例】

诸翟学校"使觉一卡通"项目

诸翟学校"使觉一卡通"项目,模仿游戏冲关的程序设计,学生每有好表现就有积极的反馈——积分,每一次的进步和加分,都会得到"使觉币"的奖赏,一步一个台阶,整个过程刺激且有挑战性。

使觉一卡通的主要操作流程如下:

1. 每学年开学,每个学生发放一张空白"使觉储蓄卡"(一卡通);

2. 根据学生在8个维度的素养表现,评定积分,储入学生的储蓄卡(一卡通)。8个维度分别是学习、文明、阅读、体育、艺术娱乐、科学、实践和荣誉。

3. 学生可以持卡,凭卡里积分(使觉币,下同)至超市兑换学习用品。

4. 另设"使觉银行""荣誉活动社"和"旅行社"。这三个机构分别设在教务处、德育办和大队辅导员办公室。学生根据实际表现和一卡通里的积分情况,可向"使觉银行"贷款,即先借积分;可到"荣誉活动社"申请荣誉升旗手、值日干部、值周工作、校园采访、活动组织

---

① okuhama-Espinosa, T. (2011). Mind, Brain, and Education Science: A Comprehensive Guide to the New Brain-Based Teaching. New York: W. W. Norton & Company.

管理、社团活动、开办个人画展等,展现自己的个性才能;可到"旅行社"申请外出旅行,如参观大型图书馆,到优秀院校等考察学习,参加各类社会实践或公益活动,观赏戏剧、话剧、音乐剧等艺术表演,参加科普讲座、科技实践活动等,观赏体育赛、参加全民健身活动等。

5.学校根据学生的实际表现、一卡通的用卡行为和积分分析,给予日常、期中、期末和学年评价。

"使觉一卡通"系统具体的操作规则和实施方案,见第三章第三节。

该项目是学校毕业生记忆中最深刻的活动之一,也显然印证了"大脑奖赏系统对学习动机的至关重要"——大脑会释放多巴胺等神经递质,产生愉悦感,从而加深他们的记忆和提升继续学习的动力。

此外,教育神经科学研究也表明,大脑对于结构化信息的处理更为高效[1]。教师可以利用这一点,通过将知识点组织成图表、思维导图等形式,帮助学生更好地组织和记忆信息。例如,一项研究使用思维导图作为教学工具,结果表明,使用思维导图的学生在记忆和理解复杂概念方面表现得更好。

进一步地,神经科学研究揭示了大脑可塑性的重要性。大脑可塑性是指大脑在学习和经验中重新组织自身的能力。这意味着学生的学习能力并非固定不变,而是可以通过适当的训练和刺激得到提高。例如,通过持续的阅读训练和认字游戏,可以增强与语言相关的神经回路,帮助那些阅读困难的学生提高阅读水平。[2]

除了认知功能的培养,教育神经科学还关注情绪和社会行为对学习的影响。研究表明,安全和支持的学习环境能够降低大脑应激系统的活动,使学生更容易集中注意力和处理信息。因此,建立积极

---

[1]　Willis, J. (2006). Research-Based Strategies to Ignite Student Learning: Insights from a Neurologist and Classroom Teacher. Alexandria, VA: ASCD.

[2]　Howard-Jones, P. A. (2014). Neuroscience and education: myths and messages. Nature Reviews Neuroscience, 15(12), 817—824.

的师生关系和鼓励的班级文化,有助于创建这样的环境,进而促进学生的学习能力。

教育神经科学还强调了睡眠在学习过程中的作用。充足的睡眠对于记忆巩固和情绪调节至关重要。学校和家长可以通过教育学生了解良好睡眠习惯的重要性,以及如何管理时间来确保足够的睡眠,来帮助学生提高学习效率。

越来越多的教育家对教育目的和方法进行反思,越来越多地强调学生的自我认知、自我反思、自主学习、自我驱动和内在动机,而不仅仅是外在物质、技术及表扬的驱动。

以下是一些"自觉教育"的教育方式和观点:

(1)学习者中心。强调学习过程应当以学习者为中心,尊重学习者的个性、兴趣和学习节奏。(2)自我驱动。鼓励学生发展自我驱动的学习习惯,培养内在动机,而不是依赖外在奖励。(3)自我规划。学生应当学会自我规划学习计划,设定学习目标,并对自己的学习负责。(4)自我评估。学生应当能够自我评估学习成果,反思学习过程,以便于持续改进和深化学习。(5)批判性思维。提倡培养学生的批判性思维能力,使他们能够独立分析和解决问题。(6)终身学习。将学习视为终身过程的一部分,鼓励学生在学校之外继续探索和学习。(7)教师角色的转变。教师的角色从权威的知识传递者转变为学习的引导者、协助者和支持者。(8)灵活性和开放性。学习环境应当具备灵活性和开放性,以适应不同学习者的需求,并鼓励创新和探索。(10)社区与家庭的多元参与培养。(10)积极的价值观。强调和培养学生向好、向美、向善和自我价值实现的价值观。

第十章 宏观视野下的课堂教学自觉

宏观视野下的课堂教学自觉,就是对课堂教学的规律、路径、模式和方法有个全局性的"自知之明"。

本章遵循自觉教育的实践路径:认知—反省—创建("使觉"教育的"觉知—觉醒—觉悟")。首先,基于信息传播和教育传播理论,从宏观上分析课堂教学改革为什么难;其次,归纳了一些国内外的教学模式和方法;最后,在自我创建课堂教学模式和方法上,则以诸翟学校的一些课堂教学例子作为案例。

第一节 影响课堂教学的原因

"在中国教育进入 21 世纪后,各地先后开始了新一轮的课程改革……特别是自 2014 年在上海、浙江开展高考改革试点后,这轮自上而下的课程改革已进入深水区,'以学生发展为本''立德树人''核心素养的培养'等课程改革思想已深入人心,为广大教师所接受。与此同时,十多年来,随着中国经济的快速发展,教学条件与环境发生了巨大的变化,多媒体、电子白板、网络、云技术、AI 技术等新技术进入了教室。那么中国的课堂教学的基本形态是否因为这些而发生了根本的变化呢?……除了教学思想、教学硬件等发生了巨大变化外,常态的课堂教学与十年前的课程教学相比较,在教学方式与形式上,有没有发生根本性的变化?……结果令人震撼,95% 以上的教师的回答是

'没有'". ①

以上是上海外国语大学闵行外国语学校校长吴金瑜先生的著作《基于理解的学校教育》中有关课堂教学改革内容的开篇之声。

吴校长是上海市物理特级教师、特级校长、华东师范大学理解教育研究所研究员,是国内享有盛誉的理解教育首创者之一和忠实践行人。他从教 30 余年,知识广博、熟悉中外基础教育,先后担任数个中小学学校的校长,运用理解教育办理理念,大胆创新,取得了丰硕成果。像吴校长这样资深的教育家,都觉得中国的课堂教学改革经过十几年的时间的磨合都没有发生根本的变化,可见课堂教学改革之难。

1. 影响课堂教育三个因素

吴校长认为,课堂教学方式和形式上的改变之难受到三方面的制约:

首先且根本的原因是教育文化的制约

"绝大多数新教师上岗的第一堂(第一周,甚至第一个月、第一年的)常态课所采用的教学方法,不是大学教材教给我们的方法、策略和原理,而是源自父母以及幼儿园、小学、中学、大学老师在长期教学过程中潜移默化传给我们的方法和策略。"②吴校长认为,新教师的这种教学行为正是我们传统的教育文化一代一代潜移默化的结果。所以,课题教学改革要从中国教育文化切入,要改变师生关系和教与学的关系。"学生必然成为所有教学模式的中心,教师必然在学习过程中扮演多种角色:学生的导师、助手、合作者,等等。"③

其次,课堂教学受教师和学生的课堂行为影响

课堂教学不只是受教师的影响,而且学生行为的影响。"教师是教学活动的主体,在教学过程中主要起着组织、引导、修正教学行为

---

① 吴金瑜. 基于理解的学校教育[M]. 上海:上海交通大学出版社,2019.74。
② 吴金瑜. 基于理解的学校教育[M]. 上海:上海交通大学出版社,2019:74—95。
③ 同上。

等作用。……学生则毫无疑问是学习过程中的主体,更是学习活动的主人,学生的主体性在教学活动中具体表现为学生在教学活动中的主观能动性,即在教师的帮助下,学生在教学过程中自主建构知识、发展能力、形成人生观。"①

再次,知识的性质决定着教学方法和策略

吴校长把基础教育阶段知识分为三类,即感官识记性知识、意义理解性知识和过程体验性知识。三类不同的知识应该采取不同的教学方法。吴校长提出的教学策略是:对感官识记性知识,"教师的教主要以引导、创设情景、精彩演绎等为主,而学生的学主要是投入最多的感觉器官去学习,并进行多次强化训练";对意义理解性知识,"不仅需要教师做精彩的演绎""帮助学生建立概念、提供给学生一种或多种学习的范式,但更多的是要求学生自己去理解(构建)知识,并通过师生、生生的交流,吸取他人的优点,完成自己对知识的解构和理解(掌握)";对于过程体验性知识,如实验等,教师应该作为已有经验者,或作为活动的设计者,或指导学生,或与学生合作。而学生必须作为亲历者,要去体验、去经历、去实践、去进行自我探索,"在这类知识的教学过程中,若教代替学,学习就变得毫无意义。"②

2. 课堂教学的复杂性和不确定性

笔者非常认同吴校长的上述观点。笔者以为,中国基础教育课堂教学改革正在向好向上发展,但难度也真的存在。其之难的原因还在于它的复杂性和不确定性,需要我们做得更精细、更专业。

基于信息传播学、教育传播学和传播动力学等相关理论,笔者按动作分解,将课堂教学全过程梳理成以下流程:教材研读——备课——教师或(和学生)的课堂演绎——课堂中学生内化生成四个环节(见图 10-1 上半部分)。分别对应以下信息传播流程:信源———级教育者解码和生成新信息——一次媒态选择和信息传

---

① 吴金瑜.基于理解的学校教育[M].上海:上海交通大学出版社,2019:74—95。
② 同上。

送(课件与课程资源)——二级教育者解码和生成新信息——二次媒态选择与传播——受教育者接受信息与解码(见图 10-1 下半部)。在教与学的信息传播中,受教育者反馈与一二级教育者互动后,教学者在课堂现场调整信息与再传送的过程,以及重新备课调整再传送过程。

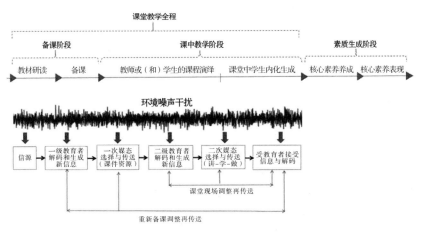

图 10-1　课堂教学信息传播模型

在上述信息传播流程中,各个节点都会受到若干不同环境噪声(影响因子)的干扰,不同噪声(影响因子)会产生不同的教学效果。其主要干扰因子见下表(表 10-1)所列:

表 10-1　课堂教学影响因子

传播节点	主要环境噪声(干扰因子)	传播学理论及其应用
信源(即教材)	受教育政策、内容、教材形式、知识结构类型①等影响	(1) 媒介即信息——采用书面纸质、音频,还是视频制作成教材,其对研读效果可能存在差异。例如,吴金瑜校长的"三类知识结构分类"理论就可以划分为信源领域。

————————

① 比如吴金瑜校长划分的三类基础知识结构类型:感官识记性知识、意义理解性知识和过程体验性知识。

（续表）

传播节点	主要环境噪声（干扰因子）	传播学理论及其应用
一级教育者解码和生成信息	课件与课程资源的制作者因其经验风格（教育文化）①、知识及其结构、技能、兴趣偏好，甚至性别、心情不同，对教材及其背后的核心素养的理解都可能不同。	（2）把关人—只有符合群体规范或"把关人"价值标准的信息内容才能进入传播的管道。 （3）备课老师在做课件时，既是新的信源又是把关人。
一次媒态选择与传送	第一次做成的课件和课程资源。它的传播通道——PPT演示、音频、视频、网络多媒体、触觉、嗅觉、实验操作、现场讲解等），以及传送时的时间、地点、空间都可能会影响传播效果。	（4）见媒介及信息（1）。 （5）信息即媒介——听到声音、看到的画面、嗅到的味道，本身就是信息的媒介。不同的媒介影响传播效果。 （6）传播空间也是信息，比如在农场开展劳动课，肯定比教室更有效。
二级教育者解码和生成新的信息	经验、知识及其结构、技能、兴趣偏好，甚至性别、心情都会影响教学效果。	（7）信息失真——如果一级教育者（做课件）和二级教育者（用课件者和课堂教育者）不是同一个人，他需要再次对课件和教学资源进行解读，形成新的二级新信源。二级新信源表达的信息与原来一级信源不一样，就叫信息失真。
二次媒态选择与传送	课件和课程资源的媒介形式和传播通道及其组合——PPT演示、音频、视频、网络多媒体、触觉、嗅觉、实验操作、现场讲解等，以及传送时的技术、方法、时间、地点、空间都可能会影响传播效果。	（8）见上面（1）、（2）（3）（5）（6）和（7）。
受教育者接受信息与解码	接受者的经验、知识及其结构、技能、兴趣偏好、（多元智能）学习特性②、身体健康状况、年	

①　参考本节吴金瑜校长关于课堂教学革新难的原因之观点：教育文化制约、教育主体影响和知识类型影响。

②　多元智能理论：这个理论由美国心理学家霍华德·加德纳提出，他认为每个人都具有多种不同的智能，这些智能包括但不限于语言智能、数学逻辑智能、空间智能、音乐智能、身体运动智能、人际智能和自我认知智能等。不同的学习者在处理信息和知识时，会偏向使用不同的智能类型。例如，一些人更善于通过视觉来学习，他们可能更喜欢看图表、图像或视频等视觉资料。另一些人可能更善于通过听觉来学习，他们可能更喜欢听讲座、音频书籍或音乐等听觉资料。还有一些人可能更善于通过动作或实践来学习，他们可能更喜欢通过动手操作或参与实践活动来获取知识和技能。

（续表）

传播节点	主要环境噪声（干扰因子）	传播学理论及其应用
受教育者接受信息与解码	龄①、心情、性别乃至接受时的地点、时间和空间，都可能影响他对信息的接受。	
反馈，信息调整再传送	老师与学生对传播的信息，会因双方的知识、能力、人生经验等差异，理解不同。要让学生了解一件事物，教师必须用学生经验范围能够理解的方法和技巧，引导他们进入老师预设的范围和领域，以至于学生与老师共同分享该意义。	（9）共通的意义空间——在教育传播中表示一种信息传递与交换的活动，教师要与学生沟通，必须有一个共同的意义空间。 甲 乙 两个圆圈各代表甲与乙传授一方的意义空间，其间重叠的地方是他们共有的意义空间，重叠的范围越大，则传播效果越好；反之，若一方的增长速度过快，而另一方停滞不前，教学传播则会困难。②

我们假设，课堂教学全流程 7 个环节的前 6 个，每个环节的独立影响因子（注意，是独立影响因子）是 5 个。理论上，按排列组合就会产生 15625 个结果（见图 10-2）。换言之，在理论上，我们基础教育的课堂教学模式和方法至少有 15625 个。

特别需要说明的是，在上述 6 个环节中，每个环节中的 5 个影响因子是独立的。假如不是独立的，有多少种结果呢？

如果影响因子是非独立的，这意味着选择某个步骤的影响因子

---

① 义务教育课程方案和课程标准（2022 年版），明文要求"注重幼小衔接……合理设计小学一至二年级课程，注重活动化、游戏化、生活化的学习设计。依据学生从小学到初中在认知、情感、社会性等方面的发展，合理安排不同学段内容，体现学习目标的连续性和进阶性。"研究表明，幼儿园与小学低年级阶段最有效的课堂教学方式是生活体验、知识识记、技能模仿。小学高年级与初中阶段后，知识的体验性和逻辑思维相对增强，因此，体验式教育与记忆、计算、推理、交互学习结合，应该是比较还得教学方式。

② 刘鑫. 教育传播理论在高中历史课堂教学中的应用研究[D]. 曲阜师范大学，曲阜：2021。

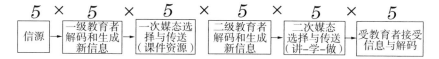

图 10-2　课堂教学信息传播流程影响因子示意图

可能受到前面步骤中选择的影响因子的限制。在这种情况下,我们无法提供一个具体的实验方法总数,除非我们知道每个步骤的影响因子是如何依赖于前面步骤的影响因子的。也就是说,课堂教学不仅复杂,还存在不确定性。

课堂教学的复杂性和不确定性,还表现在四个方面:

一是现有的技术条件难以穷尽和难以做到;

二是用人做科学实验是非常严肃的涉及伦理,目前不可能进行这么大规模和样本的真人实验研究。

第三,课时规划上受到限制。笔者认为,课堂采用团体互助、小组讨论和项目学习的方法和模式是好而有效的。但事实上,很多学校都是浅尝辄止,甚至只做表面文章,究其原因就是课改后课堂时间不够。根据笔者经验,小学和初中低年级课堂采用团体互助、项目学习法(有的要改变教室布置)时,从课件资源分发开始到小组讨论结束,要想弄透彻一个知识点或一课,几近要花 120 分钟甚至更多,而现实是两堂课连起来上也不到 90 分钟。根据国家课程规划和学校的实践,小学高年级和初中生完成一门功课的全部学时不到 360 小时,如果真正要将我们的小学和初中低年级的课堂教学有大的创新和改革,向大综合、大探索和大项目方向进行课改,目前课程及课堂时间需要做大而系统的改变和国家层面的顶层设计,比如将寒暑假中的一段时间划为探索实践课时(以兼顾学生放假与学习)。

第四,除了上述,还有其他很多现实原因,例如传统的教学模式最简单快捷,对于识记类的知识传授和学生书面测试是相当有效,因此以分数和排名为价值导向的学校(老师)就不愿意采用新的课堂教学模式和方法。

总之,基础教育课堂教学是个综合性大课题,涉及信息学、心理学、教育学、人类行为学、组织管理学等多个学科,课堂教学模式与方法多而复杂且存在不确定性。目前并没有绝对的、公认的、放之四海皆准的有效方法,其正是国家鼓励课堂教学创新的原因,也给当下和未来的课堂教学改进提供了无限想象的空间。

第二节　课堂教学的具体模式和方法

课堂教学改革存在复杂性和不确定性,但不是说没有效果。相反,经过长时间和无数人的实践,也认证了一些课堂教学模式和方法的有效性。

1. 国外课堂教学的一些方法和研究

（1）国外课堂教学模式与方法举例

我国基础教育的课堂改进和创新的最重要路径,就是学习欧美发达国家如美国、英国、芬兰、瑞士、德国、加拿大等国的模式和方法,这些模式和方法包括但不限于以下这些:

直接指导（Direct Instruction）:这是一种教师主导的传统教学方法,强调结构化的教学计划、明确的教学目标和集中的课堂管理。教师通过讲授、示范和回顾来传授知识。

分层教学（Differentiated Instruction）:这种方法承认学生在能力、学习风格和兴趣上的差异,并提供多种教学策略和材料来满足不同学生的需求。

翻转课堂（Flipped Classroom）:在这个模式下,传统的课堂活动（如讲授）和家庭作业（如练习题）的角色互换。学生在家通过视频等资源预习新内容,而课堂时间用于讨论、实验和应用知识。

项目式学习（Project-Based Learning，PBL）:项目式学习是以学生为中心的教学方法,学生通过探索和响应一个复杂的问题、挑战或问题来获取深入知识。

合作学习(Cooperative Learning)：学生在小组内合作，通过互助和分工来完成任务。合作学习鼓励学生之间的交流和协作，促进社交技能的发展。

探究式学习(Inquiry-Based Learning)：教师引导学生通过提问、研究和探索来积极参与学习过程。学生被鼓励发展批判性思维和解决问题的能力。

蒙特梭利方法(Montessori Method)：尽管这种方法更常见于幼儿教育，但一些中小学也采用了其核心原则，如自主学习、以学生为中心的环境以及以探索和发现为基础的学习。

多元智能教学(Multiple Intelligences Instruction)：基于霍华德·加德纳的多元智能理论，这种方法认识到学生在不同领域（如语言、数学、音乐等）具有不同的才能和学习偏好，因此提供多样化的教学活动以满足各种智能类型。

社会情境学习(Social-Emotional Learning，SEL)：SEL 强调发展学生的情感智力，包括自我意识、社交技能和决策能力。这种方法通常与学术课程融合，以促进全面的学生发展。

技术整合(Technology Integration)：随着互联网、大数据、人工智能等技术的普及，教师越来越多地采用新技术，将电脑、平板、互联网资源和教育软件集成到教学中，以增强学习体验并提供个性化学习路径。

（2）日、韩和新加坡的传统课堂教学方法

在国际上基础教育水平较高的，且受中国文化影响的国家有新加坡、日本、韩国等国，这些国家在教育实践中运用了许多符合国情的、创新的方法和模式。

有意思的是，这些方法和模式中，有些与我国中小学采用的相似，下面是一些例子：分级教学，新加坡教育系统根据学生的学习能力将他们分入不同的学习层级，例如快速班组、普通班组和基础班组；板书教学，日本教师擅长使用黑板来组织和展示信息，这有助于学生更好地理解和记忆课程内容；大量考试和练习，韩国教育强调通过大量的练习和复习来掌握知识，这种方法在学生学习基础知识，如数学和语言时特别突出。

上述这些教学方法受到国际同行的肯定,被试学生在实际测试中的表现也相当优秀。所以,我们有必要审视自己的传统的教学模式和方法,更没有必要妄自菲薄和为了创新而舍弃好的传统教学方法。

(3) 两个专业、细分的教学效果研究

学习金字塔①

1997 年,美国缅因州伯特利市的国家训练实验室(National Training Labs in Bethel,Maine)进行一项有关"不同的学习方法会产生不同的学习效果"的研究。研究发展,如果是以学习之后的保留比率(retention rate)的方式来比较的话,"聆听式"的学习效果是5%,"阅读式"是 10%,"听与看"是 20%,"示范式"是 30%,"小组讨论式"是 50%,"实作演练式"是 75%,"教给别人或立即应用"可以达90%之高。这里"聆听式"的学习方法就是类似我们课堂老师灌注式的说课。该研究表明,实施传统的讲述法所产生的学习效果可以说是最差的。为什么差? 进一步研究显示,如采用教学讲述法,大学生有 40%的时间是心不在焉的。在上课的前十分钟,学生还能够记得老师所讲的教材的 70%,而在下课前的十分钟,却只能记得 20%。连大学生都是这样子,那么在中小学阶段的学生就更不堪想象了。

基于上述研究,有人提出了"学习金字塔(learning pyramid)"理论。"学习金字塔"(Learning Pyramid),也称为"锥形学习模型"(见图 10 - 3),是一种广泛传播的教育模型,用来描述不同教学方法的记忆保持率。这个模型通常被描述为一个分层的金字塔结构,每一层代表一种特定的学习活动,与其相关的学习效果或长期记忆保持率。金字塔从基座到顶端,保持率逐渐升高。

尽管"金字塔模型"在教育领域内被广泛引用,但它的有效性和准确性经常受到质疑。批评者指出,学习金字塔的统计数据往往没有明确的研究来源,并且不同学习者的经验和效果可能会有很大差

① 笔者参考以下文献编写:蔡文荣.给教师的 101 个教学精囊妙计[M].北京:中国人民大学,2022。

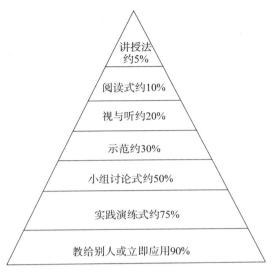

图 10-3　学习金字塔模型

异。此外,记忆保持率与多种因素有关,包括学习者的个人背景、学习风格、内容难度、学习环境等,而不是仅仅取决于教学方法。金字塔模型应被视为一个大致的框架,用来激发对于教学方法多样性的思考,而不是一个严格的科学准则。在实际的教学实践中,最有效的方法往往是结合多种教学手段,以适应不同学习者的需求和偏好。

媒介对学习效果的研究①

美国成人教育专家派克(Robert W. Pike)的研究指出,讲授教材内容的时候,如果有视觉上的辅助(如投影片、幻灯片),学生能够增进 14%—38% 的学习效果。有些研究甚至指出,如果教英文词汇时使用视频的话,学习效果可以增加到 200%。讲解概念的时候,使用视觉媒体配合图片讲解的话,教学时间最多可以减少到 40%。美国语言学家、心理治疗师格林德(Grinder)以一个班 30 个学生作为研究对象。他发现只要老师将视觉、听觉和动觉的教学活动混合使用,平均就有 22 个学生能有效地学习,其余的 8 个则特别偏好其中

---

① 笔者参考以下文献编写:蔡文荣.给教师的 101 个教学精囊妙计[M].北京:中国人民大学,2022。

某一种学习形态,以致产生理解上的困扰,需要特别照顾,用他们喜欢的方式来教学才能有所改善。从这项研究结果中,我们知道要满足学生各种需求的话,教学方式必须多样化,从而顾及每个人不同的学习取向,否则在现在常态分班的教育生态中,永远有一些人会跟不上,也有一些人会觉得上课很无趣。

我国当前的多数中小学课堂教学方法研究,还不够专业,不够细分。笔者举上面两个专业且细分领域的课堂教学研究例子,目的是抛砖引玉。

2. 国内中小学课堂教学模式与方法

在学习、借鉴国外教学模式与方法的同时,我国中小学也结合国情、校情创造出很多具有中国特色的课堂教学模式和方法。它们在中国基础教育的花果园或含苞待放,或绽开怒放,或硕果累累,值得我们学习和研究。

以下是笔者考察和总结了一些知名中小学的教学模式和方法供大家参考:

表 10-2　中国中小学课堂教学模式和方法举例

学校及模式	主要内容
北京师范大学实验小学的"合作学习"教学模式	一种注重学生合作学习和自主管理的课堂教学模式。这种模式将课堂划分为三个阶段,即合作准备、合作探究和合作展示。学生在合作准备阶段进行自主学习和研究,准备合作探究的材料和内容;在合作探究阶段,学生通过小组讨论、交流等方式解决问题,形成自己的观点和结论;在合作展示阶段,学生进行小组汇报和展示,同时接受其他小组的质疑和评价。这种模式注重学生的合作学习和自主管理能力的培养,通过多种形式的教学活动,激发学生的学习兴趣和创新精神。
上海外国语大学附属闵行外国语学校的"闻—说—亲"教学模式	"闻—说—亲"模式是一种根据知识结构分类开发的教学方法,其中的"闻"代表学生通过听来获取信息,"说"代表学生用语言表达自己的观点和想法,"亲"代表学生通过亲身实践和体验来加深对知识的理解和掌握。这种模式注重学生的自主学习和合作学习能力,通过多种形式的教学活动,激发学生的学习兴趣和创新精神。

（续表）

学校及模式	主要内容
天津外国语大学附属北辰光华外国语（小学）学校的 25＋10＋"25＋10＋5"课堂教学模式	将 40 分钟课堂教学分为："新授 25 分钟"——学生学习新的语言知识、提升语言技能；"尚美 10 分钟"——生字书写练习，写字技能与日俱进；"精彩 5 分钟"——学生个人演讲，聚焦语言运用。运用时间分配模式的低年级识字课堂教学，每节课都有书写、表达等学生活动时间，持续性学习将促成质的飞跃，也便于系统地评价学习效果，并以"精彩 5 分钟"作为拓展，有利于学生能力的梯次发展。
华南师范大学附属小学的"研学后教"教学模式	是一种注重学生探究和实践的课堂教学模式。这种模式将课堂划分为三个阶段，即研学、探究和实践。学生在研学阶段通过自主学习和研究，发现问题并寻找解决方法；在探究阶段，学生通过实验、观察等方式探究问题，形成自己的观点和结论；在实践阶段，学生将所学知识和技能应用于实际生活中，提升其实践能力和解决问题的能力。这种模式注重学生的自主学习和实践能力培养，通过多种形式的教学活动，激发学生的学习兴趣和创新精神。
河北衡水中学的"三转五让"教学模式	是一种旨在实现教学民主化和科学化的课堂教学模式。其中的"三转"代表转变教师观、转变学生观、转变备课程序；"五让"代表让学生在课堂上大胆质疑、自主探究、小组讨论、交流合作、参与评价。这种模式通过鼓励学生参与课堂活动，发挥其主观能动性，培养其独立思考和解决问题的能力。
江苏洋思中学的"先学后教，当堂训练"模式	是一种以学生自学为主，教师精讲为辅的课堂教学模式。这种模式将课堂时间划分为三个阶段，即学生自学、教师精讲、学生当堂练习。通过让学生先自学，教师再针对性地讲解，以及让学生当堂进行练习，达到及时反馈和解决问题的目的。
浙江桐乡市凤鸣小学的"乐学教育"模式	以兴趣为导向，让学生在快乐中学习的课堂教学模式。这种模式注重学生的情感体验和个性发展，通过多样化的教学方式和活动，激发学生的学习兴趣和动力，使其在愉悦的氛围中掌握知识和技能。
北京市十一学校的"走班制"教学模式	一种根据学生学习需求、能力和兴趣进行分层教学的课堂教学模式。学校根据学生的能力和兴趣，将课程分为不同层次和类型，学生可以根据自己的情况和需求选择相应的课程进行学习。这种模式能够满足不同学生的促进学生的个性化发展。

（续表）

学校及模式	主要内容
上海市育才中学的"读、议、练、讲"教学模式	是一种注重学生自主学习和实践的课堂教学模式。其中的"读"代表学生通过阅读获取信息，"议"代表学生通过讨论交流观点，"练"代表学生进行实践练习，"讲"代表教师进行精讲和点评。这种模式注重学生的自主学习和实践能力培养，通过多种形式的教学活动，激发学生的学习兴趣和创新精神。
南京师范大学附属中学的"问题化学习"教学模式	是一种注重学生问题解决能力和创新思维培养的课堂教学模式。这种模式将课堂划分为三个阶段，即问题生成、问题解决和问题拓展。学生在问题生成阶段通过自主学习和研究，发现问题并寻找解决方法；在问题解决阶段，学生通过小组讨论、实验等方式解决问题，形成自己的观点和结论；在问题拓展阶段，学生将所学知识和技能应用于实际生活中，提升其实践能力和解决问题的能力。这种模式注重学生的自主学习和创新思维培养，通过多种形式的教学活动，激发学生的学习兴趣和创新精神。
华中师范大学第一附属中学的"导学互动"教学模式	是一种注重教师主导和学生主体地位的课堂教学模式。这种模式将课堂划分为三个阶段，即引导自学、互动助学和反馈测评。教师在引导自学阶段通过设置问题情境和提供学习资源等方式引导学生自主学习和研究；在互动助学阶段，教师通过组织小组讨论、答疑解惑等方式帮助学生解决问题，形成自己的观点和结论；在反馈测评阶段，教师进行针对性的点评和总结，帮助学生巩固所学知识和技能。这种模式注重教师的主导作用和学生主体地位的发挥，通过多种形式的教学活动，激发学生的学习兴趣和创新精神。
山东杜郎口中学的"三三六模式"	是一种以学生为中心的课堂教学模式。其中的"三"代表课堂教学中的三个追求目标，即"立体式、大容量、快节奏"；"三"代表自主学习的三个模块，即"预习、展示、反馈"；"六"代表课堂展示的六个环节，即"预习交流、明确目标、分组合作、展现提升、穿插巩固、达标测评"。这种模式强调学生的自主学习和合作学习能力，通过让学生积极参与课堂活动，培养其创新思维和实践能力。

第三节　基于自觉的课堂教学观

1. 基于自觉的课堂教学观

通过上述论述课堂教学的复杂性和不确定性，基于对核心素养养成的整个过程的分解研究，基于对国内外一些课堂教学模式和方法的习得和自己的教学实践，笔者以为，自觉意义上的课堂教学观有以下七点：

第一，课堂教学模式和方法多而复杂，目前尚没有绝对的标准，需要教师主动去了解、学习和借鉴前沿成果，并去探索出新的模式和方法。自觉的课堂教学应该是开放的、发展的和动态的。谁的方法有效，就借鉴谁的。谁的教育理念符合教育规律，就吸纳和消化谁的。

第二，课堂教学模式和方法的探索是一个系统的问题。课堂教学只是从教材、课程到学生核心素养养成的整个过程中的重要环节，不是唯一环节，甚至有时候不是关键环节。课堂教学模式和方法的研究和改进应与政策、教材、课程、教师、学生本人及其活动环境联系起来。

第三，课堂教学关系中不只是"教师与学生的关系"，它可能还是教师、学生、教材、教学工具、空间环境等相互交织的关系。

第四，课堂教学中的技术和方法不是学生培养目标和重点，它只是工具，"核心素质的养成"才是它的出发点和终结点。

第五，课堂教学改革和创新，也不必然导致学生达成核心素养的目标。

第六，课堂教学改革和创新，不只是关注形式、模式和方法的创新，更应该关注课堂质量，关注投入和产出比（效能比）。不能为了变革而变革，创新而创新。当下，我国的课堂教学研究还应该做细致做专业，应该学习类似上文提及的"不同的学习方法会产生不同的学习效果研究"和"课堂媒介效果研究"。

第七，自觉意义上的课堂教学应该是，为养成学生核心素养，学校提供必要的资源和条件，激励教师积极主动地探索和应用高效的教学工具、策略和方法，继而有效地激励学生自主学习的活动过程。

2. 诸翟学校教学模式和方法举例

我们诸翟学校在创建"新优质学校"过程中和"强校工程"项目建设中，对课堂教学模式和方法进行持续的探索，以下是一些经验和方法。

在理念上，坚持以核心素养培养为价值导向，以学生为本，注重多种教学方法的运用；在模式（范式上）采用探究式教学（鼓励学生自主探究和发现问题，提高学生的学习积极性和创新能力）、互动式教学（加强师生互动和生生互动，营造良好的课堂氛围和合作学习环境）、拓展式教学（注重学生的综合素质评价和拓展活动，促进学生全面发展和个性发展）。在教学策略和方法上，学习、借鉴先进的模式、技术和方法，探索总结出一系列属于自己的策略、模式和方法，例教学方式——有问题、敢质疑、会探究、能生成；课例研究模式——两反思三实践四维度；"闻、说、亲"课堂教学模式；教学指导策略——低起点、小容量、勤练习、强巩固；"1:2:1"课堂教学和时间分配范式。

更多的、具体的诸翟学校课堂教学模式和方法，请参阅本书第四章。下面举两个课堂教学的案例。

一个问题导向式课堂改进案例

"使觉"课堂的实践是教师更新观念的过程，也是教师将先进的教育理念付之于教学行为的过程，观念转变是撬动课堂转型的支点。在学校项目组专家高校长的指导下，组织行政、组长、骨干教师进行了专题的讨论与研讨，明晰了"使觉"课堂的内涵与外延。早在 2013 学年寒假，学校就着手开展了"由解决问题向发现问题转变的课堂教学创意设计案例"征集、评比活动，翟晓琴老师的《提高问题意识，创建"使觉"课堂》等获奖案例在全校教师大会进行了交流，加深了对"觉创"课堂观念的理解，统一了课堂教学转型的思想认识，为课堂教学转型的实施奠定了初步的基础。

案例一：先学后教，以学定教——在预学单的尝试中提出问题

在《平行四边形的认识》一课中，预学单是教师在课前根据学生的实际情况及将要达成的学习目标和任务，科学地设计预学环节，让学生在预学单的引导下独立地进行有效预习，以实现让学生"带着问题走进课堂"，变"要我学"为"我要学"的目的。大致分为：预学内容，预学目标和预学过程。预学过程中有忆一忆、试一试和议一议三个环节。"忆一忆"帮助学生对已有知识的复习，通过旧知识的调动来学习新的知识，为学困生架设了一个"脚手架"；"试一试"让学生对平行四边形有个大体的了解和概括；"议一议"要求每人提出3个，可简单，可复杂，把问题罗列在一起，供小组交流、提炼。操作流程：看书预习，自我完成——小组讨论，问题提炼——搜集资料，进行备课。

在实践中有以下几点思考：关于学生自学能力的培养：书上呈现的，不等于学生知道的；班级差不多不到一半的学生非常完整准确地写出了平行四边形的定义。关于学生概括能力的培养：学生会说的，不等于学生理解的，关于特征的叙述，大部分同学都能说出一些特征，但是有多少明白为什么？恐怕不多。关于学生合作能力的培养：部分学生理解的，不等于全体学生理解的。把问题罗列出来，小组合作探讨，哪些能够自己解决的，哪些能够小组解决的，把不能解决的问题打上记号，老师及时搜集，放在课堂中解决。

案例二：以教导学，以学促教——在"教""学"案的引领中探究问题

A.双案并举引领课堂

教案、学案的双重出现，体现了教师充分的课前准备。教案为了更好地教，学案为了更好地学，"教""学"结合，以教导学，以学促教。

B.问题解决贯穿课堂

在《平行四边形的认识》一课中，从学生搜集上来的问题进行归类，紧紧围绕"平行四边形"进行问题设计（如图表1）。体现出递进式：每个环节中的问题是递进的；体现出层次感：考虑到学生学习过程中可能存在的思维障碍，由浅入深地设计问题，不仅有"是什么"的

问题,增加了"为什么""如何验证"等问题;体现出思维性:关注于学生思维能力的培养,增加问题的开放性。

还比如,在初中思想品德教学中推广"使觉"课堂教学模式,可以帮助学生养成强烈的公民意识。校本化处理的内容也特别注重学生的生活经验,关注学生的生活体验,体现"在生活中体验,在体验中感悟,在感悟中成长"的教育理念。

如何让学生体验感悟? 在"心有他人 学会交往"一课的设计时,张建香老师要求学生课前用眼睛观察生活,了解交往中人们的行为。课堂上创设几种情境,让学生分组表现"微笑"交往、"礼貌"交往、不同场合的坐姿、站姿,然后让全体学生在课堂交流体验到的各种问题;再探讨实践生活中如何正确地答谢,最后形成"尊重是交往的前提,礼貌是交往的名片,也是取得成功的名片"。

第十一章　基于自觉的跨学科主题课程构建
——兼叙诸翟学校特色课程体系

基于自觉的课程构建是指在深刻理解新课程改革的背景下,清楚什么是跨学科主题课程,怎么根据校情构建和实施实践跨学科主题课程。具体来讲,就是自觉学习和研究国家《义务教育课程方案和课程标准(2022年版)》(以下简称"新课标"),在正确理解它的基础上,按照它的价值导向、理念和原则,参考它的策略、方法来创造性地构建课程和实施课程。

第一节　跨学科主题课程

新课标之新,其中之一体现在倡导"大综合""任务群""大概念""大主题""大单元""学习中心"等课程构建和实施的思路和技术。新课标提出义务教育课程应遵循"加强课程综合,注重关联"的原则,强调"加强课程内容与学生经验、社会生活的联系,强化学科内知识整合,统筹设计综合课程和跨学科主题学习。加强综合课程建设,完善综合课程科目设置,注重培养学生在真实情境中综合运用知识解决问题的能力。开展跨学科主题教学,强化课程协同育人功能。""原则上,各门课程用不少于10%的课时设计跨学科主题学习"。[①]

---

① 中华人民共和国教育部制定. 课程设置. 义务教育课程方案(2022年版)[S]北京:北京师范大学出版社,2022。

1. 什么是跨学科主题课程？

根据华东师范大学课程与教学研究所安桂清教授解读，跨学科主题学习主要是指基于学生的素养发展需求，围绕某一研究主题，以本学科课程内容为主干，运用并整合其他学科的知识与方法，开展综合学习的一种方式。北京师范大学教育技术学院副院长董艳分析，跨学科主题学习强调个人在参与群体活动中，能够利用两个或两个以上学科领域的知识、信息、理论、方法等来探究具有真实意义的、具有难度和挑战的、与学科知识应用相关的问题，并能够整合相应的观点和思维，提出可行的解决方案，以促进学生对知识的深度理解。[①]

跨学科主题不仅是多学科的横向整合，如我国有的学校将艺术（Art）纳入 STEM，变成 STEAM，使其横跨科学、技术、数学、艺术和工程等学科，还可以将学习任务和目标综合其中，如美国普渡大学卡拉·乔恩生教授领衔的 STEM 研究团队把学习主题分为原因与结果、创新与进步、表征世界、可持续系统、人类经验优化等五大观念，按水平从低到高，设计出学习任务群[②]。再如，诸翟学校以食品安全科普馆为教学空间开展的食品安全校本课程，将食品加工、存储、销售、安全等学科知识纵向整合在一起，横向则纳入了安全与法制、探索与创新、团队与社交等核心素养培养课程。

2. 为什么要倡导实施跨学科主题课程？

首先，"儿童的生活世界是一个整体，它是不分科的。从学习认知的特点来讲，儿童只有在真实世界和情境中观察、体验、探究、交流，才能更好地解决现实中的问题。"[③]跨学科课程有助于儿童建立知识之间的联系，促进大脑各区域的协同工作，这符合儿童在成长过程中逐渐发展出整合和应用知识的认知能力。同时，儿童天生好奇，

---

① 光明网. https://news. gmw. cn/2022—11/15/content_36159585. htm.

② 杜文彬,刘登. 美国整合式 STEM 教育的发展历程与实施策略[J]. 全球教育展望,2019(10)。

③ 光明网. https://news. gmw. cn/2022—11/15/content_36159585. htm.

跨学科主题课程可以提供更丰富的学习内容,满足儿童探索未知的内在需求,同时也有助于培养他们的探究学习能力。另外,不同儿童有不同的学习风格和兴趣点,跨学科课程可以通过多种方式呈现信息,帮助不同类型的学习者发现其兴趣并取得成功。

其次,增强学习动机,当学习内容与学生的兴趣和现实生活紧密相关时,学生的学习动机往往更强,从而提高学习效果。提高批判性思维和解决问题的能力,跨学科学习通常需要学生分析、评估和解决问题,这些是批判性思维的关键组成部分,有助于学生在未来面对复杂情况时做出合理的判断和决策。促进深度学习,与传统的记忆式学习相比,跨学科课程更强调理解和应用,这可以促进学生的深度学习,帮助他们更好地掌握和运用知识。促进深度学习,与传统的记忆式学习相比,跨学科学习更强调理解和应用,这可以促进学生的深度学习,帮助他们更好地掌握和运用知识。

第三,跨学科主题课程有利学生适应未来。它体现在(1)培养创新能力,未来社会对个体的创新能力有更高的要求,跨学科学习鼓励学生跳出单一学科的框架,联结不同领域的知识,这有助于培养创新思维。(2)应对复杂问题,现代社会面临的问题越来越复杂,往往需要多学科的知识和技能才能解决。跨学科课程能够为学生提供这种多元视角,帮助他们应对未来的挑战。(3)提升适应能力,通过跨学科学习,学生可以学会如何适应变化,灵活运用不同学科的知识和技能,这种适应性在未来的就业市场和社会发展中至关重要。(4)"'几乎所有的创造性突破——无论是艺术、政治、学术或企业生活——在某种程度上都有赖于即时整合能力。'倡导整合心智,发展学生的创造力,培养未来的创造者就成为课程整合的新使命。"[①]

第四,当前中国义务教育实践需要。安桂清教授认为,课程的综合化(整合)、跨学科主题课程和教学,"有助于减负增效的改变目标""补齐跨学科课程整合这一短板""重塑课程实践化的价值取向""推动

---

① 安桂清. 义务教育课程的综合性和实践性[M]. 新方案. 新课标. 新征程《义务教育课程和课程标准(2022版)》研读. 吴刚平,安桂清,周叶文主编. 上海:华东师范大学出版社. 2022:24—25。

素养时代课程实践化的内涵转变。""改变抑身杨心的课程倾向"。①

倡导和实施跨学科主题课程"改变抑身杨心的课程倾向",笔者深以为然。"长期以来,教育领域存在一种崇尚心灵贬低身体,将心灵与身体二元对立的传统学校课程,对学科知识的极度推崇大大强化了儿童心智的培养,而遗忘了具体的实践活动才是儿童发展的基础。这种抑身扬心的课程倾向产生了罄竹难书的后果。比如,视身体为心灵的干扰,从而压制身体活动;将身体视为心灵的附属品,对身体进行机械的训练,等等。"②安桂清教授认为,这不仅造成了儿童身心的割,而且使其忽视知识与生活的联系,无法面对整体的世界和解决复杂的问题。而综合化、实践化的课程的贯彻,不仅在内容上以实践性课程保障学生的实践机会,而且在方式上强化学科实践,促进学生身心一体地参与到学习活动中。③

第五,根据笔者的观察和诸翟学校的实践,跨学科主题课能有效消减教师的职业倦怠,提高教师教研主动性和热情。

3.如何进行跨学科主题课程设计

设计跨学科主题课程时,需要整合来自不同学科的知识和技能,以便学生能够从多角度理解和应对复杂问题。以下是一些路径、策略和方法:

(1)确定主题和目标:明确课程的核心主题,并确立跨学科学习的目标。主题应当具有广泛性,能涵盖多个学科领域。

(2)课程规划和框架设计:建立一个课程框架,确定各学科如何相互衔接。课程应该有明确的开始和结束,以及评估的里程碑。

---

① 安桂清.义务教育课程的综合性和实践性[M].新方案.新课标.新征程《义务教育课程和课程标准(2022版)》研读.吴刚平,安桂清,周叶文主编.上海:华东师范大学出版社.2022:24—25。

② 张静静,安桂清.学校场域中儿童整体人格的建构:第三代活动理论的视角[J].教育研究与实验,2015(6):17—21。

③ 安桂清.义务教育课程的综合性和实践性[M].新方案.新课标.新征程《义务教育课程和课程标准(2022版)》研读.吴刚平,安桂清,周叶文主编.上海:华东师范大学出版社.2022:32。

（3）学科整合：选择相关学科，并找出它们之间的联系。整合不同学科的概念、技能和方法。设计活动和课程内容时，确保它们能够支持跨学科学习的目标。

（4）学习活动设计：设计多种类型的学习活动，鼓励学生积极参与和探索。包括讲座、实验、实地考察、小组讨论、项目作业等。

（5）学习方式选择：项目式学习（PBL），设计以项目为中心的活动，让学生通过合作完成具有实际意义的任务。项目应当要求学生应用多学科的知识和技能。探究式学习，鼓励学生提出问题，并通过研究来寻找答案。老师充当引导者和协助者的角色，而非传统的知识传授者。协作学习，鼓励小组合作，以促进学生之间的交流和学习。小组成员可以互补技能，共同解决问题。

（6）实践与应用：通过实际操作和应用来巩固知识。设计实验、模拟活动或社区服务项目，使学生能够在现实环境中应用所学。

（7）评估与反馈：开发多元化的评估工具，如自我评估、同伴评估和项目评估。定期提供反馈，帮助学生理解他们的进步和需要改进的地方。

（8）利用技术资源：利用多媒体、互联网资源和教育技术来支持学习。例如，使用教育软件进行模拟实验或在线合作。

（9）持续改进：对课程进行定期评估，根据学生的反馈和学习成果进行调整和改进。

（10）专业发展和教师培训：为教师提供跨学科教学的专业发展机会。教师需要具备跨学科教学的知识和技能，以及如何整合多学科内容的能力。

通过上述路径和策略，可以设计出有效的跨学科主题课程，这些课程将帮助学生培养批判性思维、创新能力和解决复杂问题的能力，为他们未来在多变的世界中取得成功打下坚实的基础。

【实践案例】

诸翟学校"可心小农场"跨学科主题课程设计简案

围绕"一粒种子开始到餐桌"的全过程，设计一系列跨学科主题

课程,以下是一些课程设计思路:

一、课程单元

科学—植物生长与农业科学

生物学:学习种子的结构、种子萌发的条件、植物的生命周期、光合作用等。

土壤学:了解土壤类型、土壤肥力和适合种植的作物。

生态学:探讨生态系统中植物的角色,以及如何创建可持续的农业实践。

数学—数据和测量

统计学:记录种子发芽率、植物生长速度,进行数据统计和分析。

几何图学:识别图形、测量农田面积,规划种植区域。

量化分析:计算播种密度、水分需求以及收成量。

社会学—社会与环境

历史:探究不同文化的农业历史和种植习俗。

经济学:了解作物的市场价值,学习基本的经济原则,如供需关系。

环境科学:研究农业对环境的影响,以及如何实现环保种植。

艺术—创造与表达

绘画与手工艺:以种子和植物为灵感创作艺术品,制作种子画或植物摆设。

音乐与舞蹈:创作关于种子成长和收获的歌曲和舞蹈。

戏剧:表演一个关于种子旅程的戏剧,从播种到收获再到餐桌的故事。

健康与体育—身体健康与营养

生理学:了解人体对食物的营养需求,学习不同植物提供的营养物质。

健康教育:探讨健康饮食的重要性,学习如何制定均衡饮食计划。

体育活动:参与农场工作,如种植、浇水、除草等,作为体育活动的一部分。

技术——应用科技与创新

信息技术:使用计算机软件记录农作物的生长数据,了解农业科技如何提高生产效率。

工程技术:学习简单的灌溉和农具使用方法,设计工具来帮助种植和收获。

科学探究:探索可持续农业的新技术,如垂直农业、水培等。

国际理解:介绍和讨论中国、荷兰、以色列等各具特色的智能化种植技术。

道德与公民教育——社会责任与道德

伦理学:讨论食物浪费问题、可持续发展的重要性以及如何实现公平贸易。

社区服务:组织学生向社区内需要帮助的家庭捐赠部分收成。

德育——中华传统文化与美德

美德:搜集、讲解名人节俭故事和讨论其价值意义

中华诗词:组织学生整理"锄禾日当午"等古诗词文献

美食文化:组织讨论和学习美食文化、知识及其烹饪技能。

二、学习方式选择

为了实现这些跨学科的主题课程,可以采用以下方法:

项目式学习(PBL):让学生参与到种植过程中,从实践中学习。

采用探究式学习:鼓励学生提出问题,通过研究和实验来寻找答案。

校内外合作:与当地农场合作,了解实际的农业生产过程。

小组合作学习:学生小组负责不同的任务,如种植、维护、收集数据等。

展示与反思:定期组织学生展示他们的学习成果,进行反思和总结。

第二节　诸翟学校课程体系整体介绍

在市、区、镇行政及教育部门支持下,全校员工的共同努力下,诸翟学校经历磨合期的缓慢提升,稳定期的生长沉淀,尤其是经历"新

优质学校"和"强校工程"两次大的工程建设,慢慢形成了基于学校环境和独特生源的课程体系,并提出"做实基础课,做强拓展探究课,做亮特色课,加厚艺术体育课,着力劳动课,完善课程管理、评价和激励机制"的课程发展思路。

诸翟学校课程体系构建中,不只是有针对学生成长的国家—地方—学校三级课程,还将教师发展课程和家校共育课程也纳入其中。学生成长课程整体包括:国家基础课(含国家专题教育课)、地方拓展与探索课(含上海专题教育)、校本特色课程。整个学校课程的体系如下图:

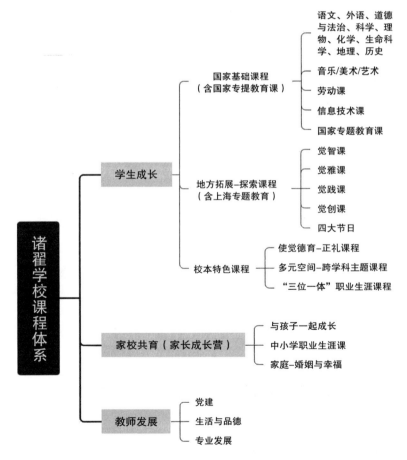

图 11-1 诸翟学校课程体系(截至 2023 年 12 月)

教师发展课程在本书第二章、家校共育（家长成长营）课程第三章有介绍。以下重点介绍学生成长课程。在学生成长课程中又重点介绍学校三类校本特色课程。三类特色课程中又重点介绍了"多元空间—大主题——大活动"课程，该系列课程则属于重点倡导和强化课程——跨学科主题、多任务群、主题式、项目式、综合化课程。

第三节　诸翟学校的国家课程和地方课程

1. 国家基础课程

学校根据教育部制定的《义务教育课程方案（2022 年版）》、上海市课程计划总体要求，严格按照课程标准，开足开好基础型课程，规范实施基础型课程。制订学校课程方案，严格按照课时要求进行语文、数学、英语、物理、化学、音乐、美术、体育、自然、劳技、道德与法治等的必修课程的教学实施；同时，将篮球课、羽毛球课、游泳课、劳动教育课、时间文化课程融入课表，重组体育课、体育活动课、劳技课和探究课的教学内容，促进学科特色建设。目前，学校正严格遵照上海市课程计划和"双减"政策，积极实施基础课程校本化，并结合政府服务民心工程、周边资源和政府购买服务课程，拓宽区域教育共享资源，正在整合、建构"五育并举，全面发展"的学校课程融合体系。

2. 地方拓展探究课程

（1）四型课程

为培养"会觉知、感觉疑、有觉悟的全面发展的新时代好少年"的育人目标，学校深度开发、拓展与延伸拓展课和探究课，我们将之归结为觉智、觉雅、觉创和觉践四个类型的课程。觉智课程——侧重于培养学生的学习智慧、学习习惯和学习态度，着重于学生对九年义务教育阶段的知识体系的拓展学习，提升学生的人文修养。

选修课程包括思赏行深度阅读课程、思维拓展、伽牛课程等。觉创课程——侧重于培养学生的创新精神和创新能力,让学生学会发现问题、分析问题,具备探索、研究和解决问题的实践能力,使学生具有良好的科学探究能力。选修课程如科学小实验、STEM 创新实验、时间文化课程、机器人课程等。觉雅课程——侧重于培养学生的品行素养,着重于对学生端正的品格、健康的体魄、文明的仪表、积极的心态的形成。选修课程包括合唱、舞蹈、打击乐、堆绣、古筝、啦啦操等。觉践课程——以德育课程为主,侧重于培养学生的人际交往、社会责任感和社会实践能力,让学生在校内校外的学习实践中形成自觉觉人的成长理念。如礼仪课程、劳动课程、心理课程、社会实践等。

(2) 四大节日

学校自 2016 年开始,每年定期举办体育节、艺术节、读书节和科技节。因为四大节日是将学习、活动、实践、休闲娱乐融为一体的大主题活动,笔者将四大节日单独划分出来作为跨学科主题课。与其他九年制义务教育学校一样,对诸翟学校的孩子们来说,四大节日是隆重的日子,狂欢的日子,获得新生的日子、美好记忆的日子,笔者不想用过于冰冷的说明性文字来介绍四大节日,而是请一位诸翟学校毕业的学子来写写他的感想吧。

四节如歌长相忆:我记忆中的诸翟学校的四大节日盛典

四季更迭,岁月如歌。诸翟学校每年都会举办体育节、读书节、科技节和艺术节。这四大节日,就如同四季的旋律,交织成一幅幅绚丽多彩的生活画卷。

体育节,是一场激情四溢的盛宴。从春季的田径比赛到夏季的篮球联赛,从秋天的足球比赛到冬季的体育综合项目,每一项活动都充满了激情与活力。而最让人热血沸腾的,莫过于春季的运动会。那一天,全校师生齐聚一堂,观看学生们在赛场上奋力拼搏,尽显青春风采。无论是百米冲刺的瞬间,还是团体项目的合作,都让人感受到学生们的热情与活力。而胜利后的喜悦,失败后的坚韧,更是让人感动不已。

读书节，则是一场知识的盛宴。从古代的诗词到现代的小说，从科学的探索到哲学的深思，每一本书都像是一个小小的世界，等待着我们去发现。而最让人期待的，是读书节的"班级图书分享会"。每个班级都会选择一本书进行深入阅读，然后在分享会上由一位同学进行讲解和分享。去年，我们班选择了一本关于人工智能的书，同学们在分享会上积极发言，讨论热烈，让我深深感受到了知识的力量和同学们的热情。

科技节，是一场创新的狂欢。从编程比赛到机器人制作，从科学实验到创新项目展示，每一项活动都展现了学生的创新思维和实践能力。最让人印象深刻的，是科技节的"编程马拉松"。在短短的几个小时里，同学们需要通过团队合作，完成一项复杂的编程项目。我记得去年，我们班的一个团队通过合作和努力，成功地完成了一个小游戏的项目，虽然过程中充满困难和挑战，但他们坚持不懈的精神让我深受感动。

艺术节，是一场美的盛宴。从绘画比赛到音乐会，从舞蹈表演到戏剧演出，每一个节目都展现了学生的才华和创意。而最让人期待的，是艺术节的"校园歌手大赛"。每个参赛者都有自己独特的风格和曲目，他们的歌声穿越校园，让整个学校都沉浸在音乐之中。我记得去年的一位参赛者，他的歌声深情而富有力量，他的歌曲打动了我内心深处的情感。他的表演让我深深感受到艺术的魅力。

这四大节日，不仅是我校生活的重要组成部分，也是我成长的重要记忆。它们让我体验到运动的激情、知识的力量、科技的魅力、艺术的美感。在这个过程中，我学会了坚持与合作，学会了思考与创新，更学会了欣赏与尊重。每一个节日都有其独特的氛围和意义，它们交织在一起，构成了我丰富多彩的校园生活。

在这个充满挑战和机遇的时代里，我将带着诸翟学校四大节日的精神和教益，勇敢地走向未来。

一个诸翟学校的毕业生

2023 年 12 月

第四节　诸翟学校的校本特色课程

1. 使觉德育"正礼"课程

自 2014 年至 2016 年,学校通过历时三年的"使觉文化工程",建立了较为完备的基于的"使觉"教育理念的德育体系课程,其主要包括三个模块:"觉"字正礼课程、"觉"字社团课程和"觉"字实践课程。其中,"正礼"课程,则是根据中小学文明礼仪教育指导纲要,分设三阶段:礼明(以礼明心)、礼规(以礼现身)、礼督(以礼督行)。

在上述三大模块课程中,"觉"字正礼课程成为诸翟学校一张鲜明特色名片。正礼课程分年级开展实施,主要包括学正礼知识、讲正礼故事、看礼仪示范片、读使觉小读本、做礼仪操、算礼仪银行、比正礼规范、评礼仪之星等等,采用的教材既有教育部编写的礼仪丛书,又有学校自编的教材如《小故事,大"道"礼》《使觉小读本》等。学校每周五中午统一安排教学。

除了教学和行为,礼仪体验和实践是正礼课程重要的组成部分。礼仪体验主要分为两个方面:一是建立了学校礼仪银行,发放了礼仪存折,让学生体验自控能力与金钱使用的管理,在体验的过程中隐含了对学生生存能力的隐性培养。二是各班成立了以花命名的礼仪中队,如蔷薇中队、玉兰中队等,并在每周进行礼仪评比,让学生在美丽鲜花的影响下追寻美、追寻礼貌、净化心灵、提升学生的礼仪素养。

2. 多元空间—跨学科主题课程

随着教育理念的变化,教学关注学科转向关注人,从知识本位转向素养本位,中小学生教育的学习空间也正在发生深刻的变化,从以黑板为中心的传统型教育空间,到多元化的智慧型学习空间,这种变化不仅体现了教育技术的进步,也反映了教育对人性和学科的深入理解。

处于中国,乃至世界经济和教育潮头的上海,学生的学习空间正在经历这些变化:(1)空间设计的多元化。传统的学习空间设计主要围绕黑板、讲台、课桌等固定设备,而现代学习空间则更加注重空间的多样性、灵活性和开放性,如可移动的课桌椅、灵活的墙壁设计、多功能的空间布局等。(2)技术设备的智能化。随着人工智能和物联网技术的发展,现代学习空间中引入了更多的智能设备,如电子白板、智能终端、虚拟现实设备等,这些设备能够提供更加丰富的学习资源和交互方式。(3)学习方式的混合化。现代学习空间不再是单一的面对面课堂教学,而是混合了线上和线下的学习方式,学生可以在传统教室中进行面对面的学习,也可以通过网络进行远程学习、在线讨论等。

这些智慧型的学习空间的特征表现为:以学生为中心,现代学习空间更加强调学生的主体地位,空间设计更加符合学生的学习需求和习惯,如灵活的课桌椅布局可以让学生更加方便地进行小组讨论和学习;注重创新能力培养,现代学习空间更加注重培养学生的创新能力和实践能力,通过提供更加丰富的学习资源和交互方式,让学生能够更好地进行探究式学习和项目式学习;适应个性化学习,现代学习空间更加注重个性化学习,通过智能化的学习管理系统和个性化的学习路径设计,为每个学生提供定制化的学习方案和资源。

诸翟中学的发展正是借势于上海近二十年的高歌猛进。经过近十年的发展,诸翟学校硬件到软件都发生了巨变,变大了、变靓了,变好了、变得既有传统文化底蕴又有现代科技感了。原来简陋的几个教学空间,也现已扩展到人文科技馆、数字实验室、趣作业墙、聆音曲社、开放式图书馆、红领巾电视台、使觉超市尹、伊文化广场、时间科技馆、食品科普馆、开心小农场等十几个现代且先进的师生教学和活动场馆。尽管与头部学校比较存在很大的差距,诸翟学校学生的学习空间和教学环境得到了质的拓展。

在时间科技馆、食品科普馆、开心小农场等学习和实践空间的规划、认证、建设中,不仅考虑到了学校的环境资源,还考虑到了学生生长环境及其家庭教育特点。例如,投建时间科技馆,主要考虑它的科技发展与时间关系属性,便于开展综合性的探索研究,同时具有趣味性和特色性(周边学校没有);食品科普馆,主要是考虑到生源多来自外地打工家庭(食品行业也是学生未来职业的选择方向之一),项目源自学校周边企业,贴近学生真实体验,且周边学校没有。开心小农场则是与食品科普馆配套且是劳动课必不可少的实践平台。同时,其面积多达 3 亩,在全区乃至全市学校中无出其右。

至于如何这些空间,也是费尽了我们的心思。经过这几年的实践,我们探索出了一个利用多元学习空间进行跨学科、多任务(学习共同体)、综合化的校本特色课程,笔者称之为"基于两场两馆一卡通"的大主题跨学科课程。

(1) 伊尹广场——中国传统文化和现代科技主题课程

走进崭新的校园,"伊尹广场"伴随着初升的太阳,迎接着每一个莘莘学子的到来。"使觉"教育始祖伊尹先生的汉白玉雕像屹立在广场中央,雕像对面花岗岩影壁墙上清晰镌刻了学校传承创新"使觉"文化的教育内涵,"使觉楼"厚重的墙面上呈现了学校百年的历史沿革,校门口的巨石上"时日乃新"的校风镌刻其上。

地面的日晷造型彰显着古老的传统文化,对应的十二时辰的天干地支计时方法显示着古人的智慧,体育馆上的斐波那契数列时钟,更是将数学与计时工具结合,体现了学校面向未来,培育学生积极探索现代科学技术的精神。古代与现代的内在联系,办学思想的传承与创新得到充分呈现。同时还将诸翟办学精神、办学理念等内容做成标牌矗立在广场的草坪上,让师生更好地感受到学校深厚的办学积淀和文化底蕴。

(2) 乐心小农场——探索人与自然的大主题教学研平台

打破课程边界,融合人与自然和社会,让学生在更广阔的课程学习中体验生活、互助探究、自由成长。基于这样的理念,学校整合各学习场馆功能,从观念更新、课程构建、角色塑造、教育主体融合等维度进行课程布局,让学校(学生?)成为未来教育的"设计者"与"加持者"。学校打造了占地 3 亩的乐心小农场,结合项目化学习的实践,聚焦跨学科思维的培养,研发了九年一贯制的劳动教育课程。同时借助"参与、体验、感悟"的模式,践行"以劳树德,以劳启智,以劳益美、以劳创新"的劳育理念,促进五育融通。在乐心小农场中的发现、观察与思考,为学生科创小课题的探究提供了丰富的资源。

　　学校设计开展了"我是一粒种子"系列特色探究课程。围绕探究主题,学科间开始了不寻常的遇见。一粒种子在学生的手中播撒、浇灌、栽培……它在乐心小农场里快乐地生长;种子的生长曲线绘制让科学在数学实验室里交融,学生在体验中形成问题,在探究中解决问题;"一粒种子"长成了一棵青菜,青菜被采摘至食品安全馆开始它的PH 试纸检测之旅,它成为语言和化学的媒介,学生通过测试、记录、交流等形式,将自己置身探究与实验活动中;最后,种子的探究报告汇聚时钟,一年四季春夏秋冬,让精准的时间点来保障每一粒种子的幸福生长;最终这一粒种子归向孩子们的家庭餐桌……所有的体验探究,都成为解决"我是一粒种子"这一驱动性任务的工具。

　　当然,乐心小农场的主题探究魅力远不止学科知识的融合,还有知行合一的素养培养。"我是一粒种子"主题探究首先要拥有种子,拥有的方式不是"给予",而是通过努力"获得"。学生自行挑选种子、查阅种子相关特性、种植事项、生长周期,制作"种子说明书"。种子成品之后学生要推销自己的产品。这个过程,不是一个简单的交易,而是集了解、探究、表达、营销、沟通、交往等多种实践为一体的综合过程,学生的收集与处理信息能力、表达能力、观察能力、动手能力、创造能力、合作能力等综合素养都得到了锻炼与提升,思维的火花在融会贯通的特色场馆课程中一步步碰撞中闪亮学生的智慧。

　　(3) 时间科技馆——人文与科学的时间主题研学课程

　　时钟馆将时间与自然科学、人文科学、工程技术、文化艺术四个维度相结合,依托混合式教学平台,在校内建立了 PBL 项目学习课程展示中心。每个区域都将时间科学与不同领域有机结合,教师可将相关课程移至展示中心开展,使学生找到共鸣,激发学生对知识的深入探索,分析隐藏在时间背后的故事,帮助学生构建中华先民的传统时空观念,从而提升学生学习的主动性和创新性。同时,诸翟学校开设了特色课程"时间科学课",以"计时机械与时间文化"为主题,按年级分层,深入浅出由表及里,每一年级均加入了动手制作环节,在学习内容中渗透时间文化,使学生能掌握时间文化的基本内涵,明白钟表的起源与发展。在项目式学习的过程中,体验历史比较、自主探究、团队分工等方法的使用,让学生能够有效地利用时间,同时将课程中学到的时间管理知识运用到学习生活中,使自己的学习更有效率。

表 11-1 时间科技馆教与学课程表

序号	主题课程
01	人文科学与时间——时间轴的相关问题(国内)
02	人文科学与时间——时间轴的相关问题(国外)
03	自然科学与时间——月相钟
04	自然科学与时间——行星钟
05	自然科学与时间——航海钟
06	文化艺术与时间——八音盒
07	文化艺术与时间——3D打印时间钟
08	工程技术与时间——时间机器
09	工程技术与时间——康格里夫滚球钟
10	工程技术与时间——北斗卫星
11	自然科学与时间——速度、时间、距离
12	自然科学与时间——和时间有关的数字
13	自然科学与时间——斐波那契数列中的秘密
14	自然科学与时间——二进制的规律
15	人文科学与时间——诗歌中的时间
16	人文科学与时间——年的别称和生肖日

(4)食品安全科普馆——食品主题多任务群课程

2020年12月28日,上海市最大的食品安全科普馆在诸翟学校正式开馆。食品安全科普馆以虚拟朋友闵小宝的一天为主题,通过小讲解员的解说、场馆中墙面内容展列和一体机视频解说,配以VR

游戏、互动机器人、场景模拟、体感游戏体验和小实验动手实践。学生不仅近距离理解了种植、收获、储存、运输、加工、包装、售卖和烹饪的食品从农田到餐桌的全部过程,还通过场景体验和动手小实验,学习了食品安全知识,学会区分食品安全谣言,从而树立起食品安全意识和食品安全社会责任意识。同时,学校开设乐心小农场,将农作种植与食品加工、食品安全课程进行上下串联贯通,为创设一个以食品为大主题,融合农学、植物学、生物发酵、食品加工、项目管理、安全管理、社会人文等的多任务群探索课程,做了有益的尝试和打下了坚实的基础。

（5）使觉一卡通——集评价、自我认知、财商教育为一体跨学科主题课程

笔者曾多次在私人场合询问诸翟学校的学生家长和毕业生:"你对学校印象最深的人和事有哪些?",得到最多答案的,除了四大节日,就是"使用使觉一卡通积分到超市兑换学习用品（"使觉一卡通"的具体内容见本书第三章）"。

"使觉一卡通"系统模拟了"银行货币存储"和"市场货币流通",通过参与、使用该系统,培养了学生的初始财商。系统还结合了学生评价功能,通过八个维度的积分交易,培养了学生自我认知和全面发展的意识。另外,通过体验和学习系统的操作规则,学生提高了以遵守规则为主旨的文明素养。当然,该系统的运营还给学生带来好奇、新鲜和兴趣,增加了他们探索新知的学习内在动机。

笔者以为,"使觉一卡通"不只是一个学生德育评价系统而是一个基于德育的跨学科主题开发平台,应该进一步开发。我国中小学生普遍缺乏商科教育,广大家庭也有对孩子进行商业科学教育的急切需求,而类似"使觉一卡通"系统的课程恰好满足了社会和家长的需求。但就是这么一个好的项目为什么没有在其他地区大面积推广开来? 如何改进和创新这个系统课程? 如果学校不具备深度开发课程的条件和能力,能否与银行或第三方金融机构合作? 能否将它与学校乐心小农场或其他什么课程结合,做一个围绕商品交易和财商教育的大主题探索课程?

笔者相信,随着未来"两馆两场一卡通"创新应用,以及其他学习空间的更新和投建,它们对诸翟学校学子成长必会产生更重要的作用:提高学习效率和兴趣——现代学习空间通过多元化的设计、智能化的设备和混合式的学习方式,能够提供更加丰富、灵活的学习资源和交互方式,从而提高学生的学习效率和学习兴趣;培养创新能力——现代学习空间更加注重培养学生的创新能力和实践能力,通过探究式学习和项目式学习等方式,让学生在实践中发现问题、解决问题,从而培养其创新能力和团队合作精神;促进个性化发展——现代学习空间通过智能化的学习管理系统和个性化的学习路径设计,能够为每个学生提供定制化的学习方案和资源,从而促进学生的个性化发展和全面发展。

3."三位一体"职业生涯课程

上海是全国最早启动"成建制"生涯教育探索的省份。早在2012年,上海市就发布了《上海市学生职业(生涯)发展教育"十二五"行动计划》。2018年,上海又发布了《关于加强中小学生涯教育的指导意见》,要求确保全体高中学校100%开设生涯课程和生涯规划指导服务,引导学生学会选择、自主发展。

由于生源的特点,诸翟学校非常重视对学生职业生涯的教育。2018年,在学校的支持下,由王志琴老师领衔的课题组对此进行了名为《九年一贯制学校家校协同开展生涯教育的策略研究》的专题研究。该课题被列为上海市"十三五"家庭教育重点课题。课题研究中拍摄的微电影《爱在屋檐下》,获上海市第二届校园原创微电影优秀影片奖和优秀指导奖。课题和影片为诸翟学校之特色课程增添了醒目的亮光。

以"九年一贯制学校家校协同开展生涯教育的策略研究"项目为契机,以研究成果为依据,诸翟学校研发了"三维三段""三层三位一体"的1—9年级职业生涯教育课程体系。

"三维三段"是指,根据九年一贯制学生的年龄特点,构建生涯启蒙教育潜能开发、生涯觉察、生涯体验"三维"目标体系,并按一至三年级、四至六年级、七至九年级三个学段开发的面向学生的课程。

"三层三位一体"是指,学生职业生涯教育应包括家庭教育、学校教育、环境教育、不仅重视知识教育,而且特别重视人格培养。诸翟学校的职业生涯课除了面向学生,还开发了面向家长的家长生涯教育课,以及由学校、家庭和社会(社区)共同参与的社会职业实践活动指南。

以下是诸翟学校家校协同开展生涯教育的策略与课程框架①:

表 11-2　诸翟学校家校协同开展生涯教育策略与课程框架

	面向学生	面向家长	校—家—社
1—3年级	此阶段学生年龄在六至八周岁,为低龄儿童,对外部世界处于懵懂状态,生涯教育课程主要任务是培养学生初步认识自己的兴趣爱好,认识周围常见职业类型,培养合作意识。对于这个阶段的学生,要求不宜过高,应以培养基本常识和能力为主,对生涯管理能力先不做要求。	(1)搭建亲子生涯教育活动平台。设计和开展小学 1—5 年级学生的亲子活动和生涯体验教育活动,指导家长对孩子生涯教育规划的策略、实践途径和亲职教育。深度开展"游学课程"的建设与实践,指导家长设计孩子的"生涯金字塔"。	(1)邀请各行业警察、医生、教师、银行职员、理财师、金融师等家长对学生进行授课,展示家长的职业和技能,对学生进行励志教育和启蒙教育。
4—6年级	四至六年级学生对外部工作世界已有所了解,此阶段的主要任务是激发好奇心,培养与他人沟通交际的能力,培养兴趣爱好,了解自己的优缺点,知道大部分的职业及其意义,开始培养时间规划和解决问题的能力。	(2)组织生涯主题教育活动和学科,渗透生涯教育。 组织家长参与学生的多项生涯教育主题活动,如"相约 30 年""毕业典礼"等,利用我校的四大节日:读书节、艺术节、科技节、体育节,利用每年为期一个月的四大节日,设计学校"生涯节""生涯周"。	(2)开发和利用家长资源,创设"家庭公益大联盟"和"阅读领航"的 家、校、社"三位一体"的生涯育人一体化模式。
7—9年级	七至九年级生涯教育课程内容概要,七至九年级学生处于生涯教育的第三个阶段,他们已有明显的独立自主意识,学习能力、心理素质、身体素质等各方面能力增强,这个阶段的主要任务是增进自我了解,培养能力和特长,并深入思考工作世界的内涵及意义,想象和思考合适的职业类型。	(3)开发和运用家长生涯微课堂。开发和运用家长慕课解答家长的困惑,通过微讲座课程发放生涯教育的资料,传递生涯教育的理念,宏观政策和就业报告解读。 (4)建立校级生涯教育家委会,统一指导、规划家庭生涯教育活动。每月组织和开展《父母成长营》校级"家庭教育与生涯规划"系列讲座。	(3)与社区、事业单位、商业机构协作,构建职业考察、体验和实践系统。

---

① 内容出自诸翟学校王志琴老师的《九年一贯制学校家校协同开展生涯教育的策略研究》结题报告。

第十二章　未来教育技术与教师自觉的思考

　　未来利用网络、大数据、人工智能、脑科学、心理学、教育神经科学等科学技术支持中小学教育发展成为不可逆转的趋势,但这些科学技术的过度使用,可能会引发"技术决定论"而危及教师道德伦理。作为教师应该对这些使用技术有"自知之明"——既要了解它们的优点,又要了解它们的缺点,还要了解在过于先进的技术面前自身存在知识、技能和认知的局限性,以自觉教育之真、善、美价值导向为指引来使用这些技术。

第一节　人工智能与教师专业发展

1. 人工智能能为教师专业发展做什么

　　2019 年,《华尔街日报》报道了中国某小学的教师如何在班上使用人工智能,追踪学生的专注力和学习进度。上课时,每个学生戴上一个紧箍咒模样的头饰。头饰上的红灯亮起,表示学生很专注,当蓝灯亮起时,教师马上知道哪个学生走神了。基于这个缘故,学生的集中力提高,成绩因此进步。这些数据都会与家长分享,便于跟进。[①]作为世界新闻传媒巨头的《华尔街日报》把这件事作为一件大新闻来播报,足见其新闻热度。但在我们中国发达城市如北京、上海、深圳、杭州等,这样的事屡见不鲜。

---

① 张蕾,郭茂祖. 人工智能会替代人类教师吗?〔J〕. 教育进展,2022,12(1):6—9.

早在 2017 年 7 月,国务院发布了《新一代人工智能发展规划》,明确指出要在 2020 年前在中小学阶段开展人工智能教育,培养学生的人工智能基础知识和应用能力。2018 年 6 月,教育部等八部委联合发布了《关于深化中小学信息技术课程改革培养学生信息素养的指导意见》,提出要将人工智能作为中小学信息技术课程的重要内容,加强人工智能教育的研究和实践。2019 年 8 月,教育部发布了《中小学人工智能教育指导纲要(试行)》,明确了中小学人工智能教育的目标、内容、方法和评价等方面的基本要求。此外,教育部还组织了一批中小学人工智能教育试点项目,以探索人工智能教育的有效模式和路径。

全国各地根据国家的指导意见和纲要,结合本地的实际情况,制定了相应的人工智能教育的实施方案和措施。上海市于 2019 年 9 月发布了《上海市中小学人工智能教育实施方案(2019—2021 年)》,提出了以"一核三层"为主要框架的人工智能教育体系,即以信息技术课程为核心,以选修课程、社团活动和校外拓展为三层,构建多元化、开放式、灵活性的人工智能教育平台。上海将建设具有全球影响力的科技创新中心作为战略目标,人工智能的基础教育受到了前所未有的重视。经过几年的发展,上海的中小学校的人工智能教育获得蓬勃了发展,诸翟学校也在这波人工智能基础教育中获益。

像大多数学校一样,诸翟的人工智能教育还存在一些诸如专业师资缺乏、信息技术老师教授人工智能所需的专业素养有待提高,教学方法单一,评价体系有待完善等问题。

在这些问题中,有两个重要的问题。第一个问题是,如何将现有的信息技术教师通过快速且高效的培训和实践,培养成具有专业水准的人工智能基础教育领域内的专业教师,即人工智能教师(信息技术学科老师)的专业发展问题。另外一个重要问题是,如何利用人工智能帮助教师专业发展。人工智能帮助教师专业发展的路径有两个方向:一是教师自觉学习人工智能新知识新技术并应用到支持学生;二是学校整合资源利用人工智能支持教师(当然包括利用人工智能支持人工智能教师专业发展)。

到目前为止,基于人工智能的 AIGC^① 技术和实践,确实可以帮助教师从繁杂且重的事务中解放出来。它可以为我们教师的专业发展提供以下支持:

辅助教学设计。AIGC 技术可以帮助教师自动生成视频、音频、文字、图片、PPT 等多模态格式的教案、课件和讲义等教学材料,减轻教师的工作负担,提升工作效率。教师可以利用这些材料进行二次创作,更好地满足教学需求。

个性化作业布置。通过分析学生的学习表现和答题情况,AIGC 技术可以为每位学生量身定制作业,巩固学生的学习成果,并帮助教师更好地了解学生的学习进度和问题所在,以便在后续的教学中有针对性地进行辅导。

自动评分和反馈。AIGC 技术可以自动对学生的作业、考试进行评分,并提供反馈,帮助教师更好地了解学生的学习情况,以便进行有针对性的辅导。

智能推荐学习资源。AIGC 技术可以根据学生的学习情况,智能推荐学习资源,帮助学生更好地掌握知识,提高学习效率。

优化课堂教学。AIGC 技术可以帮助教师更好地组织课堂教学,通过分析学生的学习行为和表现,为教师提供更加精准的教学策略和建议,提高教学效果。

提供学习资源。回答专业的心理学、社会学、学习行为、认知、大脑、神经理论知识,推荐学习前沿的教学方法和工具。

---

① AIGC(Artificial Intelligence Generated Content)是利用人工智能技术来生成内容的新型内容创作方式,它被认为是继 PGC、UGC 之后的重要标志。AIGC 包括 AI 绘画、AI 写作等分支,其技术能力质变来自于算法不断迭代创新、预训练模型引发技术能力质变,以及多模态推动内容多边形,这使得 AIGC 具有更通用和更强的基础能力。AIGC 已经为人类社会打开了认知智能的大门,通过单个大规模数据的学习训练,令 AI 具备了多个不同领域的知识,只需要对模型进行适当的调整修正,就能完成真实场景的任务。AIGC 对于人类社会、人工智能的意义是里程碑式的,它改变了基础的生产力工具、社会的生产关系,并促使整个社会生产力发生质的突破。在这样的生产力工具、生产关系、生产力变革中,数据价值被极度放大,AIGC 把数据要素提到时代核心资源的位置,在一定程度上加快了整个社会的数字化转型进程。

　　还有一点,人工智能还能给教师提供专业的心理调适咨询,有利于缓解职业倦怠。

　　至于学校管理层面,应该把哪些职务分配给人工智能助教呢?北京师范大学未来教育高精尖创新中心主任余胜泉教授认为,未来人工智能教师和教学角色主要体现在以下几个方面:自动出题与批阅、学习障碍诊断与及时反馈、心理素质测评与改进、体质健康监测、综合素质评估与形成性报告、个性化教学、学生成长发展指导、精准教研、个性化学习内容生成等。①

2. 人工智能能取代教师吗

　　2023年5月,"世界经济论坛"发布了《未来就业报告》2023年版。该报告展望、分析了宏观趋势和技术应用将如何重塑劳动力市场,及其如何深刻影响工作和技能需求。以下是该报告中的几点重要信息:绿色转型和生成式人工智能将对未来就业产生巨大影响,很多岗位将消失,但这些领域也将是为未来创造就业机会的最大驱动力。到2027年,12.3%的工作岗位将消失,10.2%的新工作机会将增长,近四分之一(23%)的工作预计在未来五年发生变化。②

　　面对人工智能疯狂的碾压能力和冲击,教师岗位会因此大批量消减,乃至被取代吗? 按照克里斯滕森(C. Christensen)"颠覆性创新"理念,慕课和其他在线教育将深入发展,甚至将使大学和学院变得过时。他宣称,2027年,超过一半的美国高校将破产,包括公立学校③。但根据牛津大学的一项研究,教师职业在未来20年被自动化替代的概率不超过4%,而教年龄越小的学生,教师被取代

---

① 余胜泉. 人工智能教师的未来角色[J]. 开放教育研究,2018,24(1):16—28。

② 世界经济论坛《2023年未来就业报告》,https://cn. weforum. org/reports/the-future-of-jobs-report-2023/

③ (美)克莱顿·克里斯坦森(Clayton M. Christensen),(美)迈克尔·霍恩(Michael B. Horn),(美)柯蒂斯·约翰逊(Curtis W. Johnson). 创新者的课堂:颠覆式创新如何改变教育[M]. 李慧中译. 北京:中国人民大学出版社,2015。

的概率越低。也就是说,大学讲师比幼儿园、小学教师更易被自动化替代。[①]

　　想想也对。在幼儿园和小学阶段,教育内容更加注重基础知识、基本技能的培养,以及良好行为习惯的养成。这些内容通常需要教师与学生进行面对面的交流和互动,通过教师的言传身教、情感交流等方式来达成教学目标。此外,儿童需要更多地关注和照顾,需要教师提供更为细致地管理和指导。相比之下,大学阶段的教学内容更加复杂、抽象,涉及的领域更广泛,需要学生具备较高的自主学习和思考能力。因此,大学教师的工作更多是进行引导、启发和辅助,而非基础知识的传授。这种教学方式更适合人工智能辅助教学,因为人工智能可以提供更为精准、个性化的学习资源和学习建议,帮助学生更好地掌握知识和技能。

　　人工智能不一定能取代教师,但作为教师的智能助手,是不可逆转的趋势。笔者有着同大多数教育者一样的判断,无论人工智能多么“智能”,但它毕竟还是“人工”,它没有教育自觉意识,没有办法体验教师团队的归属感、充满温情的师生情感和为学生成长而获得自豪感,也正是由于这样的自觉、归属感、爱心和自豪感,才驱使我们教育者自觉地学习和利用人工智能以获得专业发展。

第二节　心理和脑科学推动教育科学发展

　　教育领域越来越重视心理学、脑科学和神经科学的应用。这些学科的发展对教育技术产生了深远的影响,尤其是在理解学习过程和设计有效的教育方法方面。以下是这些学科如何影响教育技术的几个方面:

　　(1)认知心理学和学习理论.认知心理学家研究人类的思维过程和知识获取方式。这些研究成果帮助教育者理解学生如何处理信

[①]　余胜泉.人工智能教师的未来角色[J]. 开放教育研究,2018,24(1):16—28。

息、解决问题和记忆事实。基于认知负荷理论、多媒体学习理论和构造主义学习理论等，教育技术产品被设计来配合学生的认知发展阶段，使其更有效地学习。例如，使用图形和文本的结合来降低认知负荷，或者设计基于探索的学习环境以促进主动学习。

（2）神经科学和大脑成像技术。随着脑成像技术如功能性磁共振成像（fMRI）和正电子发射断层扫描（PET）的进步，科学家能够更深入地了解大脑在学习过程中的活动。这些发现有助于开发支持大脑最佳发展的教学策略和技术工具。例如，神经科学研究表明，重复和间隔练习可以增强记忆力，这促使开发了基于间隔重复算法的学习软件，帮助学生更有效地记忆知识点。

（3）情感神经科学和学习。情感在学习过程中发挥着关键作用。情感神经科学研究如何情绪影响认知过程，这些研究结果被用来设计教育环境和技术，以激发学生的积极情绪，提高动机和参与度。例如，通过游戏化的元素和奖励机制创造积极的学习体验，或者通过情感识别软件来调整教学策略，以适应学生的情绪状态。

（4）个性化学习和适应性技术。不同学生有不同的学习风格和能力，心理学和神经科学的研究强调了个性化教育的重要性。适应性学习技术使用算法来分析学生的学习行为和表现，然后调整教学内容和难度，以匹配每个学生的独特需要。这种个性化的方法可以帮助所有学生达到他们的最大潜能。

（5）多感官学习和神经多样性：人们通过同时使用多个感官（视觉、听觉、触觉等）来获取信息，可以更好地理解和记忆新知识。这种方法尤其对有学习障碍的学生非常有效，比如那些患有阅读障碍（如诵读困难）的学生。多感官学习方法可能包括：视听结合的教学材料，例如通过视频展示概念的实际应用。互动式白板和触屏技术，允许学生通过触摸和手势来操控信息。虚拟现实（VR）和增强现实（AR）技术，为学生提供沉浸式学习体验，使他们能够通过模拟环境来探索和实践新知识。

（6）神经多样性：强调了大脑和学习能力在不同人群中的差异性。教育技术通过识别和支持这些差异，帮助提供个性化的学习体验。例如：使用文本到语音和语音到文本的转换技术，帮助有阅读和写作障碍的学生。开发特殊的教育软件，为自闭症谱系障碍的学生提供结构化和可预测的学习环境。

（7）为有注意力缺陷超动障碍（ADHD）的学生提供可以自定义界面和任务管理工具，帮助他们保持专注。

其他影响教育技术发展的主题：（1）元认知策略。元认知是指个人对自己认知过程的理解和调控能力。教育技术可以帮助学生发展元认知能力，例如通过日志记录、自我评估工具和反思任务。这些工具鼓励学生思考他们的学习方式，制定和调整学习策略。（2）协作学习和社会构建主义。社会构建主义理论强调了社会互动在知识构建中的作用。教育技术可以支持协作学习，例如通过在线论坛、社交媒体和协作写作工具（如飞书）来促进学生之间的讨论和合作。（3）游戏化学习。将游戏设计元素应用于教育环境可以提高学生的动机和参与度。教育游戏、徽章系统和领导榜都是用来增加学习的乐趣和挑战性的工具。（4）移动学习：智能手机和平板电脑的普及使得学习可以随时随地进行。移动学习应用程序可以为学生提供便捷的学习资源，无论是通过电子书籍、互动练习还是教育游戏。（5）数据分析和学习分析：通过收集和分析学习者的数据，教育技术可以提供深入的见解，帮助教育者和学习者了解学习过程中的表现和挑战。学习分析工具可以追踪进展、预测学习成果和提供个性化的反馈。

通过上述不同的方法和工具，心理学、脑科学和神经科学在教育技术的发展中发挥着至关重要的作用。随着这些领域的研究继续深入，教育技术将变得更加高效、包容和个性化，以满足学习者多样化的需求。

第三节　警惕"技术决定论"

随着科技的迅猛发展，网络、大数据、人工智能（AI）技术、心理学、脑科学在中小学教育领域的应用逐渐普及。这些技术为教育带

来了前所未有的便利和效率,但同时给教师的道德伦理带来了挑战。过度依赖这些技术可能产生以下危害:

(1)技术决定论。过分的信任技术可能导致教师和学生发展出一种错误的思想——技术决定论,即认为技术是解决所有问题的万能钥匙。这种观念忽视了教育的人文精神和个性化教学的重要性。

(2)忽视学生的个体差异。大数据和 AI 技术在处理和分析学生信息时,可能过分强调数据和算法的作用,而忽视了学生的个体差异和特殊需求。例如,AI 推荐系统可能忽视学生的兴趣爱好,只根据算法推荐"最优"学习路径。

(3)公平性问题。不平等的技术获取可能加剧教育不公平,特别是在资源贫乏的地区。

(4)算法偏见。AI 系统可能会因为开发过程中的偏见而在评估和决策过程中产生歧视。

(5)侵犯隐私。大数据分析往往需要收集大量的个人信息,包括学生的学习习惯、成绩,甚至是情绪状态。如果没有得到适当的管理和保护,这些信息可能被滥用,危及学生的隐私权。

(6)教师角色的边缘化。随着技术的介入,教师的角色可能会从知识的传授者转变为技术的操作者或监督者。教师的创造性教学和对学生全面发展的关注可能会减少。

(7)道德和伦理的困惑。在 AI 辅助的决策过程中,如何保证公正和道德,防止算法偏见的产生,是一个需要深思的问题。

2024 年 1 月 16 日,国务院总理李强出席世界经济论坛 2024 年年会并发表特别致辞。李强在致辞后强调,人工智能要"向善",要给人工智能发展画红线或底线,要坚持以人为本普惠包容,以"善治"促"善智"。

在应对过度相信和使用技术的"技术至上"主义盛行时,我们教育者应该保持警醒,以"善治"促"善智",做到教育技术上的自觉——自知之明:

首先,建立正确的技术观念。教师和学生应该认识到,技术是辅助教育的工具,而非替代教师和传统教育方式的手段。教育的核心在于人的发展,技术服务于这一目标。

其次,坚持个性化教学。虽然大数据和 AI 可以帮助分析学生的学习模式,但教师应结合自己的教学经验,对技术提供的建议进行人性化的调整,满足学生的个性化需求。

第三,保护隐私。学校和教育机构必须建立严格的数据保护政策,确保学生信息的安全不被侵犯。教师应该是这一政策的积极执行者,并向学生传授隐私保护的知识。

第四,不断学习和维护教师的专业性。教师应该通过持续的专业发展,提升自己对教育技术的理解和应用能力,保持教师在教育过程中的主导地位。培养批判性思维,在应用技术时,教师和学生都应该培养批判性思维,对技术提供的信息和结果进行质疑和分析,避免盲目接受。

第五,也是最重要的,技术只是工具,即可以被用于"善",也可以被用于"恶"。我们教师在使用技术时必须"向真""向善""向美",也教育学生持同样价值观使用技术。

总之,教育的本质是培养学生的全面能力和核心素养,教育实施的核心途径投入感情、真挚的爱、责任和使命,技术只是一个强有力的辅助工具。在利用技术的同时,教师的角色和伦理责任比以往任何时候都显得更为重要。我们必须对未来教育技术发展趋势保持自觉(自知之明),审慎使用教育技术,以确保它服务于教育的最终目标——培养爱国、有道德、有创造力、能够适应未来社会的"三有"新时代中国人。

图书在版编目（CIP）数据

走向自觉教育之路：“使觉”理念办学总结与反思 /
李赟著.
－上海：上海三联书店，2024.7
ISBN 978 - 7 - 5426 - 8592 - 6

Ⅰ. G632.0

中国国家版本馆 CIP 数据核字第 2024H39Z35 号

走向自觉教育之路
——“使觉”理念办学总结与反思

著　　者　李　赟

责任编辑　钱震华
装帧设计　汪要军

出版发行　上海三联书店
　　　　　中国上海市威海路 755 号
印　　刷　上海新文印刷厂有限公司

版　　次　2024 年 7 月第 1 版
印　　次　2024 年 7 月第 1 次印刷
开　　本　700×1000　1 /16
字　　数　262 千字
印　　张　19
书　　号　ISBN 978 - 7 - 5426 - 8592 - 6 /G · 1729
定　　价　88.00 元